要素流动与中国发展
论 | 丛

FACTOR SCARCITY AND
要素稀缺性与收益的国际差异

马　飒◎著

INTERNATIONAL DIFFERENCES IN INCOME

格致出版社　上海人民出版社

总　序

在中国迅速崛起成为世界经济大国之时，人们普遍认同这是三十多年改革开放的成果。中国选择了社会主义市场经济体制，抓住了经济全球化的历史机遇。那么，为什么经济全球化是发展中国家崛起的历史机遇？全球化就是贸易投资自由化吗？为什么同样面对经济全球化，中国实现了对其他国家的赶超呢？仅仅是因为中国有廉价劳动力比较优势吗？

可以进一步追问的问题还很多。对于经济学来说，需要回答的是现象背后的经济逻辑与市场机理。中国创造了世界经济发展史上的奇迹，已经不是现有经济学理论能够直接解释的。"中国道路"成为一个特定概念本身就表明，这是一个超越传统理念的伟大实践创新。正如几百年来经济学说的不断创新都是基于该时代新现象的成果，是经济学家从人类生产活动最新现实出发进行的理论总结，今天的中国奇迹也给了当代经济理论工作者一个历史性重大课题——阐明中国道路的经济学逻辑。这是一种难得的机遇，也是一个不可推卸的责任。

在中国奇迹的巨幅画卷中，以开放促发展是其中最灿烂的画面之一。中国经济开放型发展的成就表明，经济全球化是中国道路的时代特征，以发展导向体制推进开放是中国道路的国家特点。从经济学意义上讲，投资超越贸易是当代世界经济的首要特征，生产要素的国际流动是经济全球化深化的微观基础。跨国公司直接投资使生产要素从一国流到另一国，改变了世界生产格局与国际分工内涵，进而替代了贸易，更创造了贸易。在这样的全球化历史条件下，一个落后国家能否启动发展，关键就在于能否吸引要素流入。中国不仅以鼓励外资流入的政策推动了对外开放，而且以对内改革创造了外资发展的环境，并把国内大量闲置的生产要素动员起来融入生产过程。三十多年来，中国各级政府都以发展为第一要务的"区域发展导向型市场经济体制"构建了内外要素集聚的高速增长机制，以资本流入创造产品出口拉动国内增长的发展模式，同时解决了资金外汇双缺口的发展经济学难题，并在此基础上开始了以培育高端人才和先进技术为核心的自主创新发展新阶段。

中国道路给了我们探索全球化经济机制与发展经济学新主题的最佳案例，一大批理论问题都可从中国实践中找到规律性的结论：为什么是要素流动而不是商品贸易是经济全球化的本质特征？为什么发展的启动阶段是要素净流入和产品净流出？廉价劳动力在什么条件下才能成为现实的比较优势？是什么因素促使全球生产要素更多向中国集聚？这些全球化经济学意义上的问题以巨大的磁性吸引着当代中国经济学人。

经济学的应用性在今天中国显得更为强烈。解释中国在开放中崛起的机理绝不只是一种理论上的悠闲享受，而是中国经济学工作者的一项时代责任。面对中国如何进一步崛起，同样有一大批问题摆在我们面前：如何客观评价外资主导型出口发展的国民收益？要素流入型发展模式局限性是什么？如何实现经济发展的核心内涵即本国产业结构进步？如何完成从外部要素流入向国内要素培育的发展战略升级？如何实现从要素单纯流入向进出双向流动转型？等等。这些发展经济学意义上的问题正是中国今天最紧迫的实践主题。

这些令人沉迷的问题伴随着我、我的同事及我的学生十多年。自从 2002 年对知识经济要素结构的研究开始，我对贸易效益的研究进入到生产要素层面。这一转变不但使我发现中国开放型发展中的许多现象可以得到合理的解释，而且也为战略与政策探索打开了思路，找到了方向。在此后约 20 篇相关论文中我从要素流动理论出发，分析了开放政策、体制模式与发展战略。2013 年，在几位博士研究生的共同努力下，我完成了《要素流动——全球化经济学原理》一书，并由人民出版社出版。博士生周琢、朱斌、陈钧浩、薛安伟、黎峰和马飒先后均从要素流动理论出发完成了博士论文。周琢和朱斌两篇论文分别以《要素流动与贸易收益——外资流入下贸易发展的国民收益》和《要素培育——从政策性开放向创新性开放战略升级》为专著书名，列入《新开放论丛》，于 2014 年由上海社会科学院出版社出版。本论丛出版的是另三位博士生在博士论文基础上完成的专著。我本人的相关论文经过重新整理和补充，再收录了学生的几篇论文也一并成书编入论丛。在此我要特别感谢我的这几位学生对要素流动理论的信任，感谢他们为这一理论的深入论证和系统阐述所做出的贡献。这里把四本书汇集成“要素流动与中国发展论丛”，是为了表明要素流动在全球化经济运行中的基础性意义，在上海社会科学院创新工程“世界经济学科建设”规划的推动下，我们更感到这一工作的意义，也表明中国发展道路与时代世界特征的深刻联系。

愿本丛书的出版能引起学界同仁对创建全球经经济学的兴趣，以及根据中国道路创新发展经济学理论的兴趣。

张幼文

2015 年 5 月于上海社会科学院

前　言

20 世纪 70 年代以来，国际直接投资发展迅速。20 世纪中期全球 FDI 存量仅为国际贸易总额的 50%，而至 2013 年该比值已达 142.64%。国际直接投资的实质是以资本为载体的一系列生产要素的国际流动，其结果形成了“要素合作型国际专业化”(张幼文，2013)，这从微观层面改变了世界经济的运行基础，各国经济的相互融合渗透到了经济活动的整个过程，不同国家的生产要素在要素流入国共同合作，以完成生产过程。一国出口的产品不再如传统分工下完全由本国的要素生产，而是成为多国生产要素共同合作生产的结果。传统国际分工向要素国际合作的转变，使得只有从“生产要素”这一生产投入的源头出发，才能清晰界定出一国直接投资与贸易的国民收益，一国的直接投资与贸易收益归根到底是其本国要素参与国际要素合作生产和出口所获取的要素收益。在生产要素跨国流动的背景下，只有从生产要素角度出发，才能厘清各国的投资与贸易收益，并进一步深入探讨其收益差异的形成根源。

然而，现有相关研究将收益国际差异的形成原因或者归结为资本主义的垄断与不平等交换条件，或者归结于市场势力，又或者从技术水平差异和技术进步角度对其加以解释，却均没有以生产要素国际流动为基础，从生产要素层面来研究这一问题。鉴于此，本书在现有文献的基础上，分析了生产要素国际流动的基本规律，结合数理模型在理论上充分论证了在要素国际流动背景下，要素稀缺性通过影响一国要素和产品的溢价能力，从而决定了直接投资收益与贸易收益的国家间差异，并在依据生产要素国别属性分离各国直接投资与贸易的国民收益基础上，通过构建包含 40 个国家(地区)的跨国面板数据模型，对理论分析进行了经验验证。

本书主要内容安排如下：

引言部分就研究问题的提出、研究思路、研究的主要内容以及可能的创新进行了阐述。

第 1 章对国内外相关文献进行了梳理,分别总结了直接投资收益国际差异以及贸易收益国际差异的相关研究并进行了相应述评。

第 2 章对生产要素国际流动的规律、动因和影响进行了深入分析,从要素层面解释了"要素合作型国际专业化"的形成机理。这是论述要素稀缺性决定国际收益差异的前提。

在此基础上,第 3 章结合经济学基本原理,构建数理模型证明要素稀缺性决定直接投资收益国际差异。具体论证了高级要素与初级要素的国际分布在于前者主要归发达国家所有,而后者则主要为发展中国家所有,高级要素与初级要素稀缺性不同导致要素的溢价能力存在差别,从而决定要素合作生产中不同国家收益存在差异。

随后第 4 章通过构建跨国面板数据模型对要素稀缺性决定直接投资收益国际差异进行了实证检验,分别利用国际收支平衡表数据和 40 个国家(地区)的美国跨国公司微观数据说明要素稀缺性决定直接投资收益高低。在以要素国别属性分离本国收益与外国收益的基础上,构建要素稀缺性指数以反映各国(地区)高级要素的稀缺程度,建立跨国(地区)面板数据模型验证要素稀缺性决定直接投资收益的国际差异。结果表明,东道国高级要素稀缺性与要素流出国和流入国收益比呈现显著的正相关关系且其作用力随着时间推移有微弱上升趋势。

紧接着,第 5 章和第 6 章针对要素稀缺性与贸易收益的关系进行了理论分析与实证检验。第 5 章利用新新贸易理论模型与产业组织理论模型,具体论证了要素稀缺性通过决定出口产品质量和厂商数量而影响一国出口产品的溢价能力,一国高级要素稀缺性与其出口产品溢价能力成反比,而出口产品溢价能力高低直接影响了一国贸易利益大小。第 6 章通过构建跨国面板数据模型对此进行了验证。实证结果表明,一国高级要素稀缺性上升 1%将导致该国贸易收益下降 0.853%。

第 7 章结合当前要素价格上升对中国引资与出口形成的挑战,说明了要素稀缺性决定国际收益差异对中国对外开放的启示,指出培育高级要素、增加本国高级要素相对丰裕度、提高市场化水平以及促进一般贸易发展对未来中国要进一步提升开放水平,扩大对外开放收益的重要意义。

最后,是全书结论与启示。

目　录

引 言

0.1 问题的提出

20世纪70年代以来,国际直接投资发展迅速。20世纪中期,全球FDI存量仅为国际贸易总额的50%,至2013年该比值已达142.64%。[①]1970—2013年间FDI年均增速达到11.30%,而同期国际贸易的增长速度为10%。[②]国际直接投资的迅猛发展从微观层面改变了世界经济的运行基础,各国经济的相互融合渗透到了经济活动的整个过程。国际直接投资的实质是以资本为载体的一系列生产要素的国际流动。流动性强的资本、高端人才、管理、品牌以及国际营销渠道等高级要素以资本形成等方式向一般劳动力、土地等低流动性生产要素所在地流动,形成了"要素合作型国际专业化"(张幼文,2005, 2013)。不同国家的生产要素在要素流入国共同合作实现生产过程,生产的产品再由要素流入国出口到世界其他国家,其结果促使公司内贸易与加工贸易快速大规模增长。据UNCTAD统计,2010年全球贸易总额中,与跨国公司相关的贸易比重高达80%。2013年仅跨国公司海外分支机构的出口总额就已达7.72万亿美元,占全球货物贸易总额的41.03%。[③]

要素流动及其形成的"要素合作型国际专业化"对世界经济的运行产生了重要影响。一国出口的产品不再如传统分工下完全由本国的要素生产,而是成为多国要素共同合作生产的结果。传统国际分工向要素国际合作的转变,使得只有从"生

①③ 根据World Investment Report 2014与UNTCAD数据库相关数据计算而得。

② 根据UNCTAD数据库原始数据计算而得。

产要素”这一生产投入的源头出发，才能清晰界定出一国直接投资与贸易的国民收益，各国的直接投资与贸易收益归根结底是其本国要素参与国际要素合作生产和产品出口中获取的要素收益。

有关对外开放收益的研究一直是国际经济学研究的重点。诸多研究已经从理论上证明开放收益存在着显著的国家间差异(Prebisch，1959；Krugman and Vernables，1995；徐建斌、尹翔硕，2002；张幼文，2005)。2013 年《世界投资报告》也指出，发展中国家与转型经济体的 FDI 回报率高于发达国家。①究竟是什么原因导致了国际收益差异？已有理论文献主要从资本主义的积累与垄断(Santos，1970；阿明，2008)、市场势力(Foster et al.，2008；Henderson，2005；Gereffi，1999)以及技术水平与技术进步(Krugman，1979a；Samuelson，2004)等方面进行研究并做出解释。然而正如张幼文(2005)所指出：“这些理论基本上都不是从经济全球化出发，即以要素流动为基础、国际经济联系为依据的。”在生产要素跨国流动的背景下，只有以要素流动为基础，从生产要素角度出发，才能厘清各国的投资与贸易收益并深入研究国际收益差异的形成根源。

基于此，本书从生产要素国际流动的基本规律出发，按生产要素国别属性划分各国直接投资与贸易的国民收益，对要素稀缺性决定直接投资与贸易收益进行了理论分析与经验论证，指出一国高级要素相对稀缺性越高，其获取的投资与贸易收益将越低。本书研究不仅对于中国未来提高开放型经济水平、提升开放收益具有重要意义，而且能够为中国在国际社会中增加谈判的砝码。

具体而言，本书拟着眼于回答下列问题：

第一，生产要素国际流动存在怎样的基本规律？根本动因是什么？

第二，为什么说要素稀缺性决定了直接投资收益的国际差异？存在怎样的作用机理？是否能够为经验研究所验证？

第三，生产要素国际流动下的国际贸易存在怎样的特点？要素稀缺性如何决定贸易收益的国际差异？能否得到经验研究的支持？

---

① 据统计，2006—2011 年间全球平均的 FDI 回报率为 7.0%，但发达国家该比率仅为5.1%，而发展中国家和转型经济体该比率分别达到 9.2%和 12.9%。详见 UNCTAD，World Investment Report 2013，New York and Geneva：United Nations，2013：33。

第四，现阶段要素价格的上升对中国的引资与对外出口存在怎样的影响？要素稀缺性决定国际收益差异对中国未来对外开放战略有何启示？

0.2 研究思路与主要内容

0.2.1 研究的总体思路

本书在现有文献研究的基础上，从分析要素流动基本规律入手，在理论上论证了要素稀缺性决定要素和产品的溢价能力，从而决定直接投资与贸易收益的国际差异，并进行了相应的经验验证。研究总体按如下思路展开：

首先对生产要素国际流动的规律、动因和影响进行深入分析，从要素层面解释了"要素合作型"国际分工的形成机理。这是论述要素稀缺性决定国际收益差异的前提。

在此基础上，分析了高级要素与初级要素的流动性特点及其在不同经济发展阶段和不同国家的稀缺性差异，利用经济学基本原理并构建数理模型论证了稀缺性高的高级要素溢价能力强，而稀缺性低的初级要素溢价能力弱，从而导致直接投资中，一国投入要素相对对方国家越稀缺，则其获取的收益也越高，同为要素流出国或流入国，发达国家由于拥有更多高级要素，因而获取的收益份额将高于发展中国家。

随后分别利用国际收支平衡表和40个国家的美国跨国公司微观数据论证要素稀缺性差异决定不同收入水平国家的直接投资收益存在差异，并在基于要素国别属性分割直接投资收益的基础上，构建跨国面板数据对理论分析结论进行实证检验。

紧接着，本书对要素稀缺性与贸易收益的关系进行了理论分析与实证检验，在理论上分析了要素跨国流动下国际贸易的特点，论证了要素稀缺性通过决定出口产品质量和厂商数量而影响一国出口产品的溢价能力，从而决定一国贸易收益，并通过构建跨国面板数据模型进行验证。

最后，结合当前要素价格上升对中国引资与出口形成的挑战，说明要素稀缺性决定国际收益差异对中国对外开放的启示。

0.2.2 主要内容

本书主要包含八个章节的内容(框架见图 0.1)：

引言部分主要阐述本研究的背景与意义,提出拟解决的主要问题,介绍本研究的思路、主要内容及可能的创新之处。

第 1 章梳理了直接投资收益与贸易收益的相关文献,并进行了相应述评,指出了现有文献的不足。

随后,第 2 章论述生产要素国际流动的规律和动因,具体揭示高流动性要素流向低流动性要素流动的基本流向,阐明了经济要素和全球化经济要素决定生产要素国际流动的原理,指出了国家间要素相对稀缺性差异决定要素收益的国家间差异是要素跨国流动的根本动因,从要素层面解释了“要素合作型国际专业化”的形成机理。

第 3 章基于经济学基本原理构建数理模型,对要素稀缺性决定直接投资收益

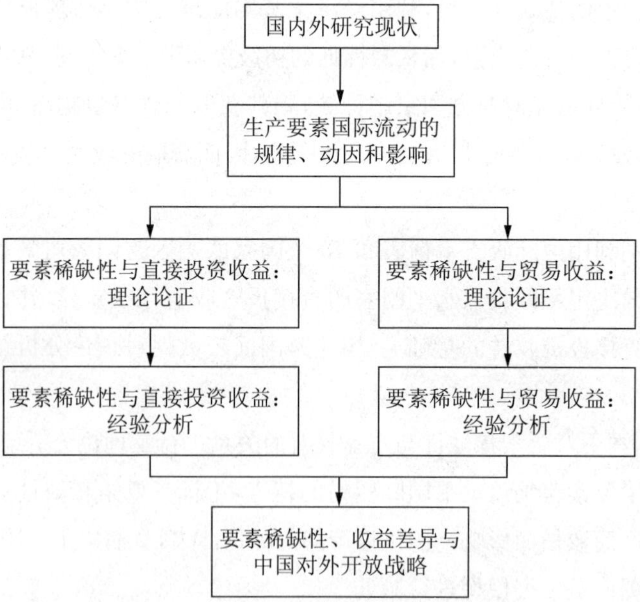

图 0.1　本书研究框架

国际差异进行了理论分析。具体论证了高级要素与初级要素的国际分布在于前者主要归发达国家所有，而后者则主要为发展中国家所有，高级要素与初级要素稀缺性不同决定了要素的溢价能力存在差别，从而决定要素合作生产中不同国家收益存在差异。

随后第 4 章构建跨国面板数据模型，对要素稀缺性决定直接投资收益国际差异进行了实证检验。首先利用国际收支平衡表数据以及美国跨国公司在 40 个国家(地区)设立的分支机构微观数据分析论证，不同收入水平国家的高级要素稀缺性存在差异，导致其直接投资收益存在差异。随后利用 40 个国家(地区)的美国跨国公司数据分离出直接投资中的本国收益与外国收益部分，并构建要素稀缺性指数以反映各国(地区)高级要素的稀缺程度，建立跨国面板数据模型对第 3 章结论进行验证。结果表明，要素稀缺性是决定直接投资收益国际差异的主要变量且其作用力随着时间推移有微弱上升趋势。

紧接着第 5 章，利用新新贸易理论与产业组织理论相关模型，在理论上论证了要素稀缺性决定贸易收益及其国家间差异。要素稀缺性通过决定出口产品质量和厂商数量来影响出口产品溢价能力，一国高级要素稀缺性与其出口产品溢价能力成反比，而出口产品溢价能力高低直接影响了一国贸易利益大小。

第 6 章构建了跨国面板数据模型，验证要素稀缺性决定贸易收益。在分离本国要素收益与外国要素收益基础上，核算出 40 个国家(地区)出口中包含的外国收益，并在贸易增加值中将其扣除，得到各国的贸易收益数据，并利用面板数据模型验证要素稀缺性对贸易收益的影响，结果表明，高级要素稀缺性与贸易收益存在负相关关系，高级要素稀缺程度越高，贸易收益就越低，反之，高级要素稀缺程度越低，则贸易收益越高。

第 7 章结合当前要素价格上升对中国引资与出口形成的挑战，说明要素稀缺性决定国际收益差异对中国对外开放战略的启示，指出培育高级要素，增加本国高级要素相对丰裕度对未来中国要进一步提升开放水平，扩大对外开放收益的重要意义。

最后，结论与启示部分总结了本书的主要结论及其相应政策启示。

0.3 可能的创新之处

0.3.1 研究视角创新

关于对外开放收益差异形成的原因,已有理论文献主要从资本主义的积累与垄断(Santos, 1970;阿明,2008)、市场势力(Henderson, 2005; Gereffi, 1999)以及技术水平差异与技术进步(Krugman, 1979a; Samuelson, 2004)等方面进行解释,均没有从生产要素的视角来进行分析。本书从分析生产要素国际流动的基本规律和动因出发,深入论述要素稀缺性通过影响生产要素和出口产品溢价能力,继而决定直接投资和贸易收益的基本观点,研究视角上存在创新。

0.3.2 理论创新

以要素流动为基础分析开放收益国际差异,是本书的理论创新。生产要素国际流动已经成为世界经济的主要特征,这就导致只有以此为基础研究开放收益的国际差异,才能更好地解释收益国际差异形成的原因。然而,从现有理论对要素流动的研究看,国际贸易理论所关注的重点依然是生产要素跨国流动的结果,要素流动与商品贸易的关系或考察要素流动对贸易均衡与福利的影响,而并非要素流动本身。跨国投资理论虽然主要研究生产要素国际流动,并说明跨国公司对当代世界经济的影响,但其却往往立足于微观企业的行为和投资国视角,而非整个世界经济。关于开放收益的研究中,古典与新古典贸易理论主要从国家层面出发;新贸易理论与新新贸易理论则主要立足于产业和企业层面;直接投资理论对投资收益的研究也往往只是从国家层面分析 FDI 的经济增长、技术溢出以及就业等效应。这些研究均没能将开放收益的研究深入到生产要素层面。本书在现有文献的基础上,分析生产要素跨国流动下,要素稀缺性对国际收益差异的决定作用,将各国直接投资和贸易出口中本国要素收益与外国要素收益部分进行了分离,从而使得对直接投资与贸易收益的研究深入到生产要素层面。

0.3.3 实证创新

要素跨国流动下，一国的GDP、出口总额以及贸易顺差等统计指标中，往往包含了外国要素的收益，联合国贸易与发展会议（UNCTAD）与经合组织（OECD）提出的“贸易附加值”指标，能够剔除本国出口中实现的外国增加值部分，但该指标依然是按照地理意义上的贸易利益划分，存在外资流入的情况下，贸易增加值中依然包含外国要素在本国创造并获取的收益。要验证要素稀缺性决定投资与贸易收益的国家间差异，必须获得国民属性上真正属于本国的直接投资与贸易收益，这是进行进一步经验验证的前提。从现有相关研究来看，周琢和陈钧浩（2013）在利用中国外资企业的数据对外国要素收益与本国要素收益进行分割的基础上乘以外资出口比重获取了中国出口中外国要素收益部分；黎峰（2014）则利用中国属地意义的贸易增加值乘以各行业中外股权比例的方式分离本国贸易收益与外国贸易收益。这些尝试均具有重要意义，但也存在不足：前者没有考虑非外资出口部分的贸易收益，后者则以行业股权比例分割本国贸易收益与外国贸易收益，准确性不高，且二者均仅限于中国的研究，难以说明普遍规律。本书的创新在于，首次采用了跨国数据，利用OECD的FATS数据库中40个国家（地区）的美国跨国公司微观数据，将直接投资创造的增加值按要素的国别属性分离出本国收益与外国收益，并在贸易增加值中扣除了各国出口中包含的外国收益部分，从而克服了已有文献的不足，获得了国民属性上完全属于本国的收益。

第1章
相关文献综述

1.1 直接投资收益及其国际差异

1.1.1 关于直接投资收益及其国际差异的理论研究

国外关于直接投资收益的理论研究主要集中于在国际贸易理论框架下分析要素流动对贸易均衡及福利的影响。

Mundell(1957)最早利用资本流动模型分析了贸易与资本流动的替代关系，该模型同时也反映出资本流入国需要支付给流出国一部分资本收益，涉及了投资收益分配的问题，但是并未做进一步分析；Macdougall(1960)基于完全竞争和单个部门经济的研究证明了资本流入将降低东道国租金水平，提高劳动边际产品和工资，从而创造福利收益，而东道国将支付资本租金给投资国。该模型在 Kemp(1966)中得到进一步阐述，在假设一个两国模型，资本价格等于其边际生产力的前提下，当存在资本的自由流动时，两国的资本边际生产力倾向于均等。研究还发现，直接投资发生后，投资国的产出下降而国民收益却没有受损，这是因为长期中投资国从其海外投资中获取了更多收益。

巴格瓦蒂(Bhagwati)的一系列文献针对外国要素流入后的国民福利效应进行了详细分析。Bhagwati 和 Tironi(1980)的 2×2×2 模型在假定劳动力要素为本国所有，资本要素为外国所有的前提下，分析了外国资本流入对本国的福利产生的影响；Bhagwati 和 Brecher(1980)及 Brecher 和 Bhagwati(1981)放松了劳动力和资本完全被本国与外国分别所有的假设，给出了存在外国资本流入情况下流入国福利受损的条件，并指出在外国要素流入下转移支付、经济增长以及征收关税将引起一国的福利损失，尽管在没有要素流入时它们可能不影响国民福利。Bhagwati 等(1987:127—138)也分析了要素流动的福利效应，但是针对的是要素流出国而不是要素流入国与流出国之间的收益差异。这些文献的基本前提是外国要素收益在东道国消费，且依然是在新古典贸易理论框架之下进行，假设不存在任何垄断势力。

Wong(1995)的研究集中在规模经济、不完全竞争以及差异化产品等条件下，要素流动与贸易的关系以及福利影响，他的分析将新古典贸易理论与不完全竞争模型联系在一起，证明了在 H—O 理论的两种商品、两种不可流动要素的假设和允许资本国际流动的前提下，要素禀赋论的大多数核心定理都有效。他的研究也表明在技术不同的条件下，情况要复杂得多。以两国的价格比定义的比较优势和绝对优势不再一成不变，在资本流动下，它们依赖于资本流动的方向和水平。比较优势的逆转和绝对优势向比较优势的转换是完全可能的。

Norman 和 Venables(1995)同样考察了要素流动下的贸易均衡，该文献假定商品是可贸易的，同时存在生产要素跨国流动，分别研究了没有贸易、只有商品贸易、只有要素流动以及既存在要素流动又存在商品贸易四种均衡情况下关于要素禀赋和贸易成本的均衡条件。

Razin、Mody 和 Sadka(2002)的研究证明东道国从直接投资中获得的利益与 FDI 投资者之间的竞争程度密切相关，投资者完全竞争情况下，投资利益均由东道国获得，仅有一个投资者时情况则正好相反。

国内学者关于直接投资收益国际差异的理论研究角度更为多样。张幼文(2002，2003，2005)认为“要素稀缺性决定了全球化经济利益分配”，并指出“发达国家的资本向发展中国家流动，与发展中国家的劳动力结合，谁获得的收益更大，由于两种不同要素难以直接进行比较，但是要素的稀缺性决定要素收益的规律在这里必然会起作用”，“发达国家拥有主要稀缺要素，因而获得更高的收益，发展中国家处于相对不利的地位”；李晓钟和张小蒂(2006)针对中国从外资经济中的获利进行了详细分析，结果表明，中国从中获取的静态利益与动态利益均十分有限。

钱学锋和梁琦(2007)基于空间经济学理论的分析则证明，一国的国民收入取决于该国的要素禀赋存量，而与资本流入的多少无关，即 FDI 对东道国的国民收入没有影响。该文献指出“对 GDP 的片面迷信使人们忽略了资本收益大多被汇回其母国的事实”。钱学锋(2007)基于空间经济学模型对 FDI 与东道国国民收入之间关系进行了分析,认为“外资促进国民收入增长的条件是外资与本土企业建立紧密的垂直关联”。

1.1.2 关于直接投资收益及其国际差异的实证研究

Chenery(1962)的“两缺口模型”强调外资能够为东道国弥补“外汇缺口”和“储蓄缺口”,而 Romer(1990)的“内生增长模型”则从技术扩散效应等角度强调了外资对东道国经济发展的积极作用。然而,针对直接投资收益的实证研究的结论却并不一致,侧面反映出直接投资中投资国与东道国的收益并不平衡。

大量经验研究的结果表明,FDI 能够为东道国带来经济增长、就业以及技术溢出等间接收益:Hsiao(2006)与 Tiwari(2011)利用亚洲国家的跨国数据以及 Bhandari 等(2007)针对东欧国家的研究都表明 FDI 流入对东道国的经济增长有显著促进作用;Caves(1974)针对澳大利亚,Globerman(1979)针对加拿大,Blomstrom 和 Persson(1983), Blomstrom(1986)及 Kokko(1994)针对墨西哥,Blomstrom 和 Sjoholm(1999)针对印度尼西亚等一系列研究也发现外资企业与其进入的东道国产业生产率之间存在正向联系;Ernst(2005)针对阿根廷、巴西与墨西哥,Craigwell(2006)针对加勒比地区,Lee 和 Hu(2011)针对韩国及 Mpanju(2012)关于坦桑尼亚的研究则证明了 FDI 对促进东道国就业具有显著的积极作用。

但是大量实证研究也表明 FDI 对一国的经济增长、就业以及生产率并未表现出正向的促进作用。

Haddad 和 Harrison(1993)利用摩洛哥的企业数据研究发现,外资流入对本地企业的生产率具有微弱的负向作用;Aitken 和 Harrison(1999)利用 1976—1989 年委内瑞拉制造业企业数据的研究也表明,本地企业的生产率增长速度与该部门外资的出现呈现负相关,据他们测算,外资企业就业贡献度为 50%的产业部门的本地企业生产率比没有外资企业的部门中本地企业生产率平均低 13%; Konings (2001)发现,外商直接投资对保加利亚与罗马尼亚国家的本地企业的抑制和挤出效应大于技术转移对本地企业的正向溢出效应,而对波兰本地企业来说,外商直接投资既没有产生挤出也没有产生溢出；Chakraborty 和 Basu(2002)利用误差修正模型甚至发现，印度 GDP 的上升并不是由 FDI 的上升所导致，印度 GDP 和 FDI 之间的因果关系更多的是从 GDP 到 FDI；Faras 和 Ghali(2009)针对海湾国家的分析证明 FDI 对经济增长的作用统计显著但作用却很微弱。

还有文献研究表明 FDI 对东道国经济的促进作用由于东道国自身条件不同而存在差异，Blomström(1991)认为外商直接投资对东道国的技术溢出取决于当地企业的技术吸收能力，具体包括当地人力资本投资、技术差异与金融市场的发育程度；Alfaro 等(2006)发现，金融发展较好的国家 FDI 的正向作用三倍于金融发展水平较低的国家；Wijeweera 等(2010)的研究表明 FDI 对经济增长的正向促进作用仅在拥有高技术劳动力的情况下才存在；针对中国的研究也表明，外资流入对中国的经济增长与技术溢出效应存在地区差异(谢建国，2006)，依赖于地区的经济技术水平(张建华、欧阳轶雯，2003)和要素市场发展水平(赵奇伟、张诚，2007)。这些研究也从侧面反映出一个事实，即并非每个引进外资的国家都能从中获益，FDI 的收益可能存在国家间的差异。

1.2　贸易收益及其国际差异

1.2.1　贸易利益的衡量

1. *以贸易的绝对差额作为评价一国贸易利益的依据*

该观点最早来源于重商主义，认为如果一国是贸易顺差则获得贸易利益，是贸易逆差则该国利益受损。20 世纪 30 年代的经济危机中，梅纳德·凯恩斯(Maynard Keynes)提出有效需求不足论，主张国家干预经济。对于贸易利益，凯恩斯主义者认为一国贸易顺差意味着该国获得贸易利益，因为贸易顺差能够增加有效需求，而贸易逆差则将导致有效需求不足。据此，许多学者将贸易的绝对差额作为衡量贸易利益的准则。直至今日，这一观点依然大行其道，中国就因为其巨额贸易顺差而备受其他国家尤其是美国的指责，美国通常针对中美顺差规模，采用配额限制、倾销调查、要求人民币升值等手段，以达到缓解美国贸易赤字的目的。

2. 以贸易条件作为衡量贸易利益的指标

贸易条件源于约翰·穆勒(John H.Mill)的论述,其在《政治经济学原理》中提出,国际贸易中进出口商品的交换比率介于两国各自的两种商品的生产成本之间,至于最终的实际交换比率,将遵循两国各自的消费者对进口品的需求情况及本国供给出口品的供给情况,正好贸易国之间的相互需求相等时,即形成最终的实际交换比率,也就是我们所说的贸易条件。此后,马歇尔(Marshall, 1890)用提供曲线更为直观地表述了穆勒的理论。但在当时,贸易条件指标并未引起大家的广泛关注,直至20世纪50年代初期,德国经济学家辛格(Singer, 1950)和阿根廷经济学家普雷维什(Prebisch, 1959)先后提出了发展中国家贸易条件长期恶化的观点(即"普雷维什—辛格命题"的提出),学术界开始广泛关注贸易条件问题,并以此来衡量各国贸易利益。

Bhagwati(1958)在普雷维什—辛格命题的基础上,将贸易条件恶化与经济增长联系在一起,提出了"贫困化增长"的概念,即贸易条件恶化的负效应超过了经济增长的正效应,导致一国福利的绝对下降。Lewis(1954)在南北贸易模型中引入第三类产品——食品——来解释南北贸易的不平等,并提出了要素贸易条件。Findlay(1980)提出发展中国家的经济增长率依赖于贸易条件,如果发展中国家的贸易条件不能得到改善则无法获得利益。Sarkar和Singer(1991)针对1965—1985年间29个发展中国家和地区的出口制成品贸易条件进行了分析,结果表明,这些国家和地区出口制成品的价格指数年均下降0.65%。Singer和Ansari(1992)的研究发现,"发展中国家贸易条件有全面恶化趋势,认为发展中国家以出口劳动密集型制成品替代出口初级产品实行出口导向发展战略,其结果只能是转换了贸易条件恶化的内容而不能从根本上解决发展中国家贸易条件长期恶化的问题"。Singer(1999)则证明,即使发展中国家出口商品结构实现转变,但在与发达国家的贸易中,发展中国家的贸易条件还是没有得到改善,发展中国家制成品贸易条件呈恶化趋势。

中国国内学者利用贸易条件对中国的贸易利益问题进行了深入探讨。如黄满盈(2008)详细分析了中国1987—2006年期间的价格贸易条件的波动性。曾利飞(2009)对我国贸易条件的实证研究结果表明,1997年之前贸易条件主要受到我国人均国民收入提高的影响而不断改善,1997年后随着劳动生产率提高,我国贸易条件不断恶化。王苍峰和王恬(2009)的研究同样发现中美贸易条件不断恶化的现实。张先锋和刘厚俊(2006)则认为要素贸易条件更能反映一国贸易利益,并指出贸易条件仅能反映静态利益而无法反映出动态利益。

3. 贸易附加值

贸易条件指标本身仅能反映静态贸易利益而无法反映出动态利益(张先锋和刘厚俊,2006)。而伴随经济全球化的发展,当要素流动成为世界经济的主要特征,贸易条件作为衡量指标更难以真实反映各国获取的贸易利益,许多学者都认为需要结合要素流动来对贸易利益分配问题进行研究并做出了相应的尝试。

张幼文(2005)认为,"由于贸易产品结构变化快速,进出口主体的多样性和方式的多样性,贸易条件分析所采用的综合方法不能充分说明甚至完全不能说明中国贸易利益问题。更有意义的是增加价值的分析方法,即比较中国与主要发达国家出口产品的增加价值水平,只有这样才能更加真实地反映中国贸易的相对利益大小"。张幼文(2007)进一步提出运用增值概念进行分工利益的分析;曾铮和张路路(2008)则认为,"基于全球生产网络理论的附加值指标较好解决了贸易转移、国内循环和贸易回流这几个统计问题",对贸易利益的刻画要更为真实、科学,并且通过运用贸易附加值指标,对 1997—2006 年中国八个主要制造业部门对美贸易利得进行了分析,结果发现中国制造业对美贸易的附加绝对价值逐年增长,但附加值比重却没有实质改善。

由于要素流动改变了世界经济的运行方式,一国出口的产品包含了其他国家要素创造的增加值,导致传统贸易统计指标难以反映出一国的真实贸易利益,即"所见非所得"(Maurer and Degain, 2010),测算一国的出口增加值成为核算一国参与国际贸易过程中真实贸易利得的有效途径(Hummels et al., 2001)。正是在这样的背景下,主要国际经济组织 UNCTAD、OECD 和 WTO 等开始将"trade in value-added"(增加值贸易)的统计提上日程,利用贸易增加值来衡量全球价值链分工下的贸易利益成为主流。

文东伟和冼国明(2010)的研究表明,中国制造业出口中国外附加值率自 1995—2005 年有上升趋势;Johnson 和 Noguera(2012)利用 69 个国家与 18 个分地区的投入产出和贸易数据核算了单个国家生产的出口至最终目的地的增加值,结果发现,制造业出口总额中增加值比重(VAX)低于服务业,而国家之间的 VAX 则差异较大。Koopman 等(2008, 2012)建立了贸易增加值分解框架,对贸易附加值进行了详细的分解，分析了传统统计指标重复的根源。张咏华(2013)及王岚和盛斌(2014)利用贸易增加值方法详细分析了中美贸易利益，指出传统贸易统计高估了中国获取的真实贸易利益。

4. 针对具体案例进行分析

Feestra(1998)分析了芭比娃娃的经典案例，指出，芭比娃娃在美国市场售价约10美元，但是中国仅获取了0.3美元的加工报酬。张纪(2006)通过对笔记本电脑产品内分工体系的分析提出各分工环节的市场结构决定了其所获收益，徐美娜和沈玉良(2011)以惠普笔记本电脑公司为例，证明在笔记本电脑生产网络的利益分配中中美利益相去悬殊。

此外，也有学者自行构建指标分析贸易利益，如高敬峰(2011)借鉴出口技术含量的度量方法，通过构建出口收入份额分析各国相对贸易利益大小。

1.2.2 贸易利益的国际差异

自古典贸易理论开始，国际贸易理论主要强调自由贸易相对自给自足而言，能为一国带来福利的增加，但并未对参与贸易的国家间贸易利益的差异做进一步分析；约翰·穆勒(1991)则对国际贸易利益分配给予了很大重视，他提出相互需求说，以国际交换比率来衡量一国获取的贸易利益大小，并认为国际贸易的发展虽然使双方都能获得好处，但是“获利最大的是这样的国家，其生产物在其他各国具有最大的需求，而这种需求又最容易随价格的降低而增加。只要某一国家的生产物具有这种性质，该国就能以较少的费用获得一切外国商品。外国对它的输出品的需求强度越大，它获得输入品的代价就越低。该国本身对输入品的需求程度和强度越小，它获得输入品的代价就越低。市场总是对需求最小者价格最低廉。一个国家如果只想得到少数外国生产物，对这些生产物的需要量也有限，而本国的各种商品在外国却有很大的需求，则这个国家以极小的费用即可获得为数有限的输入品，也就是说，以极小量劳动和资本的生产物即可与这些输入品相交换”。这是国际贸易理论中首次对贸易利益国家间差异进行的详尽论述。英国经济学家马歇尔在穆勒理论的基础上，提出了提供条件曲线，用几何方法来证明供给和需求如何决定国际交易比率。

穆勒之后的国际贸易理论并未对贸易利益的国家间差异给予足够关注，直到直至 20 世纪 50 年代初期，阿根廷经济学家普雷维什和德国经济学家辛格先后提出了发展中国家贸易条件长期恶化的观点，即"普雷维什—辛格命题"，学术界才开始广泛关注贸易利益的不平衡问题。Bhagwati(1958)在普雷维什—辛格命题的基础上，将贸易条件恶化与经济增长联系在一起，提出了"贫困化增长"的概念，指出贸易条件恶化的负效应超过了经济增长的正效应，将导致一国福利的绝对下降。Lewis(1954)认为贸易条件可分为要素贸易条件和商品贸易条件，指出在长时期内，在欠发达国家中是生产要素的贸易条件决定商品的贸易条件，而非相反；自从 19 世纪初以来，生产要素贸易条件变化一直不利于欠发达国家。

伴随经济全球化的发展，要素流动成为世界经济主要特征，国际直接投资的发展催生了大量的中间品贸易、产品内贸易，对贸易利益分配的研究已经难以脱离直接投资及全球价值链分工来进行，章江益和张二震(2003:50)指出传统意义上的国际贸易，"是建立在生产要素在贸易国之间不能流动基础之上的，贸易利益完全归贸易国所有，随着国际直接投资的发展，要素在贸易国之间不能流动的前提消失，国际贸易与国际投资由于同为跨国公司主导而一体化了"，在贸易投资一体化条件下，"贸易产品不再只是一国生产要素的函数，因此，通过贸易获得的利益也就不再只是贸易国的独享利益，由贸易国的居民或组织单独占有，而是由提供生产要素的国家共同分享，为跨国公司、东道国居民、东道国政府等共同拥有"(章江益、张二震，2003:50)，而且，属于东道国部分会因与跨国公司利益的不一致性而难以顺利实现；陈继勇和刘威(2008)也认为需要从跨国公司全球投资战略和全球价值链中产品内分工的角度，界定贸易各方的直接或间接贸易利得总和。

诸多研究表明全球化分工体系下或贸易投资一体化下不同国家之间贸易利益存在差异：

理论方面，新经济地理学的中心—外围理论模型表明随着全球化的推进，当运输成本下降到一定程度时，外围国家的实际收益将下降(Krugman and Venables, 1995)；Samuelson(2004)基于李嘉图一般均衡分析证明，当中国在美国的优势产品上出现技术进步时，自由贸易将导致美国人均收入的长期损失；Deardorff (2005)讨论了阶段化生产的对不同群体、不同国家及整个世界的福利效应，认为基于标准的贸易理论阶段化生产伤害了某些国家与群体的利益，在某些情况下甚至是整个世界的利益。实证研究也验证了理论分析的结论：Feenstra 和 Hanson (2001)对中国香港在中国内地与其他经济体之间的中间品贸易中作用的研究发现，香港地区的贸易商通过在转口贸易中提高商品价格，可以使高税收经济体的收入转移到香港地区；Ravikumar 和 Waugh(2009)构建一包含中间品贸易的数理模型并利用 1996 年 77 个国家的数据进行检验，发现不同国家从自给自足转向自由贸易中获取的收益存在差异。

国内学者对贸易利益的国家间差异问题赋予了足够关注，并得出贸易收益存在国际差异的一致结论：徐建斌和尹翔硕(2002)基于李嘉图模型的一般均衡分析证明国际分工有优劣之分，分工地位的不对等使得双方从贸易中获得的贸易利益是不对称的；曹明福和李树民(2005)将分工后的比较优势、规模优势归于"分工利益"，而"价格倾斜"优势归于"贸易利益"，对不同国家的获利进行了分析，认为最发达国家能从分工中获取"分工利益"和"贸易利益"，而落后国家在获取"分工利益"的同时，"贸易利益"可能受损。张纪(2006)对产品内国际分工中的收益分配问题进行了较为深入的理论探讨，提出各分工环节的市场结构决定了其所获收益，并通过对笔记本电脑产品内分工体系的分析进一步证明了理论分析结果。林玲和段世德(2008)从政府、企业和个人三个利益主体对中美贸易中的利益分配进行了研究，指出美国从中获得了贸易利益，而中国面临贸易利益流失。宋玉华和朱思敏(2008)针对四种市场结构下的中间产品价格决定进行了研究，并基于产业组织理论探讨了垂直专业化贸易利益的分配机制，指出上下游企业利益分配并不均衡的事实。周建锋(2013)结合新经济地理学与马克思国际价值理论剖析了国际收益差距的现实。

最新的实证研究对于贸易收益的国家间差异也提供了有力的支持：如 Dean 等(2011)，Johnson 和 Noguera(2012)，Koopman(2008，2012)，张杰等(2013)、罗长远和张军(2014)以及王岚和盛斌(2014)等利用贸易增加值的研究，刘钻石和张娟(2011)区分四种不同贸易方式以及刘建江和杨细珍(2011)基于产品内分工框架针对中国的研究结果均表明中国在贸易利益分配中的不利地位。

1.2.3 决定贸易利益国家间差异的主要因素

对于决定贸易利益的国家间差异的原因，现有文献主要存在以下观点：

1. 资本主义的垄断与积累

依附论与不平等交换理论将贸易收益差异的原因归结为资本主义体系的垄断与积累，认为资本主义生产体系及其形成的国际分工格局、国际交换体系和不平等的国际经济秩序，是国际收益不平等的根源(Santos, 1970)。埃及学者埃米尔·阿明(2008)指出："中心国家(发达国家)依赖其对技术、金融、自然资源、通信以及大规模杀伤性武器的垄断，抵消了外围地区(发展中国家)的工业化影响，使外围地区的生产活动贬值，使新的垄断活动增值，并且使中心从中获益。结果就是，在世界规模的收入分配领域出现一个新的——比从前更不平等的——等级结构。"发展中国家和发达国家贸易条件差异的原因在于发达国家垄断资本的作用，由于发展中国家商品市场是近乎完全竞争的，而发达国家的创新技术产品是垄断的，这就造成了发展中国家的贸易条件恶化。

2. 市场势力

Henderson(2005)和Gereffi(1999)认为在全球商品链上不同环节之间的地位是不平等的，那些在商品链上处于主导地位和在国际市场上具有垄断力量的环节在中间品贸易利益分配上将拥有控制权。Foster等(2008)从微观企业层面区分了生产率(productivity)与利润率(profitability)的差异，其分析结果表明，企业利润率与产品的市场势力呈正相关关系，产品市场势力越强，企业的利润率就越高。国内学者的相关研究也肯定了市场势力对收益国际差异的作用：张小蒂和朱勤(2007)认为，由于我国企业普遍缺乏市场势力，致使发达国家跨国公司通常在国际竞争中处于主导地位；宋玉华和朱思敏(2008)基于产业组织理论模型的研究证明，垂直专业化分工下，生产与贸易的利益分配与中间产品价格密切相关，而中间产品价格在国内要素价格与交易成本一定的情况下，取决于该国中间产品市场势力的大小；张纪(2006)也认为市场结构决定产品内分工收益分配。

3. 技术水平差异与技术进步

尽管许多学者都肯定技术水平差异与技术进步是导致贸易收益差异的主要原因，但对于技术进步究竟是扩大还是缩小贸易收益的国家间差异则存在一定分歧。大部分学者的研究表明，发展中国家技术进步有利于其在贸易收益分配中的地位，缩小贸易收益的国际差异。

Krugman(1979a)构建了一个技术转移模型证明，一国技术进步对其比较优势及其贸易利益格局的影响，取决于要素在该国各产业间的转移以及技术在国与国之间的转移状况。随着南方国家（发展中国家）技术引进速度的加快，其具有比较优势的商品种类也将增加，所获得的比较利益也会增加，这有利于缩小南北收入差距；而北方国家（发达国家）技术创新速度的加快和南方国家引进技术的放慢则将导致北方国家具有比较优势的商品种类增加，所获得的比较利益也增加，南北收入差距将扩大。

发展经济学家刘易斯构建包含制成品、初级产品以及食品三类产品的理论模型，假定北方国家以生产和出口制成品为主，南方国家以生产和出口初级产品为主，南北双方都生产食品。假设南北食品价格相等（运输费用假设为零）且南方国家的劳动生产率低于北方国家。结果表明，产品的价格最终取决于食品以及该产品的劳动生产率。因此，即使南方国家初级产品劳动生产率的增长与北方国家一样快，其初级产品的价格也会低于北方制成品的价格，从而造成南方国家的贸易条件恶化。其贸易条件恶化的原因主要来自食品生产的劳动生产率低下，提高劳动生产率有利于改善南方国家在国际收益分配中的不利地位（Lewis，1969；Lewis，1980）。Gomory 和 Baumol（2000）认为当前全球化经济下国际贸易领域以工业制成品、技术的快速流动以及得益于规模经济的大企业为主要特点，在这种情况下一国生产能力的进步通常是以他国利益受损为代价的。而 Samuelson（2004）以中美两国为例的分析也同样表明，发展中国家在发达国家具有比较优势产品上的技术进步将导致发达国家的人均收入长期受损。

与上述文献观点相异的是 Findlay（1980），及 Ravikumar 和 Waugh（2009）。前者研究发现，发展中国家劳动生产效率的提高或投资的增长是导致发展中国家贸易条件恶化与人均收入下降的原因，他指出如果发展中国家的贸易条件不能得到改善，则无法获得利益；后者利用包含中间品贸易的模型进行的研究则发现，决定贸易利益差异的原因主要在于要素的数量和技术水平，一国拥有的资本和劳动要素越多或技术水平越低，反而其获取的贸易收益就越多。

国内文献如李真（2009）与欧阳秋珍和陈昭（2011）等也分析了技术进步对贸易失衡的影响，前者基于数理模型验证了有效技术外溢、自主创新以及国内人力资本存量都对我国与 G7 间的贸易利益分配格局产生不一致的影响，后者的研究则表明国内研发支出能够提高我国技术水平，从而减小我国同主要贸易伙伴单位美元包含的劳动时间差距，改善我国同主要贸易伙伴间贸易利益分配失衡状态，而且改善程度大于通过进口方式吸收国外技术溢出获得的技术进步。显然，这些文献均存在的隐含前提是贸易利益分配的失衡来源于中国与发达国家间的技术水平差异。

4. 发展中国家的低工资水平

希腊学者 Emanuel(1969)的不平等交换理论将发展中国家贸易条件恶化的根本原因归于工资的低水平。他认为工资的低水平意味着产品的出口价格就低，而发达国家的工资水平高，其出口价格就高，所以发展中国家即使是出口工业制成品也会遭受贸易条件恶化的损失，而发达国家即使出口初级产品也仍然会从贸易条件中获得好处。

还有的文献将贸易收益差异的原因归结于人口数量、资产专用性和政府作用等其他因素：如徐建斌和尹翔硕(2002)通过构建数理模型分析发现消费偏好与相对人口比例决定发展中国家的贸易条件，而与发达国家相比，过于丰裕的人口是发展中国家获利较少的主要原因；李国学(2009)的研究则表明资产专用性是决定全球生产网络成员间收益分配的主要原因，成员的收益份额随着自己专用性投资的比例和重要程度的上升而增加，随着对方专用性投资的比例和重要程度的上升而减少；Cruz(2008)通过比较中国与墨西哥的全球化道路，认为仅仅依赖市场的力量(自由贸易)是无法获得贸易利益的，必须有政府力量的介入，即要使得贸易成为经济增长的发动机是有条件的；张伟等(2013)将中国出口企业增加值率偏低的原因归结于政府的干预。

1.3 文献述评

基于以上现有相关文献的梳理可以发现，这些研究为探索开放收益国际差异的形成原因具有重要意义，但尚有以下方面有待进一步完善：

第一，关于贸易收益的国际差异形成的原因，依附理论和不平等交换论将其归因于资本主义体系的垄断，认为资本主义生产体系及其形成的国际分工格局、国际交换体系和不平等的国际经济秩序，是国际收益不平等的根源(Santos, 1970；阿明，2008)。Gereffi(1999)、Henderson(2005)及 Foster 等(2008)则从市场势力的角度解释贸易利益的国家间差异；新贸易理论文献、芬德利(Findlay, 1980)以及Samuelson(2004)等研究则认为技术水平差异与技术进步或规模报酬递增是导致发达国家与发展中国家贸易收益存在差异的主要原因；还有的研究从消费者偏好与人口比例大小或资产专有性等角度解释收益国际差异的形成(徐建斌、尹翔硕，2002)。

这些研究从不同角度探讨了贸易收益的国际差异，然而正如张幼文(2005)所指出的："各种贸易思想的理论成果对于探索全球化经济下的利益分配都是十分重要的，但我们也需要看到，它们并不是关于全球化条件下广义开放经济的利益分配理论。这些理论基本上都不是从经济全球化即以要素流动为基础、国际经济联系为依据的。"在生产要素跨国流动已经成为世界经济主要特征的今天，一国出口的产品是多国要素共同合作生产的结果，各国的直接投资与贸易收益归根到底是其本国要素参与国际要素合作生产和产品出口中获取的要素收益。传统国际分工向要素国际合作的转变，导致只有从"生产要素"这一生产投入的源头出发，才能清晰界定出一国直接投资与贸易的国民收益。

第二，对直接投资收益的国家间差异形成原因缺乏系统论述，有待更进一步研究。

现有直接论述要素合作生产中收益国际差异的文献相对较少。传统国际贸易理论在完全竞争假设下对要素流动收益的考察，证明了资本流动通过改变要素流入国的租金水平以及劳动边际生产力，从而对投资国及东道国的国民收益产生影响，对分析要素流动下的收益具有极大的启示。然而，其关注的是东道国或投资国福利受损的条件而不是要素收益的国际差异，并未对要素流动的收益差异做进一步分析，且其假设前提在于产品市场与要素市场的完全竞争，这并不符合现实。跨国投资理论尽管对要素流动的产生进行了深入探讨，但是却并不关注其收益的差异问题。直接研究投资收益的国家间差异的文献则更少，大多集中于从宏观上验证 FDI 的东道国效应，我们仅能从这些文献研究结论的不一致来推测直接投资收益存在国家间差异。

深入分析直接投资收益差异原因的研究则更为鲜见，仅见于 Razin 等(2002)

和张幼文(2002，2003，2005)，前者利用数理模型证明投资者竞争程度的高低是决定东道国收益的主要因素，竞争程度越高则东道国获利越大，后者则首次提出要素稀缺性是决定要素合作生产收益的根本原因，然而，对其决定机制、作用机理缺乏进一步分析，更缺乏实证的检验。在生产要素国际流动已经构成世界经济主要特征的今天，要素国际合作专业化已经成为各国经济合作的主要形式，考察要素合作生产中各国收益差异形成的根本原因，剖析其具体的作用机理，对我们提升对外开放水平，扩大开放收益具有重要意义。

第2章 生产要素国际流动：规律、动因与影响

本章首先回顾了要素国际流动的相关文献，接着在论述全球化经济下的生产要素、经济要素与全球化经济要素内涵与外延的基础上，阐明了生产要素国际流动的规律、动因与影响，具体揭示出高流动性要素流向低流动性要素的基本流向，阐明了经济要素和全球化经济要素决定生产要素国际流动的原理，指出了国家间要素相对稀缺性决定要素收益的国家间差异，是要素跨国流动的根本动因，从要素层面解释了"要素合作型国际专业化"的形成机理。

2.1 生产要素国际流动相关文献回顾

关于生产要素国际流动的研究存在两条研究路径，一条路径在传统国际贸易理论的分析框架下展开，另一条则是脱离传统贸易理论分析框架的跨国投资理论。前者相关的文献已在第1.1节中进行了总结，在此不再赘述。本节主要梳理经济学与国际贸易理论中有关生产要素流动的观点以及跨国投资理论。

2.1.1 经济学与国际贸易理论中的要素流动观点

1. 经济学中的要素流动观点

经济学上一般假定生产要素完全流动，流动范围只限于一个经济体内，且一般

假定不存在流动的障碍。要素流动往往是作为资源能达到有效配置的依据，但有些理论也指出了要素流动的障碍：如新制度经济学与信息经济学指出由于交易费用以及信息不对称等原因往往会导致要素无法在国内同产业或不同产业之间完全流动；劳动经济学中的搜寻与匹配理论也认为劳动力市场并非如传统经济学所假定的劳动力供给和需求是在信息完备的、无摩擦的市场环境下运作，通过工资的调整可以实现劳动力市场的出清，他们指出雇用者与工作者之间都面临着一定的“搜寻成本”，这种成本来自异质性、信息不对称以及交通成本等（Pissarides，1979；Mortensen，1982；Diamond and Mirrlees，1971）。显然这些理论都认为生产要素即使是在国内范围内流动也是存在障碍的。

2. 古典贸易理论与新古典贸易理论是基于要素国内流动但跨国不流动的研究

比较优势理论是基于要素不流动的分析。比较优势理论是单一要素观，研究的是两国两种商品以及劳动力一种要素的情况，在假定两国之间要素不流动的前提下，它认为两国按照“两优取其重，两劣取其轻”的比较优势原则进行国际分工并进行国际贸易，两国都将获得贸易利益。其假设前提是要素无法跨国流动，但其暗含着要素可以在国内两个产业之间自由流动，因为根据比较优势理论，贸易之前两国均生产两种商品，但两国按照比较优势原则开展贸易的结果是两国完全的专业化分工，这就意味着劳动力可以在两个产业之间自由转换。

要素禀赋理论以多种生产要素代替了李嘉图的单一生产要素。该理论假定要素不跨国流动，认为国际贸易的原因在于各国要素禀赋的差异，并进一步讨论了一国要素禀赋的变化对其生产以及贸易对不同要素所有者利益的影响，并指出自由贸易必然导致不同国家的同种要素价格趋于一致，即要素价格的均等化理论，其实质是在要素无法跨国流动的情况下，以商品的跨国流动实现了要素流动从而导致了不同国家要素价格的均等，可以说是要素的间接流动。

3. 产业内、产品内贸易理论对要素跨国流动的结果进行了解释

直到20世纪70年代末，主流的国际贸易理论才开始将要素流动纳入视野，对原有的理论框架进行了扩展，这些理论拓展有的关注生产要素国际流动对一国国民收入与福利水平的影响（Bhagwati，1981），有的集中于探讨要素流动与贸易之间的关系，有的检验了在要素国际流动下，原有的贸易理论的有效性，这些文献已

经在第 1.2 节进行了详述，不再赘述；而新贸易理论与新新贸易理论则针对生产要素跨国流动的结果——产业内贸易、产品内贸易以及公司内贸易等现象——进行了解释。

以克鲁格曼(Krugman)为代表的经济学家提出的“新贸易理论”，利用产业组织理论和市场结构理论来解释产业内的贸易现象，用市场结构中的不完全竞争、规模报酬递增、产品差异化等概念和思想来构建新的分析框架，并指出产业内贸易现象产生的原因在于规模经济和产品差异化的相互作用(Krugman，1979b；Krugman，1980；Krugman，1981)。产品内贸易理论对以产品内分工为基础形成的产品内贸易现象产生的原因进行了解释，并对产品内贸易形成的机制与利益分配进行了分析(Feenstra and Hanson，2001)。

新新贸易理论从企业层面研究了决定要素跨国流动的原因及其结果本身，即公司内贸易。新新贸易理论产生于 21 世纪初，它关注的是企业异质性与出口和 FDI 决策之间的关系以及企业在国际生产中对每种组织形式的选择。异质性企业贸易模型和企业内生边界模型是新新贸易理论的两个分支。异质性企业贸易模型解释了为何在同一产业内并非所有企业都选择进入国际市场，该理论在分析中增加了对企业生产率差异的假设，并认为生产率更高的企业将会进入国际市场，而生产率较低的企业将只能服务本土市场或甚至退出市场，国际贸易促进了资源的优化配置，由此能够带来贸易利益(Melitz，2003)。企业内生边界模型从单个企业的组织选择入手，将国际贸易理论与企业理论结合在一个统一框架下，探讨企业的异质性对企业边界、内包以及外包战略的选择的影响。它们所解释的贸易形式正是公司内贸易这一要素跨国流动的结果。

2.1.2 传统跨国投资理论

跨国投资理论是直接分析要素跨国流动的理论，它指出了跨国投资是企业决策的结果，也研究了直接投资对母国和东道国经济所造成的影响。

1. 垄断优势理论

Kindleberger(1969)和 Hymer(1976)将企业的垄断优势视为要素流动的关键原因，认为 FDI 产生的必要条件是产品和生产要素市场的不完全竞争。Hymer

(1976)认为海外投资存在高风险和高成本，这与跨国公司是外国企业的先天劣势有关，比如由于文化和语言上的差异导致获取信息的额外成本和东道国政府不友好的态度引发的成本。因此，跨国公司将不得不具备创新型产品、管理技能以及专利等所有权优势抵消额外的成本，这些优势如果超过东道国竞争对手的各种优势，如熟悉本地消费者的偏好、了解企业经营的法律和制度、节省运输费、情报灵活、决策迅速等，就可以在总体上居于优势，从而能够在当地取得相对竞争优势，或者通过与当地企业合作使优势得到更好的利用。Kindleberger(1969)强调市场结构的不完全性和垄断优势，认为跨国企业在对外直接投资时具有规模优势、市场优势、生产要素优势等，因此，一个具有某种垄断优势的跨国公司可以利用全球生产布局将其优势通过国际直接投资在其他市场中发挥，获得更大的垄断利益。Caves(1971)集中研究了产品的差异化，认为如果产品的差异化是以知识为基础的，FDI 比出口和许可更有优势。Knickerbocker(1973)针对 FDI 与企业间寡头垄断关系的研究证明，FDI 反映了国际市场上企业间的竞争策略，是既定市场中竞争者进入情况下的反馈行为的结果。换句话说，企业具有这样一种模仿行为，即跟随对手国际化，这样对手将不会获取战略优势。

2. 产品生命周期理论

产品生命周期理论指出了要素流动由产品生命周期而产生。维农认为，产品生命周期的发展规律决定了企业为了占领国外市场需要在国外进行投资。他指出，产品在不同生命周期阶段其特征存在差异。在产品创新阶段，创新国占有优势，既可满足国内市场需求，也可出口满足国外需求。产品进入成熟阶段后，产品生产稳定增长，国外市场日益扩大。与此同时，国外也出现了竞争者，开始仿制这种产品，创新国的技术优势面临丧失的危险。跨国公司将向其他发达国家进行投资，在这些国家，市场还在不断扩大。产品进入成熟期和衰退期后，技术优势已不复存在，生产已经规范化，市场也已经饱和，这时削减成本是关键，因而此时生产转移到工资低、劳动密集的发展中国家。可见，要素的流动即跨国公司的国际投资是一种"防御性"活动，即维护其在世界市场中的地位不受竞争者的损害。特别是对于技术含量高、容易扩散的产品，跨国公司更要建立海外子公司或分支机构，以保护其研究与开发的收益。

3. 内部化理论

内部化理论形成于20世纪70年代中期，该理论将要素流动看成是企业将国际交易内部化的直接结果(Buckly and Casson，1976；Rugman，1981)。内部化理论的源泉可以追溯到Coase(1937)。Buckly和Casson(1976)认为当交易成本(如信息和谈判成本)高于内部化成本(与内部交流及与组织有关的成本)时，企业将选择对外直接投资。内部化理论认为中间产品(如知识、信息、技术、商誉、零部件、原材料等)市场是不完全的。这种不完全由竞争的不完全和信息的不对称以及中间产品的特性所致，例如信息具有公共物品性质，在外部市场上转让容易扩散。这种特性导致许多不确定性，使得企业市场交易成本的增加。因此，中间产品难以通过市场交易完成，企业必须建立内部市场，通过并购对方或新建子公司来使交易在企业内部完成。

4. 国际生产折衷理论

国际生产折衷理论(亦称为OLI范式)认为跨国投资是跨国公司同时拥有所有权、内部化和区位三种优势时才可能发生，并说明了跨国投资的流向受区位因素的影响，从而指出了要素流动的决定因素(Dunning，1979)。国际生产折衷理论实际上是所有权优势(O)理论、内部化优势(I)理论和区位优势(L)理论的综合。所有权优势强调企业拥有的资产(如先进技术、独有的生产工序、专利以及管理技能等)的重要性，这些资产能够在未来带来利润(Dunning，Lundan，2008)。区位优势包括特殊的税收制度、更低的生产和交通成本、市场规模以及得以进入保护市场的权利等。市场内部化优势是指通过对外直接投资而不是通过市场交易来利用所有权特定优势和区位优势，能够获得更大的利益。内部化可能有几方面原因：一方面，外部市场(比如资产市场和要素市场)不完全，这会引起显著的交易成本和“时滞”；另一方面，公司希望保留某些资产(如技术和知识)的专有权，这些资产能给公司带来重要的竞争优势和垄断利润。

5. 边际产业理论

20世纪70年代，小岛清注意到日本企业与西方发达国家企业FDI的不同特点，他根据对日本企业FDI行为的研究，提出了边际产业理论，认为边际产业是日本企业对外直接投资的原因(Kojima，1978)。该理论证明了要素流动的发生是一国向海外转移边际产业的结果。“根据这一理论，随着一个国家的发展，其比较优势会发生变化，原有的比较优势会变成比较劣势。这时，如果通过对外直接投资，把即将变为比较劣势的产业转移出去，就能使自己把生产要素更多地集中在具有比较优势的产业上，从而始终处于按比较优势生产的地位，这个处于比较优势边缘的产业就是所谓的'边际产业'"（张幼文，2005：4）。边际产业的国际转移对投资国而言，可以使其产业结构更为合理，并同时推动本国对外贸易的发展；对于东道国而言，则对其产业结构调整、劳动密集型产业的发展具有重要作用，因此，对双方都产生了有利影响。小岛清还根据对外直接投资的动机进一步将其分为自然资源导向型、劳动力导向型、市场导向型和生产与销售国际化型四种类型。

2.1.3 基于新贸易理论的跨国投资理论模型

新贸易理论结合产业组织理论从规模经济、不完全竞争及差异化产品等角度解释了国际贸易产生的原因，而规模经济、不完全竞争及产品的差异化又和跨国公司的管理、品牌以及技术等所有权优势具有直接联系，因而，新贸易理论为形成规范的直接投资理论奠定了理论基础。

Helpman（1984）最早在两要素垄断竞争的框架下分析了垂直型跨国公司，当两国要素禀赋差异大到一定程度时，企业将把资本密集型的服务环节与劳动密集型生产环节分离，前者设立在本国总部，而后者则放置于外国，从而形成了垂直型直接投资，随后 Helpman 和 Krugman（1985）对该模型做了进一步完善。

在赫尔普曼（Helpman）的模型中，跨国公司从不选择在两个国家同时进行生产，因为在自由贸易条件下，这么做无利可图。但如果假设存在运输成本和设厂的固定成本，那么当节省的运输成本超过建厂特定的固定成本，水平 FDI 通过当地销售获益，一系列文献对此进行了更为深入的研究（Markusen，1984；Shatz and Venables，2000；Markusen，2002）。Markusen 和 Venables（1998）用古诺竞争情形下企业生产同质产品的模型论证了，当运输成本较高、工厂特定固定成本较低以及各国 GDP 较高或较相近时，水平型跨国公司更有可能形成。Markusen（1984）使用 CES 函数下的垄断竞争模型，并假设跨国公司雇用了熟练和非熟练劳动力的研究发现，当熟练工人和非熟练工人的相对禀赋相似时，水平型跨国公司更有可能成立。

Markusen（2002）利用"知识—资本"模型将垂直型和水平型跨国公司在统一

的框架下结合起来。假设在总部服务中使用的熟练劳动/非熟练劳动的比率超过跨国公司在工厂生产中使用的该比率,从而超过生产同质竞争商品中使用的该比率,结果发现,在熟练劳动丰裕的国家,跨国公司增加投资使得熟练/非熟练工人的相对工资上升,在其他国家也可能出现这种情形。其原因在于熟练劳动丰裕的国家在提供总部服务上更为专业化,而其他国家则在跨国公司生产方面更为专业化,这提高了两国对熟练劳动的相对需求。该模型即适用于水平型投资,也适用于垂直型投资。

2.1.4 小结

从比较优势理论到新新贸易理论,国际贸易理论的研究在不断接近要素流动的现实,但这些理论所关注的重点依然是生产要素跨国流动的结果、要素流动与商品贸易的关系或考察要素流动对贸易均衡的影响,而并非要素流动本身。跨国投资理论主要研究生产要素国际流动,并说明跨国公司对当代世界经济的影响以反映要素流动在世界经济中的地位,但是却往往立足于微观企业的行为和投资国视角而非整个世界经济,而直接投资的实质是一系列生产要素的国际流动,其对世界经济运行的深刻影响是通过要素的跨国流动以及由此形成的要素国际合作实现的,如果不能跳出企业层面解释直接投资,就难以形成一个足以解释整个世界经济运行的统一的分析框架,也难以对当前整个世界经济运行出现的诸多现象做出合理解释。基于此,本章将对生产要素跨国流动的基本原理进行深入分析,从要素层面解释要素合作型国际专业化形成的机理,具体揭示要素流动的基本规律、根本动因及其对要素流入国的影响,为后续从要素稀缺性角度解释收益国际差异的形成奠定基础。

2.2 全球化经济下要素内涵的变化与外延的扩展

生产要素的概念随着经济技术的发展以及经济分析本身的需要而不断演变。

农业社会里土地和劳动力是主要生产要素，工业社会首先使资本要素上升到首要地位，随后又扩大到管理、技术、人力资源等，知识经济的发展又导致信息、技术等要素的作用凸显。要素的内涵与外延的历史演变让我们认识到：

“第一，生产要素划分的细化是随着经济技术的发展而发展的。由于经济技术的发展，一些生产要素逐渐开始分化，从原有生产要素中分化出具有异质性特征的新要素。第二，因为经济分析本身的需要，生产要素概念的外延也将会发生变化。对生产乃至经营过程进行更全面的分析需要细化对要素的划分，从而扩大生产要素的外延。第三，在对现代经济的分析中，生产要素不能只看有形的自然物质和劳动力，一些抽象的，甚至无法量化的因素，由于其对当代世界经济分析的重要性，也应当引入并按照生产要素来进行规范的处理。”(张幼文，2003：69)第四，世界经济有别于国民经济，其行为主体主要是跨国公司、国家和各种国际组织而不是一般国内企业。伴随经济全球化的发展，各行为主体的活动是跨国界的，其行为空间远远超过国民经济下行为主体的活动范围。在经济全球化的今天，将“要素”的内涵仅限于经济学中的“生产要素”难以对当前世界经济的运行做出合理解释。因此，在全球化经济下，原有经济学中要素的内涵需要做出改变，外延必须进行相应的扩展。我们不仅需要定义直接投入生产过程的生产要素，还应当考虑影响企业使用生产要素的权利和条件，进而影响企业经营决策，决定生产要素跨国流动的各种因素。①本书将无法计入企业成本但又对企业的决策产生重要影响的国内相关经济要素定义为经济要素，将一国的对外开放度、贸易投资自由化的双边与区域协定以及全球性协议归纳为全球化经济要素，以便于分析生产要素国际流动的基本规律。

---

① R.科斯(Ronald H.Coase)曾指出，“人们通常认为，商人得到和使用的是实物(一亩地或一吨化肥)，而不是行使一定(实在)行为的权利。我们会说某人拥有土地，并把它当作生产要素，但土地所有者实际上所拥有的是实施一定行为的权利”。参见R.科斯：《社会成本问题》，摘自陈昕：《财产权利与制度变迁——产权学派与新制度学派译文集》，上海三联书店 & 上海人民出版社 1994 年版，第 51 页。科斯的这段话原本是在论述外部性难以解决的原因，但是其对于生产要素使用权利的论述，却为我们讨论全球化经济下的要素内涵与外延提供了启示。

2.2.1 生产要素

生产要素是可以计入企业成本的各种经济资源。经济学中的生产要素主要包括劳动力、资本、土地以及技术等。根据研究的需要,经济学家往往对生产要素的内涵与外延进行相应拓展。Leamer(1984)定义了 11 种不同的生产要素,除了资本要素之外,劳动力要素分为专业、半熟练和熟练三种,土地要素分为热带、温带、干旱以及森林等四种,此外,煤炭、石油和矿物也归属于生产要素之中。迈克尔·波特的国家竞争优势理论则将生产要素归纳为五类:人力资源、自然资源、知识、资本和基础设施。托马斯·皮凯蒂(2014:119)对全球的收入不平等问题的分析中,对资本要素的范畴进行了重新定义,他认为国内资本可分为三种类别:农地、住宅以及其他国内资本(包括企业和政府组织的资本,如用于商业的建筑物及所在的土地、基础设施、机器、计算机、专利权等)。本书将全球化经济的生产要素扩展为八种:一般劳动力、货币资本、土地与自然资源、技术、品牌、高端人才、经营管理方法以及营销网络。高端人才是随着经济的发展,从劳动力要素中分化出来的,品牌、经营管理方法以及营销网络等生产要素则是从资本要素中衍生出来,在企业的生产经营过程中发挥着重要作用,要获取这些要素,企业必须前期投入大量成本,而一旦具备这些要素,就能为企业创造更多的利润。尤其是随着科学技术的发展,制造环节的数字化使得在整个产品的制造过程中,具体"如何生产"的问题变得越来越简单,"生产什么"以及"为谁生产"的问题将变得更为重要①,而这些问题的回答有赖于产品的设计和技术的创新,因而更加凸显了高端人才、技术、品牌、管理以及营销网络等生产要素的重要性。

1. 一般劳动力

张幼文(2002)认为"一般劳动力是指体力型劳动力,是制造业生产过程中的劳动力,或称为'蓝领'"。杰里米·里夫金(2012)则认为"当今世界正面临第五次科

---

① 有关制造过程数字化的文献,参见杰里米·里夫金:《第三次工业革命》,张体伟、孙豫宁译,中信出版社 2012 年版;以及《经济学人》关于第三次工业革命的文章,http://www.economist.com/node/21553017。

技革命和第三次工业革命的重合期，科技创新与企业和经济发展的关系比以往任何时候都更加直接和密切，创新和突破将创造新的需求与市场，将改变人们的生产方式”，这种改变必然导致研究与开发对产品的重要性日益提高，而产品的加工制造环节的相对地位下降。越来越多的发展中国家走向工业化道路，在这一过程中释放出大量劳动力供给，使全球劳动力要素更加充裕。

2. 货币资本

正如杰里米·里夫金(2012)所说，“从产业结构历史性进步角度讲，工业化过程的特征是重化工业的发展，需要大量的资本投入，资本密集是重化工业的特点。同时，现代耐用消费品的生产也以大规模流水线为特点，需要巨额资本投入。所以资本要素在工业化和现代制造业经济中占据了主导地位”。但是，资本要素在不同类型国家中的分布依然存在不平衡，一般而言，发达国家与新兴市场经济体货币资本相对较为丰裕，但是在大部分发展中国家，货币资本依然比较稀缺。在现实的生产投资当中，货币资本往往转化成固定资产形式。

3. 土地与自然资源

土地与自然资源都属于不可再生的资源，其总供给是固定的。在自然依赖型的农业经济中，土地是主要的投入要素，进入工业社会后，与资本相比，土地要素的相对位置有所下降。技术的进步将提高资源与能源的利用效率，相应需求也将下降。但是由于整个世界经济的发展是不平衡的，大部分的发展中国家还未能实现或者正在实现工业化，在工业化的初期，由于产业结构以及技术条件的限制，在这些国家，对土地和自然资源的需求依然旺盛。

4. 技术

“技术作为知识的一种形式，具有某些特殊的性质。首先，技术具有非竞争性。当某一个经济行为人使用某种技术生产商品和服务时，并不妨碍其他的经济行为人也使用同一种技术。其次，在很多情况下，技术具有部分的非排他性。技术信息的创造者或所有者难以制止其他人不经授权地在某些方面使用此种技术”(格罗斯曼、赫尔普曼，2003：13)。技术的这些特性使其容易为他人所模仿与传播，在自然属性上具有较强的流动性。“技术本身不仅是发明活动的产出，它还是发明活动的投入，在很多情况下，它是同发明者的才能一样重要的投入”(Nelson，1962：618)。对于企业而言，技术日益成为其核心竞争力的重要构成要素，是企业竞争优势的来源。

在知识产权保护下，技术可以申请专利，以一种知识产权形式存在，这是一国所有的知识要素的量化形式，它是随着经济的发展，知识作为要素独立出来的结果。专利是可以作为国际交换的一种商品和服务，而且可以从根本上影响国际分工方式。发达国家依靠大量的研发投入获取了大量的专利并从中获取大量的专利使用费。除此之外，技术还包括企业没有申请专利的特殊技术，如某些企业的特殊模具等。技术是具有非常强的流动性的要素，但是为保持其竞争优势，发达国家对许多技术贸易设置了壁垒，使其无法流动到发展中国家，引起了发展中国家对发达国家的对外直接投资，以获取其核心技术。

5. 品牌

品牌是一种超越生产、商品及所有有形资产以外的无形资产。它的载体是用以和其他竞争者的产品或劳务相区分的名称、术语、象征、记号或者设计及其组合，它是能给拥有者带来溢价、产生增值的一种无形的资产，增值的源泉来自消费者心智中形成的关于其载体的印象。品牌资产有五个构成因素：即品牌忠诚度(brand loyahy)，品牌熟悉度(brand awareness)、品质认知度(perceived quality)、除品质认知度之外的品牌联想(brand association)，以及品牌资产的其他专有权。这些资产为企业带来多种利益和价值。品牌的形成往往需要成本，但是一旦形成，就成为企业拥有的生产要素，能够提高企业产品的价值。同时品牌要素不仅可以作为企业的投入为其服务，还能通过特许经营等方式实现国际流动。

6. 高端人才

高端人才是知识型劳动力要素，提供的是创造性劳动，在统计上表现为科学家、工程师、技术人员与研发人员等的数量。它是随着经济的发展，从劳动力要素中分化出来的。这类劳动力之所以不能与加工制造型劳动力等同，是因为其在经济过程中的作用根本不同。他们是社会总生产的一部分，但不是产品的生产加工者。当前经济发展要求把这部分生产要素与直接生产过程的劳动力相区别，这类高端人才是国际劳动力流动的一个主要部分，也是构成国际合作与国际分工的一个重要要素。高端人才是技术创新活动的核心。创新机会的发现与把握需要高素质的领导人才；研究开发活动需要高素质的技术人才；开发成果的转化需要高素质的员工；成功的市场开拓需要高素质的营销人才；创新活动的组织、管理与协调也需要高素质的领导人才和管理人才。高端人才的缺乏，特别是科技人才的缺乏是导致企业技术创新失败的主要原因。

7. 经营管理方法

管理最初是一种企业内部的过程，随着市场的复杂化，对外部条件的认识和把握也成为管理要素的一个组成部分，企业的经营管理是一种善于应对变化和及时做出决策的能力。在全球化经济中，跨国公司在全球化经营管理上尤其具有优势，它们善于组合世界各地的优势，建立新企业，实现优势的内部化，并通过特殊的国际决策机制、经营管理人才和方法等全球化的企业管理进行全球市场的统一规划，包括现在的市场和未来的市场，形成竞争优势。跨国公司的这种全球化经营管理方法作为其所有的要素，往往通过国际直接投资流动到在东道国的外国子公司。

8. 营销网络

营销网络是企业的产品销售渠道，是企业的产品从生产商到最终消费者手中所经历的途径，如果主要集中在国内市场则为国内营销网络，在全球化经济中，一个企业在国际市场上的销售渠道即国际营销网络往往显得更为重要。由于信息的不完全和市场进入障碍的存在，市场的多样性、复杂性，加上竞争的激烈性，使国际市场营销网络成为一种高度稀缺的资源。发展中国家较难在短期里获得这种资源，建立自己的国际市场营销网络，但发达国家的跨国公司拥有完善的国际营销网络，在国际投资中，常常以国际销售渠道为投入要素与发展中国家进行合资。

2.2.2　经济要素

生产要素仅仅是计入企业成本的各种资源，从经营环境上看，一国市场化程度、市场规模、生产配套能力以及基础设施等要素，尽管不直接计入企业的成本，但也是影响企业投资和经营决策的决定性因素。对于企业来说，这些因素是外部因素，是企业本身无法掌控的，与传统定义上生产要素的微观特征不同。将无法计入企业成本但又对企业的决策产生重要影响的国内相关经济要素定义为经济要素，有助于剖析生产要素国际流动的基本原理。在外延上，其具体包括一国经济的市场化水平、市场规模、生产配套能力、基础设施、区位因素、政府的经济管理能力等。

1. 市场化水平

一个国家经济的市场化水平体现在企业的竞争环境是否公平，信息与法律法规是否公正透明，金融发展水平以及知识产权的保护水平高低等方面，它是影响企业投资经营决策的主要经济要素。

在公平的竞争环境中，各种企业无论所有制是公有制还是私有制，无论内资还是外资都能公平地获取各种生产要素，能平等地参与市场竞争。一国经济的市场化程度越高，则市场在整个经济的资源配置中的作用就越大，资源配置的效率也就越高，企业面临的竞争环境也越公平。一个公平竞争的环境能增强企业的活力，同时也是跨国公司国际投资考虑的主要东道国因素。

市场化水平还体现在一国的信息与法律法规是否公正透明。世界银行的治理问题专家 Kaufman(2005)对透明度进行了定义和分类，透明度是指及时可靠的经济、社会和政治信息的流动，信息可以为所有利益相关者获得，透明度实际上包含以下特征：可获取性（包括及时性和无歧视性）、综合性（确保包含关键项目）、相关性（避免信息过剩和超载）、质量和可靠性（从而有助于政策制定，并为投资者提供市场信心）。法律法规的公正透明包括立法过程、法规制定以及法律法规条款都必须做到公正透明。信息与法律法规的公正透明，为投资者的利益提供了保障，同时也能增强投资者的信心。

早在 20 世纪 70 年代，美国经济学家麦金农(Mckinnon, 1973)就提出金融深化理论，证明了金融发展水平与一国经济发展相互影响相互制约的关系。金融抑制会制约一国经济的发展，相反健全的金融制度能将储蓄资金调动起来，将其引向生产型投资，从而促进经济发展。从微观角度看，一国的金融发展水平也是构成企业经营与投资环境的重要因素。拥有完善金融制度及较高金融发展水平的国家或地区能够为企业提供融资的便利，创造良好的经营环境，也因此能够吸引更多跨国企业的投资。

随着经济全球化的发展以及技术进步，知识产权保护在一国经济中的地位日益提高。由于它通常是国际投资者向发展中国家技术转移的前提条件，尤其在某些容易模仿的技术领域，如软件、制药等，因此能够影响到对实体投资（如合资企业）以及非实体模式（如许可证）的吸引力。知识产权保护还是一个鼓励当地企业研发行为的措施，因为如果企业的创新能够得到保护，则更倾向于对研发和技术升级进行投资。

2. 市场规模

市场规模是指市场的大小与成长速度，市场规模较大可以使企业获得规模经济效应而提高效率，并从需求方面刺激企业改进和创新。大量实证研究也证明市场规模是影响跨国投资的主要因素，Dunning(1980)、Green 和 Cunningham(1975)等文献对以 GDP 为主要指标的市场规模进行了分析，均发现 FDI 与市场规模的关系密切且呈正相关。迪斯(Dees，1998)在对以往文献分析和评价的基础上，使用 1983—1995 年间相关数据对外国来华投资的决定因素进行了研究，采用追踪资料、误差修正模型进行分析，结果显示：影响中国外商直接投资的决定因素为市场规模大小、实际汇率、相对工资和开放程度。其中以中国国内生产总值为指标的市场规模对于外国直接投资存在正相关关系，二者之间的长期弹性为 1.8，即 GDP 每增长 1%，外国直接投资存量增长 1.8%，而且这种趋势在 1990 年之后越发明显。联合国贸易与发展会议的研究也表明市场规模是市场寻求型跨国投资东道国的主要经济决定因素(UNCTAD，1998：107)。

3. 生产配套能力

在价值链分工条件下，一个企业的发展还往往需要上下游企业的配合才能更好地完成生产，如果一个国家能够提供更健全的相关和支持性产业，则更有利于在本国企业竞争优势的形成。瑞典在钢珠、刀具等钢制品的强势地位，离不开该国专业炼钢产业的支持，这种生产配套能力除了可以使企业更容易获取应用元件、机械设备等之外，还有利于企业和供应商形成价值链。在这种紧密的合作关系中，供应商能协助企业了解新方法和新技术的应用，企业则向供应商提出新信息、新点子和新市场视野，带动供应商自我创新，努力发展新技术，并培养新产品研发的环境，供应商和企业能更快也更有效率地克服困难。

4. 基础设施

基础设施包括运输系统和通信设施等的建设，如港口、公路、电力以及通信等，这些公共物品性质的设施，要么企业的投资意愿小，要么难以承担，但是完善的基础设施建设会对企业的生产经营活动带来极大的便利，能够降低企业的经营成本，它是构成企业经营环境的重要部分，也是“决定一个经济体整体竞争力和吸引外国直接投资的重要决定因素”，“对经济发展和融入世界经济至关重要”(UNCTAD，2008：20)。一个拥有良好基础设施的国家对跨国公司的跨国投资吸引力往往更大。邓宁在 OIL 理论中指出基础设施是东道国区位优势中的主要因素之一，决定着跨国公司的投资决策。

5. 区位因素

一国的区位因素指特定地块的地理空间位置及其与相邻地块的相互关系，既包括自然地理位置，也包括经济位置和交通区位。一国的地理位置、海陆状况，是否具备深水港湾，是否在国际航线上等区位因素，不仅影响运输成本，而且还影响产品的生产技术条件，因此也构成影响企业生产与投资决策的重要经济要素。

6. 政府的经济管理能力

波特(2002)在其《国家竞争优势》一书中就指出，“当政府的政策影响到钻石体系的四个关键要素的任何一项或超过一项时，无论这个政策属于地方性、地区性或国家层次，都会具有产业的竞争优势”。一国政府具有较强的经济管理能力，在推动经济发展上则能发挥更大的作用。

2.2.3 全球化经济要素

全球化经济要素是表示一国参与经济全球化程度的要素，具体包括一国的对外开放度、贸易投资自由化的双边与区域协定以及贸易投资自由化的全球性协议等。这些要素对跨国公司的投资决策将产生重要影响。与经济要素一样，这些要素能够复制但其本身无法流动。贸易投资自由化的双边、区域协议以及全球性协议，分别指的是一国参与的与贸易投资自由化相关的双边、区域以及全球性协定。

1. 一国的经济开放度

一国的经济开放度是一国对贸易与投资自由化的态度的体现，它包含了投资领域的开放度以及国内市场的开放度，将对生产要素的国际流动直接产生影响。在禁止和强烈阻止 FDI 的地方是不会有外国直接投资的。20 世纪 90 年代起，发展中国家普遍对吸引外国直接投资表现出强烈的兴趣。发展中国家采取的各种优惠政策措施，成为跨国公司直接投资区位选择的决定因素。优惠的外国直接投资核心政策包括放松对市场进入和外国股权的限制，改善对外国公司的待遇标准，改进市场运行状况，对引进的外资采取相应的税收优惠政策等。在此核心框架的基础上，还包括商业便利措施，如投资促进、投资鼓励、投资后服务、投资环境的改善、降低商务活动成本等。此外还包括贸易自由化相关政策，如降低关税水平，减少非关税壁垒等。这些具体政策直接影响了商品和服务的流量，也影响了国际投资的流向。从对本国经济是否更有利出发，政府的对外开放政策这一点作为要素的意义在于，一国政府能否有效运用政策工具，使本国在对外经济关系上得到更大的利益。对于跨国公司来说，也必然以了解东道国政府的政策作为跨国投资决策的依据。

2. 贸易投资自由化的双边、区域以及全球协议

贸易投资一体化的双边或多边区域协议，如促进和保护外国直接投资的双边协定以及避免双重征税的双边协定等，降低或消除了贸易投资壁垒。避免双重征税协定不仅减少了双重征税风险，同时也减少了转移价格的机会。双边投资协定试图通过提供普遍待遇标准和保护标准，尤其是进入后的国民待遇、公正公平待遇和最惠国待遇、不被征用的担保、寻求投资争端解决的国际手段等来吸引FDI。1998年联合国贸易与发展会议对外国直接投资的东道国决定因素进行研究发现，东道国是否拥有有利于建立地区性公司网络的地区性一体化协定的成员资格，是影响跨国公司跨国投资战略的东道国主要经济因素之一。参与国际协议并履行义务之后，一国政府的政策逆转代价加大，从而可以提高政府政策的公信力，进而改善企业在投资方面的反应。

目前最主要贸易投资自由化的全球化协议是WTO与《贸易有关的投资措施协议》(Agreement on Trade-Related Investment Measures, TRIMs)，它是限制东道国政府通过政策法令直接或间接实施的、与货物(商品)贸易有关的、对贸易产生限制和扭曲作用的投资措施。其目的在于期望促进世界贸易的扩大和逐步自由化，并便利国际投资，以在确保自由竞争的同时，促进所有贸易伙伴，尤其是发展中国家成员的经济增长。投资保护协定从保护投资出发促进国际投资即生产要素的国际流动。

2.3　生产要素国际流动的基本规律

生产要素国际流动既受到生产要素流动性差异的影响，又取决于一国的经济要素与全球化经济要素，前者决定了要素流动的流向，后者是生产要素跨国流动的

必要条件。

2.3.1 不同生产要素存在流动性差异

张幼文(2005:6)指出:"资本、技术、管理等具有极高的流动性,高素质劳动力的流动性次之,一般加工型劳动力的流动性很低。"即不同生产要素的流动性强弱是完全不同的。如表 2.1 所示,从自然属性上看,货币资本、技术、高端人才、品牌、营销网络以及经营管理方式均属于高流动性生产要素,其中以货币资本的流动性最高。一般劳动力由于流动成本很高,信息的不充分、语言与生活习俗乃至宗教、文化传统不同等原因流动性较低,尤其是随着经济的发展与技术的进步,社会相对降低了对一般劳动力的需求,一般劳动力的工作机会与报酬都在相对减少,这也是导致一般劳动力低流动性的重要原因(张幼文,2002b)。土地是一国的领土范围内的生产要素,它完全无法进行跨国流动,而自然资源禀赋往往附着于一国领土或领海,也属于完全不流动的生产要素。①

表 2.1 生产要素的流动性差异

<table>
<tr><th>生产要素</th><th colspan="2">流动性特征</th></tr>
<tr><td>货币资本</td><td>最　高</td><td rowspan="2">高流动性</td></tr>
<tr><td>技术、高端人才、品牌、营销网络、经营管理方式</td><td>较　高</td></tr>
<tr><td>一般劳动力</td><td colspan="2">低流动性</td></tr>
<tr><td>土地、自然资源</td><td colspan="2">完全不流动</td></tr>
</table>

2.3.2 生产要素的流动性差异对流向的影响

由于生产要素的流动性差异,要素流向表现为流动性高的生产要素向流动性低的生产要素所在地流动,具体体现在以下两个方面。

① 自然资源虽然可以通过贸易等改变所有权的情况下销售到其他国家,但是本书所指的生产要素国际流动指跨国公司主导下的不改变所有权只改变使用权的情况,因此,自然资源是属于不流动的生产要素。

第一，货币资本、技术、高端人才、品牌、管理以及营销网络等高流动性生产要素以资本形成等方式向一般劳动力、土地以及自然资源等低流动性或不流动生产要素所在地流动，导致生产要素在低流动性生产要素所有国集聚。由于发达国家高流动性生产要素相对丰裕，发展中国家低流动性或不流动生产要素更为丰裕，因此，生产要素国际流动主要表现为从发达国家流向发展中国家。低流动性要素所有国"由于顺应了经济全球化的时代趋势而成为要素集聚地"（张幼文、梁军，2007）。2011 年发达国家的直接投资流出量为 1.24 万亿美元，在全球 FDI 流出量中占比 73%，是全球主要的生产要素流出地。①而发展中国家则日益成为主要的外资流入地，如表 2.2 所示，至 2012 年，发展中国家和转型经济体在全球直接外资流入量中占比已超过 58.5%。②2010 年 20 大直接投资东道经济体中，半数为发展中和转型期经济体（UNCTAD，2011）。

表 2.2　世界主要经济体 FDI 流入量及全球占比

年　份	项　　目	发达国家	发展中国家	转型国家
2005	FDI 流入量（百万美元）	621 479.9	334 526.2	33 611.6
	占比（%）	62.8	33.8	3.4
2006	FDI 流入量（百万美元）	985 888.2	432 113.4	62 584.9
	占比（%）	66.6	29.2	4.2
2007	FDI 流入量（百万美元）	1 319 893.0	589 430.5	93 371.1
	占比（%）	65.9	29.4	4.7
2008	FDI 流入量（百万美元）	1 026 530.6	668 438.8	121 428.7
	占比（%）	56.5	36.8	6.7
2009	FDI 流入量（百万美元）	613 436.1	530 288.8	72 749.9
	占比（%）	50.4	43.6	6.0
2010	FDI 流入量（百万美元）	696 417.8	637 063.0	75 056.1
	占比（%）	49.4	45.2	5.3

① 据 World Investment Report 2012 相关数据整理计算。

② 据 World Investment Report 2013 相关数据整理计算。

（续表）

年份	项目	发达国家	发展中国家	转型国家
2011	FDI 流入量（百万美元）	820 008.5	735 212.2	96 290.2
	占比（%）	49.7	44.5	5.8
2012	FDI 流入量（百万美元）	560 718.1	702 825.6	87 382.0
	占比（%）	41.5	52.0	6.5

资料来源：根据 UNCTAD，World Investment Report 2013（New York and Geneva：United Nations，2013）整理计算。

第二，具备更高流动性的资本流向技术、高端人才、品牌以及营销网络等要素。同属于高流动性生产要素，货币资本的流动性要高于技术、高端人才、品牌、管理以及营销网络。这种高流动性生产要素内部的流动表现为资本流向技术、高端人才、品牌以及营销网络等要素。由于高流动性生产要素均主要为发达国家所有，因此，这种要素流动主要发生在发达国家之间。跨国公司在技术领先的发达国家设立海外研发机构，就是资本追逐技术、人才等流动性相对更低的生产要素的结果。技术领先、拥有丰裕高端人才的国家如美国往往成为发达国家间投资的首选地，跨国公司将研发部门设立在此以期望利用当地的高端人才（迈克尔·波特，2002）。截至2006 年，“仅美国一个国家就吸引了 129 家研发机构，占到了跨国公司在发达国家研发投资机构总数的 30.8%，全球研发投资机构总数的 23.5%，绝对数和相对比例均是最高的。德国、英国、法国和比利时成为继美国之后排在前五位的几个国家，都吸引了超过 20 家的跨国公司研发机构”（陈健、徐康宁，2009）。

近年出现的新兴经济体对发达国家的投资也反映出高流动性要素内部流动的规律。新兴经济体随着经济的发展积累了一定的货币资本，但是国际性品牌、核心的技术以及在国际市场上的营销网络依然缺乏，为了获取稀缺资源，实现逆向技术溢出，发展中国家的高流动性资本流向发达国家，与其技术、品牌、国际销售渠道等相对流动性更低的生产要素相结合。跨国投资理论将其定义为资产寻求型 FDI。Kumar（1998）对正在兴起的发展中国家跨国企业创造性资产寻求型 FDI 进行研究，发现在过去的 10 年中，亚洲新兴工业化国家和地区的跨国企业对发达国家的 FDI 增长迅猛，而且这些来自亚洲新兴工业化国家和地区的跨国公司通常把对发达国家的 FDI 作为建立品牌、获得新的生产技术和获得更大分销网络的捷径以及增强非价格竞争力的手段。Gubbi等(2010)也认为位于发达国家的并购目标企业拥有水平和质量更高的知识资源，与发展中国家企业既有的能力存在更强的互补性，因此跨境并购有助于克服后发者劣势，大大缩短获得关键性知识资源的时间，实现企业和经济发展的“蛙跳”。关于中国对外直接投资的研究结果也表明中国企业对外直接投资以获取技术等要素为目的。江小涓(2000)指出，中国国内有实力的企业通过对外直接投资“走出去”，到技术资源密集的发达国家(或地区)设立研发机构或高技术企业，研发和生产具有自主知识产权的新科技产品，是利用国外科技资源的一种有效形式。

2.3.3　经济要素与全球化经济要素是生产要素国际流动的决定因素

高流动性生产要素流向低流动性生产要素是生产要素国际流动的客观规律，但是其具体流向及其结果，则取决于各国的经济要素与全球化经济要素供给水平。

良好的经济要素能够为企业创造更好的生产经营条件，增强一国对生产要素流入的吸引力；较高的全球化经济要素水平，意味着生产要素国际流动障碍的消除，是吸引要素流入的基本条件。欧洲、北美以及东亚和东南亚地区正是由于具备良好的经济要素和全球化经济要素从而成为全球主要的要素集聚地。2012年欧洲与北美国家吸引的外资流入在全球中占比超过36%，东亚和东南亚的外资流入占比也达24.1%。[①]联合国贸易与发展会议针对跨国公司进行的调查显示，64%的跨国公司将东亚和东南亚等发展中地区视为“非常”或“极其”重要的投资目的地，欧盟和北美等发达地区也被受访跨国公司认为是最重要的投资目的地。

缺乏经济要素与全球化经济要素将阻碍生产要素的流入。同为发达国家，流入日本的FDI存量占GDP比重明显低于其他发达国家或经济体。如图2.1所示，1990年日本的FDI存量占比仅为0.32%，至2012年该比重尽管有所上升

① 根据World Investment Report 2013相关数据整理计算得出。

但也只有3.5%，而同年欧盟、加拿大以及美国该比重分别高达46.6%、35.9%与25.2%。导致这一现象的主要原因就在于日本的经济要素与全球化经济要素水平相对较低。①"日本对来自海外的投资活动实施了严格的规制，延缓了外资企业进入日本市场的进程。日本国内复杂的交易惯例和规制措施等，也成为影响海外对日投资的障碍。海外很多企业对日本的印象是，这是一个市场准入非常困难的国家。另外，人工成本和房地产成本非常高，也挫伤了海外企业对日本的投资欲望"(伊藤元重，2011：478—479)。而作为发展中地区的非洲，尽管其劳动力成本很低，但经济要素与全球化经济要素的缺乏也阻碍了资本等要素流入，2012年整个非洲地区吸引的外资流入占比还不足4%。②

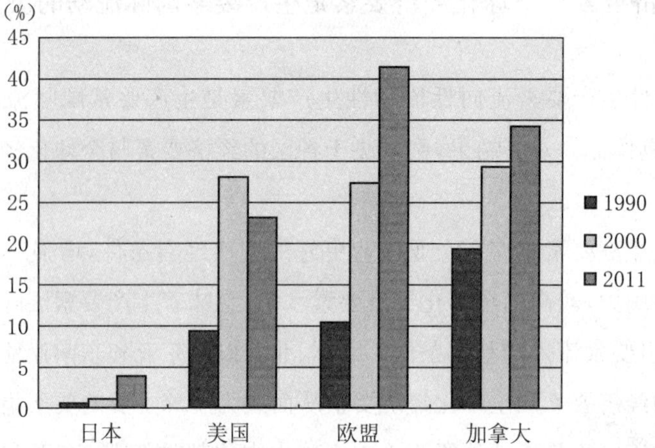

资料来源：UNCTAD，World Investment Report. New York and Geneva：United Nations，2012，web table 7。

图2.1 世界主要发达国家及经济体内向FDI存量占GDP比重

① 许多文献均已指出流入日本的FDI较少是其政府对外资流入的限制及其国内市场的特点所致：Encarnation，Dennis，1992，*Rivals beyond Trade*：*American versus Japan in Global Competition*，Ithaca，N.Y.：Cornell University Press；Mason，Mark，1992，*American multinationals and Japan*，Cambridge，Mass.：Harvard University Press；Lawrence，Robert Z.，1993，"Japan's Low Levels of inward Acquisitions：The Role of Inhibitions in Acquisitions"，in Kenneth A.Froot，*Foreign Direct Investment*，Chicago：University of Chicago Press：85—107.

② 根据World Investment Report 2013相关数据整理计算得出。

2.4　生产要素国际流动的动因

要素在国家间的相对稀缺性不同决定了要素收益在不同国家之间存在差别，在企业追求更高收益的动因驱动下引起了要素的跨国流动，而跨国公司的直接投资正是要素跨国流动的主要载体。

2.4.1　要素稀缺性决定要素收益

要素的稀缺性反映要素供给与要素需求的相对强度。对于稀缺性高的要素，要素供给强度小于需求，要素所有者的市场势力与溢价能力强于买方，要素市场是卖方垄断，所有者能够获取高于竞争性要素市场下的要素收益；而稀缺性低的生产要素的供给强度大于需求，与买方相比要素所有者不具备垄断势力而溢价能力较低，其要素市场往往是买方垄断，导致均衡的要素价格低于竞争性要素市场的均衡价格。因此，要素稀缺性的高低决定了要素收益的大小。要素稀缺性也并非一成不变，随着时间的演变与空间的不同，要素的稀缺性将发生改变，因而要素收益在不同的经济发展阶段与在不同的国家（地区）存在较大差异。

2.4.2　生产要素在国家间的相对稀缺性差异

在现实经济中，生产要素在国家间的相对稀缺性存在较大差异，这既体现在发达国家与发展中国家之间，也存在于不同发达国家内部。

1. 发达国家与发展中国家间要素相对稀缺性差异

发展中国家的资本、技术、管理以及高端人才等要素的稀缺性明显高于发达国家（如表 2.3 所示）。劳均固定资本量反映了不同国家资本相对劳动力的丰裕程度。2010 年发达国家均在 1 万美元以上，而发展中国家均低于该水平，并且除智利与土耳其之外，其他发展中国家都在 5 000 美元以下，显然这表明发展中国家的

表 2.3　生产要素存量水平的国际比较

国家/地区		劳均固定资本（美元，2010年）	劳动力（百万人，2010年）	成年劳动力小时工资（美元，2007年）	R&D支出占GDP比重（2008年）	每百万人中研发项目的研发人员（人，2008年）	专利申请数（个，2010年）		制造业企业管理水平（2001—2011年）	土地面积（万平方公里，2010年）
							非居民	居民		
发达国家	美国	13 517	157	21.34	2.8	4 673　−1	248 249	241 977	3.35	915
	日本	16 530	67	15.1	3.4	5 189	54 517	290 081	3.23	36
	英国	10 548	32	22.7	1.8	4 112	6 439	15 490	3.02	24
	法国	16 544	30	18.18　−7	2.1	3 690	1 832	14 748	3.02	55
	丹麦	18 312	3	42.27	2.9	6 494	142	1 626		4
	芬兰	16 553	3	21.17	4.0	7 647	102	1 731		30
	德国	13 528	42	24.5	2.7	3 667	12 198	47 047	3.23	35
	加拿大	18 319	19	18.78	1.8	4 335　−1	30 899	4 550	3.17	909
	意大利	15 959	25	15.15	1.2	1 614	903　−1	8 814　−1	3.02	29
发展中国家	中国	3 368	800	1.15　−1	1.5	1 199	98 111	293 066	2.71	933
	印度	1 083	473	0.36	0.8　−3	136　−3	27 025　−1	7 262　−1	2.67	297
	印度尼西亚	1 926	118	0.65　−1	0.1　+1	90　+1	4 324　−4	288　−4		181
	墨西哥	4 203	50	1.53	0.4	347	13 625	951	2.92	194
	泰国	2 003	39	2.5　−1	0.2　−1	316　−1	723	1214		51
	马来西亚	4 035	12	1.34　−12	0.6　−2	365　−2	5 230	1 233		33
	菲律宾	1 058	39	1.72	0.1　−1	78　−1	3 223	166		30
	巴西	4 106	102	4.39　−1	1.1	696	19 981	2 705	2.71	846
	阿根廷	4 416	18	8.53	0.5	1 046	4 781　−2	801　−2	2.76	274
	巴基斯坦	408	60	0.59　−3	0.5　+1	162　+1	1 375　−2	170　−2		77
	智利	5 776	8	4.47	0.4	355	748	328	2.83	74

（续表）

国家/地区		劳均固定资本（美元，2010年）	劳动力（百万人，2010年）	成年劳动力小时工资（美元，2007年）	R&D支出占GDP比重（2008年）	每百万人中研发项目的研发人员（人，2008年）	专利申请数（个，2010年）		制造业企业管理水平（2001—2011年）	土地面积（万平方公里，2010年）
							非居民	居民		
发展中国家	秘鲁	2 495	15	2.57	0.1 −4		261	39		128
	越南	740	51				3 276	306		31
	土耳其	5 191	27	4.05 −1	0.7	745	177 −1	2 555 −1		77
世界		4 280	3 220		2.1		621 207 −1	1 060 313 −1		12 971
高收入国家		14 272	551		2.4	3 982 −1	450 049	775 219		3 399
中等收入国家		2 571	2 304		1.1		190 556 −1	281 357 −1		7 964
上中等收入国家		3 609	1 322		1.1	1 199	164 472	333 407		5 957
下中等收入国家		1 163	982							2 007
低收入国家		271	365							1 608

注：(1) 表中"−1"、"−2"等分别表示该单元格数据滞后于参考年份的年数，依此类推。例如，参考年份为2008，"−1"则表示该单元格数据是2007年的数据。

(2) 表中空格表示无法获得的数据。

资料来源：制造业企业管理水平数据来自 Nicholas Bloom，Christos Genakos，Raffaella Sadun and John Van Reene，"Management Practices Across Firms And Countries"，NBER Working Paper，No.17850，2012；成年劳动力小时工资数据来自 Remco H. Oostendorp，"The Occupational Wages around the World(OWW) Database: Update for 1983—2008"，http://data.nber.org/oww/；劳均固定资本根据世界银行数据库原始数据计算得出；其他数据来自世界银行数据库。

资本要素稀缺性高于发达国家。研发支出占 GDP 的比重反映技术要素禀赋。2008 年五个主要的发达国家该指标均超过了 2%，而发展中国家除中国与巴西以外均低于 1%的水平。每百万人中研发人员数反映一国高端人才的拥有量，发展中国家的该指标也远远小于发达国家，仅中国和阿根廷每百万人中的研发人员数量超过了 1 000 人，其他发展中国家均位于 1 000 人以下。由表 2.3 可见，发达国家中每百万人中研发人员最多的芬兰与发展中国家中该指标最低的菲律宾进行比较，前者是后者的 98 倍。专利文件既包含技术专利也涵盖了品牌商标，其申请数量既能体现技术要素禀赋，还能体现一国的品牌要素拥有水平。全球的居民申请专利数有 73.1%来自高收入国家，发达国家的申请数量远远高于发展中国家，而且发展中国家的专利申请更多来自非居民（除中国和土耳其外）。发达国家还是管理要素的主要拥有者。美国经济分析局（the National Bureau of Economic Research, NBER）针对最近十年全球 20 个国家 9 079 家企业的管理水平所做的最新调查研究结果显示（见表 2.3），发达国家制造业企业管理水平明显高于发展中国家，其得分均在 3 以上，美国达到 3.35，而发展中国家的总体管理水平明显偏低，中国与巴西均为 2.71、印度得分仅为 2.67 。①

发达国家劳动力和土地等生产要素的相对稀缺性则高于发展中国家。除了上文提到的劳均固定成本外，劳动力数量以及工资水平也显示出两类国家劳动力稀缺性的差异。2010 年全球 82.9%的劳动力来自中等收入和低收入国家，高收入国家仅占 17.1%。2007 年发达国家成年劳动力小时工资水平均远远高于发展中国家。以美国为例，其工资水平分别是中国、印度以及巴基斯坦的 20 倍、59 倍及 36 倍，这表明发达国家劳动力稀缺性远远高于发展中国家。土地要素在发达国家也相对较为稀缺。发达国家拥有的平均土地面积小于发展中国家，全球土地面积中，高收入国家仅占比 26.2%，中等收入和低收入国家的土地占比达 74.8%。表 2.3 中大部分发达国家土地面积均低于 50 万平方公里（仅美国、加拿大以及法国在 50 万平方公里以上），而发展中国家绝大部分都高于该水平。

由于跨国公司是资本、技术、高端人才、品牌以及国际营销网络等生产要素的主要所有者，跨国公司母公司的归属也能够反映出这些生产要素的国别属性。表

① 在这项研究中管理水平满分为 5，最差的管理水平得分定义为 1。

2.4 表明，目前跨国公司母国主要还是发达国家，2010 年 71%的跨国公司母公司为发达经济体所有，发展中经济体的母公司数仅占 29%，外国子公司则主要集中于发展中经济体，其占比约为 58%。①由此可见，跨国公司在资本、技术、品牌等要素上的优势体现的是发达国家的要素优势，而不是发展中国家的要素优势。

表 2.4　2010 年主要地区及经济体的跨国公司母公司与外国子公司数目

地区及经济体	母公司数目	外国子公司数目	地区及经济体	母公司数目	外国子公司数目
发达经济体	73 144	373 612	发展中经济体	30 209	512 531
欧洲	53 751	323 433	非洲	621	6 673
北美洲	11 257	33 759	拉丁美洲及加勒比地区	4 406	21 634
其他发达国家	8 136	16 420	亚太地区	25 182	484 224
			东南欧及独联体国家	433	5 971

资料来源：UNCTAD，World Investment Report，New York and Geneva：United Nations，2011，web table 34。

2. 发达国家之间的要素相对稀缺性差异

发达国家之间要素的稀缺性差异主要表现在同种生产要素内部，集中体现于技术、高端人才、管理等生产要素所在的具体行业差异。发达国家在不同的行业上具备自己的特殊优势。如表 2.5 所示，美国在农业化学、民航机与商用飞机以及电脑软件等行业具有优势，而德国的优势行业则在于汽车、光学仪器、化学产品等。（波特，2002：25）一国在某些行业上的优势表明，该国拥有使其该行业具备竞争优势的特殊技术、专业高端人才及管理等生产要素，而这些专有的生产要素与其他发达国家的同种生产要素尽管属于同一种类，如同样是技术、高端人才或管理等生产要素，但是却存在具体行业的差异。

2.4.3　国家间要素稀缺性差异对要素流动的影响

发达国家与发展中国家间要素稀缺性差异将引起要素跨国流动。由于技术、高端人才、品牌以及国际营销网络与经营管理方式等流动性强的要素在发展中国

① 根据 http://unctad.org/Sections/dite_dir/docs/WIR11_web tab 34.xls 相关数据计算。

家的稀缺性高于发达国家，其收益在发展中国家也相对较高。企业在追求更高收益的动因驱使下，以直接投资为载体促使这些生产要素从收益较低的发达国家流向收益更高的发展中国家，因此，可以说，追求更高的要素收益是生产要素国际流动的根本动因。20世纪中期以后，当具备在全球配置资源的条件时，跨国企业就通过直接投资实现资本、技术、高端人才、品牌以及国际营销网络等生产要素的跨国流动，以便在某个东道国获取更高的要素收益。

表2.5 主要发达国家的优势行业

美国	橡胶、塑胶制造机械	化学制品	**瑞典**
广告业	**日本**	糖果糕饼	汽车运输船
农业化学	空调设备	发电设备	残障用通信产品
民航机、商用飞机	家用音响	保险	环境控制设备
商用冰箱和空调设备	汽车音响	药品	重型卡车
电脑软件	碳纤维	**瑞士**	矿业设备
建筑设备	连续丝合成织品	银行业	白报纸
清洁剂	传真机	巧克力	冷冻船运
工程/建筑	堆高机	糖果糕饼	凿岩机
电影	微博和卫星通信设备	染料	半硬式木质地板
病人看护设备	乐器	防火设备	出纳用收银机
注射器材	光学元件和仪器	货运业	**意大利**
废弃物管理服务	工业机器人	助听器	瓷砖
德国	半导体	温度控制设备	舞厅、剧院设备
汽车	缝纫机	保险	家用电器设备
化学产品	造船	轮机	工程/营造
餐具	轮胎、卡车	纸品制造机械	工厂自动化设备
眼镜镜架	打字机	药品	制鞋业
收割/打谷综合机	录像机	检测设备	包装与装填设备
光学仪器	手表	纺织机械	雪靴
包装、瓶装设备	**英国**	贸易	毛织品
笔和铅笔	拍卖业	手表	
印刷机	饼干		

资料来源：迈克尔·波特：《国家竞争优势》，李明轩、邱如美译，华夏出版社2002年版，第25页。

发达国家间的要素稀缺性差异也将促使生产要素跨国流动。发达国家都有自己特有的优势行业及适用于这些行业的专有生产要素。这些要素在其他发达国家由于相对稀缺性更高而能获得更高收益，其使用规模的扩大也能令企业获取更大的规模经济效益。因而，企业通过直接投资实现要素跨国流动以获取更高要素收益。由于这些专有要素的使用往往需要与同层次的生产要素相组合，这就决定了这类生产要素的流向必然是发达国家。由于各发达国家均有自己特殊的要素优势，发达国家之间的要素流动往往表现出双向流动的特点。这种特有的要素优势还将吸引其他发达国家的同产业跨国公司在该国设立研发机构，利用其技术、人才以及管理等生产要素上的优势，以实现该领域的技术创新，保持该跨国公司的垄断优势，创造更高的收益（Dunning and Lundan, 1998; TingGao, 2003）。技术水平较高，高端人才较多的国家往往是跨国公司设立海外研发机构的首选地（Hicks and Hegde, 2005；陈建、徐康宁，2009）。

值得注意的是，生产要素国家间的相对稀缺性差异只是生产要素国际流动的前提条件。生产要素国际流动的具体流向则取决于各国的经济要素和全球化经济要素状况。如果一国经济要素和全球化经济要素水平过低，即使要素收益再高也无法吸引生产要素流入。正因为如此，至今每年流入全球最不发达地区的外资数量依然很低，甚至出现负增长。2011 年流入最不发达地区的外资只有 150 亿美元，远低于其他地区，当年仅中国一个国家吸引的外资额就达到 1 240 亿美元。①

2.5　生产要素国际流动的影响

2.5.1　要素流动改变了流入国的要素供给结构

生产要素的国际流动将改变流入国的要素供给结构②，使其属地意义上的生产要素的稀缺性发生变化，导致要素流入国中该稀缺要素的供给增加而使用成本下降，继而要素流入国的生产与贸易结构也将发生改变。一国的贸易结构不再由

① 根据 World Investment Report 2012 相关数据计算。

② 要素禀赋是一国自身所有的要素供给状况，而要素供给结构在此是指生产要素国际流动以后形成的该国存在意义上的要素供给状况，包括从国外流入的生产要素，尽管流入国不具备所有权，却拥有使用权。

要素禀赋决定,而是由要素流入后的要素供给结构决定。

以东亚为例,该地区拥有丰裕的劳动力及广大的土地,东亚主要国家的经济要素及全球化经济要素水平较高,这使得该地区成为全球主要的要素集聚地,原来稀缺的技术要素也随之变得丰裕。20 世纪 90 年代以来,随着 FDI 的流入,东亚及太平洋地区的专利(属技术要素)申请数量增长趋势十分明显,其中非居民的专利申请数量增长尤为迅猛。1990—2010 年期间,该地区居民与非居民的专利申请数量分别增长了 10 多倍与 40 多倍。①生产要素国际流动改变了东亚地区各国的要素供给结构,该地区的贸易结构也发生了变化。如表 2.6 所示,1992 年以来,东亚及太平洋地区的高技术产品出口在制成品出口中的比重持续上升,至 2001 年已达 30.8%,超过了发达地区如北美和欧洲,并在此后一直保持其领先地位。

表 2.6 世界不同类型国家及主要地区高技术产品出口占制成品出口比重(%)

年份 国家类型或地区	1992	1995	1998	2001	2004	2007	2010
主要国家类型							
高收入国家	19.2	21.1	23.3	24.2	21.4	17.6	17.4
中等收入国家	—	13.2	16.5	18.4	20.3	17.6	17.9
低收入国家	—	—	2.9	2.2	2.9	3.1	—
主要地区							
东亚及太平洋地区	21.3	26.5	29.3	30.8	30.7	27.0	26.2
欧洲及中亚	14.5	16.0	17.9	19.9	17.1	13.6	14.8
北美	29.1	27.0	29.5	28.9	25.8	23.9	18.7
拉丁美洲及加勒比海地区	6.7	7.8	12.4	15.3	12.7	11.6	10.9
中东与北非	4.4	3.6	6.3	5.5	4.3	2.0	—
南亚	2.6	4.3	4.1	5.2	0.9	5.7	6.7
撒哈拉以南非洲地区	—	—	6.6	3.4	—	4.4	2.8

注:"—"表示无法获得数据。
资料来源:根据历年《世界发展报告》数据整理。

① 数据来源于世界银行数据库,http://databank.worldbank.org/ddp/home.do? Step=2&id=4&hActiveDimensionId=WDI_Series。

2.5.2 要素流入使得闲置生产要素得以充分使用

经济学的基本原理已经证明，企业的生产是多种生产要素的组合过程，一种要素必须与其他要素组合才能形成生产能力。图2.2表明，比 Q_1 规模更大的产量 Q_2 是资本由 K_1 增加到 K_2 与劳动力投入从 L_1 增加到 L_2 共同作用的结果，资本要素的增加需要配合以更多的劳动才能形成更大的产量。①如果从 K_1 到 K_2 的资本要素的增加来自于国外要素的流入，那么可以说，从 L_1 到 L_2 的劳动力投入增加则是资本流入带来的闲置劳动力的使用。因此，以资本为载体的各种高流动性要素的流动，必然使流入国土地及低端劳动力等闲置生产要素得以投入生产过程。

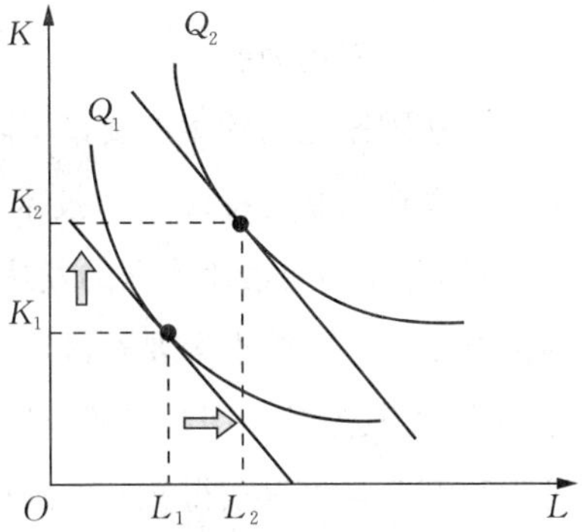

图2.2　两种要素组合下的生产者均衡

在现实经济中，由于缺乏资本、技术等生产要素，发展中国家劳动力过剩，或大量剩余人口留在农村维持简单生计，自然资源无法开采，土地也被低效率使用。资本的流入，特别是旨在进行劳动密集型产品生产的资本流入，使发展中国家的剩余劳动力获得了就业机会②，原来由于缺乏资金和技术而闲置的自然资源得以开采，

---

① 为简化说明生产是不同要素组合的结果，在不影响结论的前提下，我们在图2.2中仅显示两种要素的投入比不变的情况。

② 参下列文献：Christoph Erns，2005，The FDI—Employment Link in a Globalizing World：The Case of Argentina，Brazil and Mexico，ILO Employment Strategy Department；Roland Craigwell，2006，Foreign Direct Investment and Employment in the English and Dutch-Speaking Caribbean，Port of Spain：ILO Subregional Office for the Caribbean；Doowon Lee and Hyeon-Seung Hu，2011，“FDI of EU and USA and Employment Effects in Korea”，*The Korean Journal of Economics*，18(1)：179—199；Stan Lee Shun Pinn，et al.，2011，“Empirical Analysis of Employment and Foreign Direct Investment in Malaysia：An ARDL Bounds Testing Approach to Cointegration”，*Advances in Management & Applied Economics*，1(3)：77—91；Aniceth Kato Mpanju，2012，“The Impact of Foreign Direct Investment on Employment Creation in Tanzania”，*International Journal of Business Economics & Management Research*，2(1)：126—139.

低效率使用的土地也由于资本的流入加速了工业化而进入高效率的生产过程。以中国为例，20 世纪 90 年代以来，外资对中国就业的贡献度持续增加，从 1990 年的 0.4%上升到 2011 年的 6%。[①]这仅是直接的就业效应，国际直接投资还具有明显的间接就业效应，保守估计，跨国公司内部一个工作岗位就至少能在经济体的其他企业中额外创造出另一个就业岗位。随着生产一体化与价值链分工的发展，间接就业效应还将更为明显。

发达国家之间的生产要素国际流动不仅增加了东道国的闲置要素使用，同时也促使发达国家的特殊生产技术、人才以及管理得到更为广泛的应用。美国、德国、英国等作为要素流入国的发达国家，来自其他发达国家的资本使得这些国家丰裕的技术、人才、管理等要素得以充分利用。另一方面，对于作为要素流出国的发达国家，尤其是某些国内市场有限的国家，如瑞士、瑞典等，其专有的特殊技术、管理等生产要素难以获得充分的利用，对其他发达国家的直接投资大幅提高了其专有生产要素的应用规模。

① 根据中国国家统计局《中国统计年鉴》(2013)相关数据计算。

第3章 要素稀缺性与直接投资收益的国际差异：理论研究

本章将在梳理要素稀缺性与要素收益相关理论的基础上，分析高级要素与初级要素的流动性与稀缺性差异，利用经济学基本原理论证要素稀缺性决定要素溢价能力，从而决定直接投资中发达国家与发展中国家获取的收益存在差异的基本机理，并构建数理模型对此进行理论证明。

3.1 要素稀缺性与要素收益相关理论

经济学中的要素收益决定理论是不断发展的：最早古典经济学考察了要素供给对要素收益的影响，并已经认识到不同的生产要素其收益也存在差异；新古典的边际学派以边际生产力说明生产要素的贡献，从要素需求的角度论述了要素收益决定的依据；新古典经济学派的马歇尔综合了前人观点，指出要素的供给与需求共同决定要素的收益，即要素稀缺性决定要素收益的基本原理。

亚当·斯密(1974:62)的要素收入分配理论关注要素供给方面的作用，并已经认识到要素所有者之间力量对比对要素收入的影响。他提出了资本主义社会的三个阶级：工人、资产阶级与地主阶级，并据此区分了三种要素收入：工资、利润以及地租。他认为工资是劳动的自然价格，“需要靠劳动过活的人，其工资至少足够维持生活的程度，否则劳动者就不能赡养家室而传宗接代了”，同时又指出，劳动的市场价格围绕自然价格上下波动。利润是“劳动者对原材料增加的价值”中的一部分，是“回报他垫付原材料和工资的全部资本”（亚当·斯密，1974：43），“利润的多少与资本的大小成一定比例”。对于工资与利润的分配问题，他认为工资的数额是资本家与工人在劳动市场上竞争的结果，在竞争中，资本家能得到政府的援助，而工人为维持生活常常不得不屈服，所以资本家常常处于有利地位。尽管在分析要素收益变动的原因时，他指出工资变动的机制在于国民收入与资本是否增加直接影响到对劳动者的需求，从而影响劳动市场供求关系的变化，但其基本观点仍然认为劳动的自然价格是市场价格波动的依据。

大卫·李嘉图的经济理论体系中，要素收益的分配理论是中心。与斯密一样，他认为产品要在地租、利润和工资的名义下分配给各个阶级，并重视从要素的供给方面分析要素的收益，同时也认识到要素供求关系变化的影响。在对工资的分析中，他将劳动看成一种商品，并区分劳动的自然价格和市场价格，前者是“让劳动者大体能活下去并不增不减地延续其后裔所必需的价格”，劳动的市场价格是按供求比例的自然作用实际支付给工人的价格。他认为劳动的市场价格围绕自然价格而上下波动，在劳动稀少时昂贵，但是当“高额工资刺激人口增加，使劳动者的人数增加时”（彼罗·斯法拉，2009：76），工资又会降下来；在劳动充裕时便宜，“只有在贫穷已经使劳动者的人数减少，或劳动的需求已经增加之后，劳动的市场价格才会再提高到自然价格上”。（彼罗·斯法拉，2009：78）李嘉图还提出了相对工资的概念，说明工资、利润和地租三种要素收益中工资的比重，通过考察，他发现工资有下降的趋势。其原因在于，资本增长率赶不上工人人数的增加。对利润的分析中，他断定利润的变化取决于工资的变化，后者是原因，前者是结果，其变化方向相反。在他看来，由于商品价值分成工资和利润两部分，那么，在商品价值不变的情况下，工资上涨，利润就下降，工资下降，利润就上升。李嘉图在劳动价值论的基础上，还分析了不同质量的土地获得的地租存在差异。

约翰·穆勒也十分注重要素收益的决定问题，他专门列出“论竞争和习惯”一章，说明竞争并非产品的唯一调节者，他认为在许多情况下，习惯和习俗起着重要作用，在没有垄断时，价格更多受竞争的影响，而现实中，各种特定条件的价格决定常常取决于习惯。

根据边际生产力分配理论，要素按照其对生产的贡献（边际生产率）参与分配，在规模报酬不变(生产函数一次线性齐次)的情形下，产出恰好等于各种要素收入之和。这就是著名的克拉克耗尽定理(Exhaustion Theorem)。

由此可见，古典要素收益理论主要强调供给方面的因素，认为要素的生产成本是决定要素收益的根本，尽管部分观点涉及要素需求对要素收益的影响，但是并未将其视为决定性因素；边际效用学派则强调要素的需求方面，从生产要素的贡献即边际生产力说明要素的收益。以上理论显然还没有从要素的稀缺性来考察要素收益的决定原理。在经济学中，稀缺性的实质是表示经济物品的供给相对于人们需求的充足程度。保罗·萨缪尔森(Paul Samuelson)就指出，"物品是有限的，而需求却无限"(萨缪尔森、诺德豪斯，1999：2)，阿门·阿尔钦(Armen Alchian)和威廉·艾伦(William Allen)说："稀缺就是欲望和需求超过了所得到的。"(Alchian and Allen, 1964：3)曼昆(N.Gregory Mankiw)则认为，"稀缺性是指社会提供的东西少于人们想拥有的"(曼昆，1999：4)。因此，一种经济物品的供给相对于需求越是充足，则相对稀缺性就越低，其供给相对于需求越少，则该物品的相对稀缺性就越高。在评价一个经济物品的稀缺性时，必须同时结合供给与需求两方面因素来进行判断，单独研究供给或需求都无法准确判断一种经济物品的稀缺性，从而准确判断其价格。

经济学中系统而完整的结合要素供给与需求两方面考察要素收益的是新古典经济学派的代表人物马歇尔。马歇尔的分配理论是其均衡价格论的延续与具体运用。在他看来，国民收入由劳动、资本、土地和企业组织这四种要素共同创造，国民收入也由与这四种生产要素相对应的工资、工资、地租和利润组成。所谓国民收入分配，就是各生产要素的价格决定问题，是由它们各自的供给价格和需求价格相一致时的均衡价格决定的。因此，也可以说马歇尔"最早将要素稀缺性引入分配理论"(张幼文，2003：15)。

3.2 全球意义与国别意义的要素稀缺性差异

生产要素的稀缺性主要体现在两个方面：第一，随着经济社会的发展，在不同的发展阶段要素稀缺性有所不同，这是全球意义上的要素稀缺性差异；第二，由于要素的空间分布并不均衡，因而在同一历史时期上，不同的国家或地区的要素稀缺性又存在相对差异，这是国别差异。对于要素相对稀缺性的空间差异即在不同国家或地区的差异在第 2 章中已经进行了较为详尽的论述，在此不再赘述，本部分着重区分高级要素与初级要素考察要素的国别分布及其在不同经济发展阶段的稀缺性差异。

3.2.1 全球意义的要素稀缺性差异

1. 高级要素与初级要素的划分

迈克尔·波特（2002：73）根据要素的生产成本差异将生产要素分为初级要素和高级要素，二者的区别在于，“前者是被动继承的，或只需要简单的私人及社会投资就能拥有……高级生产要素不如初级生产要素普遍，原因是它需要先在人力和资本上大量而持续地投资”。依据该标准对全球化经济下的生产要素进行划分，一般劳动力、土地和自然资源属于初级要素，技术、管理、高端人才、品牌以及国际营销渠道则需要在人力和资本上大量持续投资获得，属于高级要素，对于资本要素的归属，本书认为，资本要素也同样需要劳动的前期投入积累获得，因此也可以归属于高级要素。如前文表 2.1 所示，高级要素的流动性强，易于实现跨国流动，初级要素则流动性弱。

一般劳动力只包含简单的操作技能，其生产成本主要由生育成本与人的基本生存成本构成，因此生产成本较低；土地和自然资源原本存在，只需依赖人类开采即可产出，因而生产成本也相对较低，生产周期较短属于初级要素。

资本要素由生产性劳动创造，它需要经过从投入到产出的生产过程并进行不断积累，因而存在一定的生产周期，生产成本也更高，属于高级生产要素范畴，但其生产周期和成本与其他高级生产要素相比更短，且资本特殊的地方在于，它能与其他各种要素相结合，形成生产过程。

技术、管理与高端人才都与人类的知识积累有关，技术与管理本身属于知识范畴，高端人才为掌握先进技术与知识的劳动者，“在社会从落后向文明发展的过程中，因为劳动的过程变化越来越多，越来越复杂，也就越要求精巧的技术，而知识的进步所包括的对象越来越广，也就越要求更多的时间和专心，直至取得这些知识”（威廉·汤普逊，1986：214），技术需要进行大量研发投入，经过长期的研发过程才能获得，管理也是在长期的生产管理过程中积累的结果，高端人才作为掌握先进知识，在某一领域具有突出才能的劳动者，除具备一般劳动力产生所需要的生育与基本生活资料外，更需要进行长期的教育和培养过程，其不仅生产成本高，生产周期也长，因而技术、管理以及高端人才均属于高级要素。

品牌建立以及国际营销渠道的获取均依赖于企业长期精心的生产经营，进行大量的前期投入，依据波特的分类标准，属于高级要素。

2. 不同经济发展阶段的要素稀缺性差异

要素稀缺性决定于要素的供给与需求的相对强度，需求和供给的变化均会对要素稀缺性产生影响。在需求既定的情况下，供给的增加或减少会导致稀缺程度的下降与上升，同样，供给不变时，需求的变化也会引起稀缺性发生改变。而生产要素需求和供给的相对强度总是伴随经济社会的发展而不断变化，“国际分工发展史表明，体现先进生产力和生产方式的要素始终表现出其较高的稀缺性。新的生产力总是要以新的生产要素为支撑的，而生产力发展的永恒需求和内在动力使新的生产要素表现为稀缺”（张幼文，2002b：44）。因此，随着时代的变迁，要素的稀缺性与要素所有者的收益也将有所不同。

随着经济的发展，生产要素的供给增长相对较为稳定。土地供给不会有太大的改变，在没有重大的战争和灾难发生以及政策调整的前提下，劳动力、资本、技术、管理以及营销渠道等生产要素的供给将随着经济的发展以较为稳定的速度增加。2001年全球人口的增长速度为1.28%，至2010年该速度为1.18%，10年间的增长速度变化并不大。①生产要素的需求随着时代的不同其波动起伏也会较大，在不同的经济阶段对生产要素有着不同的需求，因此，在要素供给变化相对稳定的前提下，随着要素需求改变，在不同历史阶段要素所有者的收益也存在较大的差别。

在农业经济时代，流动性弱的土地与一般劳动力是主要的投入要素，对土地和劳动力的需求较高，而土地的供给相对固定，因而土地所有者即地主阶层的收益最高；进入工业经济时代，“工业化过程的特征是重化工业的发展，需要大量资本投

---

① 世界银行 databank：http：//data.worldbank.org.cn。

入,资本密集是重化工业的特点。同时,现代耐用消费品的生产也以大规模流水线为特点,需要巨额资本投入”(张幼文,2002a:53),导致对资本的需求急剧上升,由于资本供给增长有限,资本的稀缺性增加,资产要素所有者的收益也增长迅速,流动性较弱的一般劳动力与土地尽管也是生产投入的主要要素,但是由于并不占据主导地位,因此其收益上升有限;进入服务经济时代,服务业增加值比重及其就业人数比重在整个经济结构中明显上升,服务行业尤其是生产性服务行业的作用尤为突出,在生产过程中研发、设计以及售后等服务环节的重要性也得以提高,而这些行业和服务性环节在劳动力方面更加需要的是具备专用性强和具有高知识储备的智力型劳动力,而且技术、品牌以及管理等要素也为这些行业和企业竞争优势起到关键作用,因此,进入服务经济时代,流动性弱的一般劳动力稀缺性下降,而流动性强的高端人才、技术、品牌和管理等要素稀缺性明显上升。特别是随着科学技术的发展,制造环节的数字化使得在整个产品的制造过程中,“如何生产”的问题变得越来越简单,“生产什么”以及“为谁生产”的问题将变得更为重要①,而这些问题的回答有赖于产品的设计和技术的创新,因而更加凸显了高端人才、技术、品牌、管理以及国际营销网络等流动性强的生产要素的重要性,也增加了这些要素的稀缺性。

全球化经济时代“越来越多的发展中国家和最不发达国家走上了开放型的发展道路,形成了国际市场劳动力的巨大供给,使劳动力要素更加充裕”(张幼文,2002a:53),国际市场的发展使得跨国企业可以通过全球市场的网络获取自然资源,但是如前所述,进入服务经济和全球化发展阶段以后,资源消耗型的产业不再是主导产业,高新技术产业以及服务行业成为各国竞争的焦点,这使得“对劳动力的需要从一般体力型劳动力转向智力型劳动力”(张幼文,2002a:53),对自然资源的需求也相对下降。由此可见,全球化经济中流动性弱的生产要素供给充分而需求不足,稀缺性较低。而技术、品牌、国际营销渠道以及高端人才等流动性强的高级要素的培养需要投入大量的资源和技术,生产周期较长。“想由国际市场或海外子公司取得高级生产要素也很困难”(迈克尔·波特:2002:73),但是这类要素对一

① 有关制造过程数字化的文献参见杰里米·里夫金:《第三次工业革命》,张体伟、孙豫宁译,中信出版社 2012 年版;《经济学人》关于第三次工业革命的文章,参见 http://www.economist.com/node/21553017。

个国家、产业和企业竞争优势至关重要，“企业若要以独树一帜的产品或独特的生产技术等换得高层次的竞争优势，非得借此高级生产要素不可”（迈克尔·波特：2002:73），这导致高级要素的供给相对需求强度比较低，即稀缺性高。故在全球化经济中流动性强的高级要素的稀缺性远远大于流动性弱的初级生产要素。

以高端人才为例，百万人中研发人员数能够反映出各国的高端人才相对一般劳动力的数量。从2011年该指标数据值来看，即使是发达国家该比重也均低于8 000，最高的国家为芬兰，约7 423人，图3.1中指标值最低的为菲律宾仅78

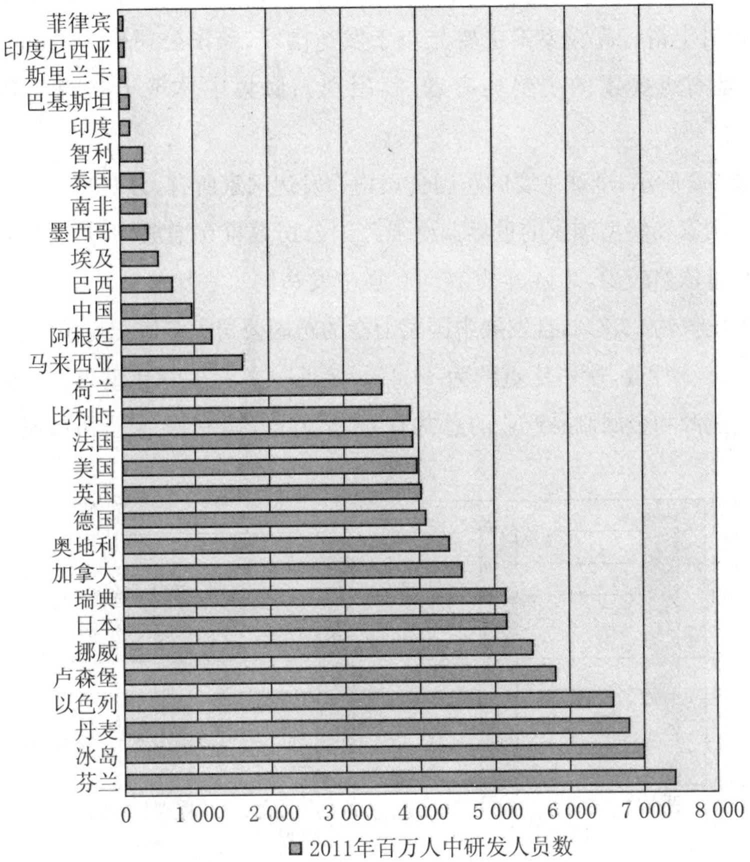

注：南非、智利及印度为2010年数据，泰国和印度尼西亚为2009年数据，菲律宾为2007年数据。

资料来源：2014年世界银行WDI指数。

图3.1　2011年百万人中研发人员数

人。100 万人中研发人员的数量还不到 8 000 人，可见高端人才相对一般劳动力的稀缺程度。

3.2.2 国别意义上的要素稀缺性差异

前文已经对资本、劳动力、土地、技术、高端人才以及管理等生产要素在发达国家与发展中国家的相对分布进行了论述。正如前文所述，发达国家资本、技术、高端人才以及管理等高级要素相对丰裕，而发展中国家则劳动力、土地等初级要素相对丰裕。高级要素主要分布于发达国家，跨国公司作为国际直接投资的主体，是高级要素的主要拥有者，其国别归属集中体现了高级要素的国别属性。

如图 3.2 所示，全球主要的跨国公司均为发达国家所有。1999—2014 年间，尽管发展中国家和转型国家的世界 500 强跨国公司数量在增加，但是与发达国家相比而言数量依然较少，2014 年世界 500 强中发达国家占比高达 73.6%，而发展中国家则占比仅约 24.8%，且发展中国家上榜的跨国公司大多属于能源、电力以及金属产品等传统行业，所占比重约为 44.4%，接近一半。2014 年世界 500 强跨国公司中属于能源和金属制品产业的总共有 56 家公司，其中 48 家公司都属于发展中

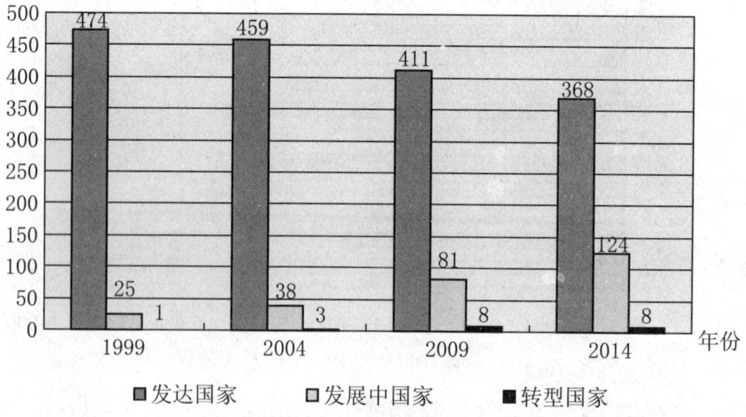

注：发达国家、发展中国家以及转型国家的划分依据 UNCTAD 的标准。
资料来源：根据财富中文网 http://www.fortunechina.com/数据整理而得。

图 3.2 世界 500 强跨国公司的国别分布

国家，另有 8 家属于转型国家俄罗斯。①从跨国公司的国别属性可以看出，高级要素主要为发达国家所有，发展中国家与转型国家的自然资源则相对较为丰裕。

一国每年的研发服务出口额大小能够较好地反映出该国技术与高端人才等高级要素的丰裕程度。研发服务出口规模越大，说明该国技术要素以及高端人才拥有量越多，反之则说明其拥有量较少。图 3.3 显示了 2003—2011 年间，主要发达国家与发展中国家的研发服务出口状况。显然，美国、德国、英国以及加拿大等发达国家的研发服务出口额明显高于巴西、阿根廷以及巴基斯坦等发展中国家，尤其是从增长趋势看，发达国家显得尤为突出，而发展中国家则不仅出口额的绝对值低，且增长趋势也不明显。

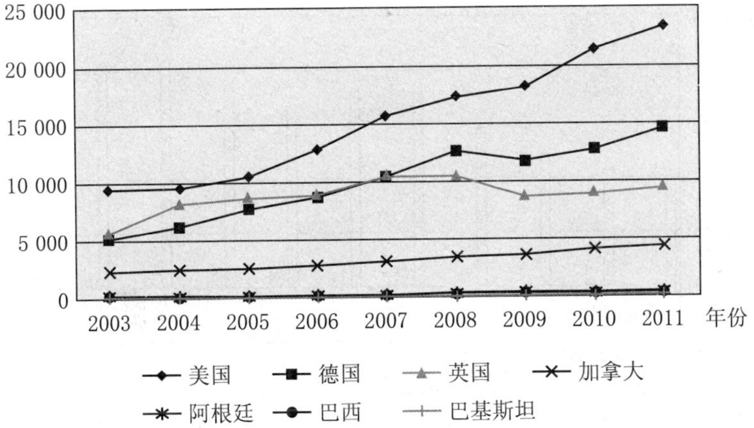

注：数据单位为百万现价美元。
资料来源：UNCTAD 数据库。

图 3.3 2003—2011 年主要发展中国家与发达国家研发服务出口额

国际收支平衡表中的专有权使用费和特许费项目（Royalties and license fees）的收支状况也能反映出技术、品牌和管理等要素的国际分布。根据 IMF《国际收支统计手册》，国际收支平衡表经常项目项下的专有权利使用费和特许费记录了，居民与非居民之间为无形的非生产性资产、非金融资产以及专有权利（商标、版权、

① 根据 http://www.fortunechina.com/fortune500/c/2014-07/07/content_212535.htm 数据整理计算。

专利、工业程序、技术、设计、制造权和分销等)的授权使用而发生的收入与支付(International Monetary Fund, 1993, 2009)。图 3.4 显示,2003—2012 年美国、法国和英国等发达国家的专有权利使用费和特许费均呈现顺差,特别是美国,2012 年的顺差额高达 823.11 亿美元,而中国、巴西以及阿根廷等发展中国家则均为逆差。不仅如此,发展中国家的逆差额还在不断扩大,2012 年中国该项目逆差额为 167.05 亿美元,相对 2011 年逆差额增长了 19.64%。专有权利使用费和特许费项目的国际收支状况说明,技术、品牌和管理等高级要素主要分布在发达国家,因此这些国家成为该项目的顺差国,而发展中国家则在这些高级要素上相对稀缺,因而在该项目上存在大量逆差。

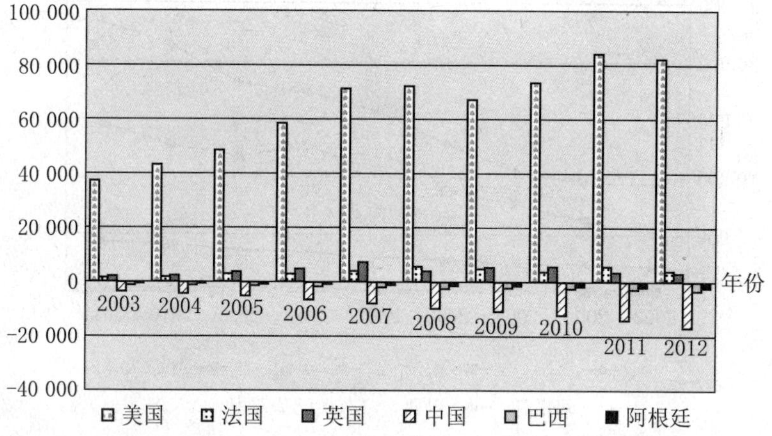

注:单位为百万现价美元。
资料来源:根据 UNCTAD 数据库原始数据整理计算。

图 3.4　2003—2012 年主要发展中国家与发达国家专有权使用费和特许费顺差额

初级要素主要包括一般劳动力、土地以及自然资源,前文第 2.4 节已经详细阐明了发展中国家一般劳动力和土地相对丰裕,在此主要分析自然资源的国别分布状况。自然资源同样主要集中于发展中国家。自然资源主要包括矿产资源以及天然气、石油等化石能源。从 2012 年全球主要国家的自然资源租金占 GDP 比重看(见图 3.5),发展中国家的自然资源资金收入占比明显高于发达国家,图中显示的发展中国家该指标值均高于 3%,其中马来西亚为 8.98%,而发达国家除丹麦为

2.19%，其他国家均低于2%。

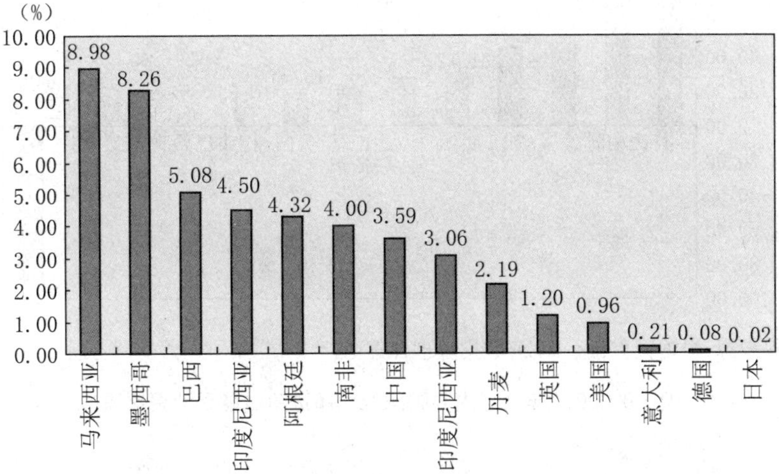

注：考虑到转型国家(如俄罗斯)与某些发达国家(如澳大利亚)为资源大国，产业结构以能源产业为主，其自然资源租金占比必然较高，此处为能比较出一般情况，故未将此类国家纳入比较范围。

资料来源：根据世界银行WDI数据整理计算。

图3.5 2012年全球主要国家矿产资源和能源租金收入占GDP比重

能源净进口的比重也表明自然资源主要分布于发展中国家。该指标值越大说明一国能源消费的进口依赖程度越高，反之亦反是。如果该指标值为负，则意味着该国为能源净出口国。2011年的数据显示发达国家的能源进口依赖程度明显高于发展中国家，除美国低于印度和巴基斯坦外，其他发达国家能源消费中净进口的比重均超过发展中国家①，发达国家中能源净进口比重最高的依次为日本、比利时和德国，分别为88.8%、69.18%和60.16%，其中，日本比发展中国家中比重最高的印度还超出近61个百分点(见图3.6)。发展中国家的能源净进口比重均相对较低，南非和印度尼西亚能源净进口比重均为负数，说明这些国家能源丰富，为能源净出口国。总而言之，全球能源主要分布于发展中国家，发达国家除少数能源大国以外，其本国能源相对稀缺度均较高。

---

① 以2005年数据看，美国的能源净进口占能源消费比重曾经高达29.66%，2011年美国该指标值的下降与其国内页岩气的开发不无关系。

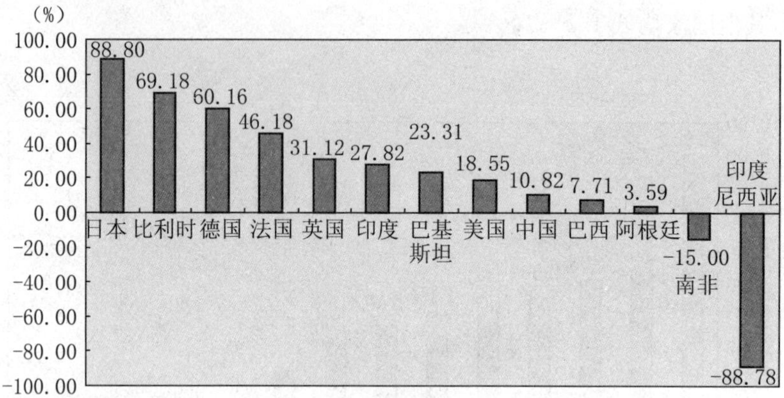

资料来源:根据世界银行 WDI 数据整理计算。

图 3.6　2011 年全球主要国家能源净进口占能源消费比重

3.3　要素稀缺性与要素收益

高级要素与初级要素相比其全球意义上的稀缺性更高,这决定了高级要素相比初级要素拥有更强的溢价能力,从而能够获取更高的收益。而要素稀缺性的国别差异则决定了同种要素在不同国家所获取的收益也不同。

3.3.1　全球意义的要素稀缺性决定不同要素的收益差异

经济学依据垄断的特征将要素市场分为卖方垄断、买方垄断以及完全竞争三种类型。卖方垄断要素市场中,作为要素的卖方具有垄断势力,掌握要素定价权;买方垄断市场中,生产要素的买方具有垄断势力,具有要素定价权;而完全竞争要素市场则双方均为价格接受者。稀缺性高的高级要素,其要素市场往往呈现出卖方垄断市场的特点,具有更高的溢价能力;而稀缺性低的初级要素,其要素市场则更易呈现出买方垄断市场的特点,其溢价能力低。

1. 高级生产要素的市场均衡与收益

高级生产要素主要包括技术、资本、管理、品牌、高端人才以及国际营销渠道等流动性强的生产要素，由于高级要素相对初级要素具有更高的稀缺性，决定了高级要素市场的垄断特性，该类要素也因此具备更高的溢价能力，其要素收益将高于在竞争性要素市场下的收益水平。

假设一种生产要素 x 为高级要素，则厂商的生产函数为 $y=f(x)$，收益函数为 $R(y)=p(y)\times y$，其中 $p(y)$ 为反需求函数，则其边际收益：

$$MR_y=p(y)+\frac{\Delta p}{\Delta y}\times y \tag{3.1}$$

由于要素投入增加 Δx，将引起产量增加 Δy，因此，边际产品

$$MP_x=\frac{\Delta y}{\Delta x}=\frac{f(x+\Delta x)-f(x)}{\Delta x} \tag{3.2}$$

由于要素投入增加 Δx，引起的收益的变化量，即边际产品收益 MRP：

$$MRP_x=\frac{\Delta R}{\Delta x}=\frac{\Delta R}{\Delta y}\times\frac{\Delta y}{\Delta x}=MR_y\times MP_x \tag{3.3}$$

将式(3.1)、式(3.2)代入式(3.3)，并进行整理，得：

$$MRP_x=\left[p(y)+\frac{\Delta p}{\Delta y}\times y\right]\times MP_x=p(y)\times\left(1+\frac{1}{e}\right)\times MP_x$$

其中，e 为要素需求弹性。完全竞争市场上，单个厂商面临的需求曲线的弹性无穷大，因此，其边际产品收益恰好等于该投入的边际产品价值，即：

$$MRP_x=p\times MP_x$$

但在高级生产要素市场，其需求曲线不具备完全弹性，且小于 0，因此：

$$MRP_x\leqslant p\times MP_x$$

由此，高级要素的市场均衡如图 3.7 所示。

高级要素所有者面临的需求曲线为 D，边际产品收益曲线 MRP，其均衡要素投入量 X^* 由 MRP 与 S 曲线交点确定，该投入量小于竞争性市场的投入量，但其要素价格即单个要素所有者的收入为 W^*，远远高于竞争性市场下的要素价格，作

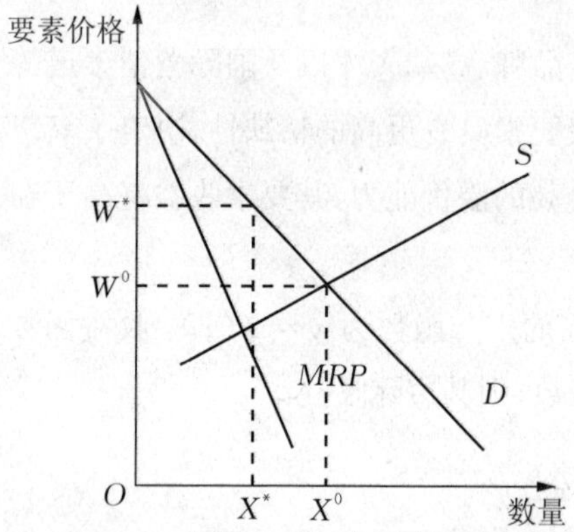

图 3.7 高级生产要素的市场均衡

为卖方垄断市场，单个高级要素所有者的收入超过竞争性要素市场下的收入水平。

2. 初级生产要素市场均衡与收益

初级要素稀缺性相对低且流动性弱，其要素市场则具有买方垄断的特点，即作为要素市场的卖方，初级要素所有者只是价格的接受者，因此，其要素价格往往低于竞争性要素市场的均衡价格。

同样，假设某初级生产要素 x 为唯一生产要素，生产函数 $y=f(x)$，反供给曲线为 $w(x)$，初级要素市场具有买方垄断特点。随着 x 的增加，$w(x)$也将上升，买方垄断厂商是要素价格的制定者，其利润最大化问题是：

$$\max_{x}[pf(x)-w(x)x]$$

利润最大化的条件是额外使用 1 单位生产要素带来的边际收益等于边际成本，而多使用 Δx 单位要素引起的成本变动是：

$$\Delta c=w\Delta x+x\Delta w$$

则每单位 Δx 变动引起的成本变动为：

$$\frac{\Delta c}{\Delta x}=MC=w+\frac{\Delta w}{\Delta x}x$$

以 e 代表要素供给的弹性，则：

$$MC_x=w\left[1+\frac{1}{e}\right]$$

在竞争性市场中 e 为无穷大，而买方垄断市场中 e 为正值，因此供给曲线向上倾斜。

假设买方垄断厂商的要素供给曲线为线性，且其形式如下：

$$w(x)=a+bx$$

则总成本形式为：

$$C(x)=w(x)x=ax+bx^2$$

边际成本为：

$$MC_x=a+2bx$$

由此可得，买方垄断厂商的均衡如图 3.8 所示。

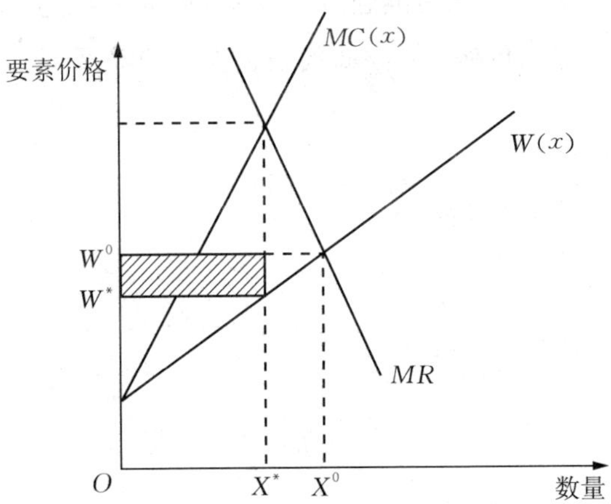

图 3.8　初级生产要素市场均衡

买方垄断厂商的边际成本线与反供给曲线分别为 $MC(x)$ 与 $w(x)$，边际成本线斜率大于供给曲线，因此位置也更高，买方垄断厂商根据 $MC=MR$ 的原则确定要素投入量 X^* 及要素价格 W^*，显然 W^* 低于竞争性市场下的要素价格水平 W^0，这说明对于该要素所有者而言，由于面临的要素市场特征为买方垄断，其要素收益也将低于完全竞争要素市场下的收益，而作为垄断的买方则将获取超额利润。

3.3.2　要素稀缺性的国别差异决定同种要素收益的国际差异

要素稀缺性是要素的需求相对于要素供给的稀缺程度，各国同种要素的稀缺程度不同决定要素的价格即要素的收益也存在国际差异，这是由基本供求原理决定的。

为简化分析，假定一国为古典的鲁滨逊·克鲁索(Robinson Crusoe)经济，即一切消费与生产由唯一一个消费者承担，在此条件下，厂商的生产可能性集设为：

$$Y=\{(-h,\ y)\mid 0\leqslant h\leqslant b,\text{且 }0\leqslant y\leqslant h^{\alpha}\}$$

其中，$b>0$，且 $\alpha\in(0,\ 1)$。

消费者的消费集正好是非负象限，在两商品情形下，其效用函数为：

$$u(h,\ y)=h^{1-\beta}y^{\beta}$$

其中，$\beta\in(0,\ 1)$，h 代表鲁滨逊消费的劳动时间量，且 y 代表产品的消费量。设 $p>0$ 代表产品 y 的价格，$w>0$ 代表鲁滨逊的时间 h 的价格，则厂商的利润为：

$$ph^{\alpha}-wh$$

令一阶导数等于零，得：

$$h^{f}=\left(\frac{\alpha p}{w}\right)^{1/(1-\alpha)}$$

$$y^{f}=\left(\frac{\alpha p}{w}\right)^{\alpha/(1-\alpha)}$$

在消费者方面，其预算约束将满足：

$$py+wh=wT+\pi(w,\ p)$$

T 为鲁滨逊的要素禀赋数量，设 h^{c} 与 y^{c} 代表消费者的需求，则：

$$h^{c}=(1-\beta)(wT+\pi(w,\ p))/w$$

$$y^{c}=\beta(wT+\pi(w,\ p))/p$$

假设 y 的瓦尔拉均衡价格 p^{*} 等于 1，得到：

$$\frac{(1-\beta)(1-\alpha)}{\alpha}\left(\frac{\alpha}{w^{*}}\right)^{1/(1-\alpha)}+\left(\frac{\alpha}{w^{*}}\right)^{1/(1-\alpha)}=\beta T$$

求解 w^{*} 得到均衡要素价格为：

$$w^{*}=\alpha\left(\frac{1-\beta(1-\alpha)}{\alpha\beta T}\right)^{(1-\alpha)}\tag{3.4}$$

式 3.4 表明，要素价格与要素禀赋的数量成反比，不同国家间要素稀缺程度的差异将导致同种要素的收益存在国际差异。

3.4 要素稀缺性与直接投资收益的国际差异：理论模型

从要素的流动性看，资本、技术、管理、高端人才、品牌以及国际营销渠道等高级要素的流动性强，而一般劳动力、土地及自然资源等要素流动性弱或者不流动，因此，生产要素国际流动在流向上往往变现为流动性强的要素流向流动性弱的要素。在要素流入国，各国生产要素共同合作形成生产过程，该生产过程产出的收益最后将在不同国家的生产要素之间进行分配。如前文所述，高级要素稀缺性高于初级要素，其溢价能力也更强，因此获取的要素收益也更高。由于流动性强的高级要素国别属性仍归属于要素流出国，流动性弱的初级要素归属于流入国，因而两类要素收益差异决定了投资国与东道国的收益差异。

3.4.1 要素稀缺性、要素溢价能力与直接投资收益国际差异

要素国际合作中，一国投入要素相对对方国家越稀缺，则获取的收益也越高。

在发达国家针对发展中国家的国际直接投资中，流出国（投资国）的高级要素与流入国（东道国）初级要素相结合共同投入生产过程。在发展中国家，流动性强的高级要素相对初级要素的稀缺性更高，其溢价能力也更强，高级要素凭借其更大的垄断势力与更强的溢价能力而获取超额利润，初级要素收益中的一部分将转移至高级要素，成为其超额报酬，该部分收益在竞争性条件下原本为初级要素所有（即图3.8中的阴影部分）。由此可见，流动性强的高级要素所有者将获得超过完全竞争要素市场均衡价格水平的收益，在要素收益分配中处于有利地位，而流动性弱的初级要素所有者的收益则低于其在完全竞争市场下的水平，在分配中处于不利地位。

由于要素的跨国流动并未改变其国民属性，流动性强的高级要素收益最终归属于要素流出国，而流动性弱的初级要素收益则构成要素流入国获取的国民收益，

因此,高流动性要素与低流动性要素的收益差异直接反映了要素国际合作生产中投资国与东道国收益的差异,而这种国际差异归根结底取决于参与要素国际合作生产的双方投入生产要素的相对稀缺性。与要素合作的对方国家相比,一国投入要素相对越稀缺,则其获取的收益也将越高。当要素流入国对流入的生产要素采取相应的优惠政策时,流入国与流出国之间收益分配的不平等将进一步加剧。汪丁丁(2005)认为,中国各地政府以"招商引资"为宗旨的发展政策,严重压低了劳动和土地要素价格,张幼文(2003)也指出:"发展中国家在吸引外资上竭力采用更加优惠的政策,证明了资本在国际流动中的稀缺性从而居于主动地位,也必然使两种要素组合的利益分配向资本倾斜。为争取外资,给予资本的收益由各种形式的优惠政策而达到最高程度。"

针对发达国家的直接投资则由于发达国家本身流动性强的要素较为丰裕,往往以其高级要素投入国际生产合作,因此投资国收益将低于其对发展中国家的投资。

流入发达国家的直接投资主要存在两个来源,一是来自发达国家,二是来自发展中国家,主要是新兴经济体。无论是哪种投资来源,由于发达国家本身高级要素较为丰裕,初级要素较为稀缺,因而,他国的生产要素与发达国家自有生产要素相比溢价能力有限,获得的收益也低于其在发展中国家获得的收益。尤其是发展中国家对发达国家的投资,主要是由于新兴经济体通过经济增长获取大量资本,但先进技术、品牌、管理以及营销渠道等高级要素依然稀缺,故对发达国家进行直接投资以期获取自身较为稀缺的高级要素,由于高流动性的资本要素是发达国家的丰裕要素,使得发展中国家在对外直接投资中收益处于不利地位。

从当前的要素国际分布看,发达国家高级要素丰裕而初级要素相对稀缺,发展中国家则初级要素丰裕而高级要素相对稀缺,而直接投资收益又取决于该国投入要素相对对方国家的稀缺程度,因而可以推断,同为要素流入国或流出国,发达国家获取的直接投资收益将高于发展中国家。

3.4.2 要素稀缺性决定直接投资收益差异的数理模型分析

构建数理模型能更为清晰地证明要素稀缺性决定要素流动下要素收益国际差

异的机制。

参考 Acemoglu(2002)构建 CES 生产函数①：

$$Y = A[\pi H^{\rho} + (1-\pi)F^{\rho}]^{\frac{1}{\rho}} \tag{3.5}$$

其中，H 为要素流入国的生产要素集合，F 为要素流出国的生产要素集；A 为效率参数，反映技术发达程度；π 为分布参数，表示要素流入国生产要素的密集程度；ρ 为替代参数，假设 ε 为要素流出国投入要素与要素流入国投入要素的替代弹性，则：

$$\rho = \frac{\varepsilon - 1}{\varepsilon} \tag{3.6}$$

则两国投入要素的边际产出分别为：

$$MP_F = A[\pi H^{\rho} + (1-\pi)F^{\rho}]^{(\frac{1}{\rho}-1)}(1-\pi)F^{(\rho-1)} \tag{3.7}$$

$$MP_H = A[\pi H^{\rho} + (1-\pi)F^{\rho}]^{(\frac{1}{\rho}-1)}\pi F^{(\rho-1)} \tag{3.8}$$

设$\frac{S_F}{S_H}$高级生产要素与低级生产要素的收益相对份额，则

$$\frac{S_F}{S_H} = \frac{P_F F}{P_H H} = \frac{\varphi_F MP_F F}{\varphi_H MP_H H} = \frac{\varphi_F}{\varphi_H}\,\frac{1-\pi}{\pi}\,\frac{F}{H} \tag{3.9}$$

其中，φ_F 和 φ_H 分别代表高流动性要素与低流动性生产要素的价格加成，它代表了要素所有者的垄断势力与溢价能力，要素在东道国的稀缺性是决定要素所有者垄断势力与溢价能力大小的关键。投资国的生产要素在东道国相对越稀缺，则该要素与东道国要素相比溢价能力也就越强，即 φ_F/φ_H 的比值就越大；反之，投资国的生产要素在东道国越丰裕，则与东道国要素相比其溢价能力也就越弱，φ_F/φ_H 的值就越小。当两国投入要素在东道国稀缺性相当时，则 φ_F/φ_H 趋近于 1。由此，基于式(3.9)进行解析，可以得到以下命题：

在国际直接投资中，一国获取的收益大小取决于其投入要素在东道国(要素流

---

① Acemoglu(2002)构建 CES 生产函数主要为考察技术进步偏向性的影响，由于本研究的主要目的在于要素稀缺性对要素收益国际差异的影响，为简化分析，没有考虑技术进步的偏向性。

入国）的稀缺性，该要素相对稀缺性越高，则该国获取的相对收益就越大，相对稀缺性越低，则该国获取的相对收益就越小。

进一步考察不同收入水平的国家的收益。

假设存在不同发展水平的要素流入国，发达国家 A 的资本、高技术人才、渠道等高级生产要素丰裕；发展中国家 B 的一般劳动力、土地等初级生产要素丰裕。要素流入国 A 获取的要素收益为 S_H^A，其与投资国的要素收益之比为 S_H^A/S_F^A，要素流入国 B 获取的要素收益记为 S_H^B，其与投资国的要素收益之比记为 S_H^B/S_F^B。在要素跨国流动形成的要素合作生产中，国家 A 与国家 B 的要素收益分配地位也将存在差异。

由生产要素跨国流动的基本原理可知，能够实现跨国流动的是流动性强的资本、高端人才、品牌、管理、技术及营销渠道等，而这些生产要素对发达国家 A 而言是丰裕要素，稀缺性相对低，因此，发达国家 A 作为要素流出国，其本国要素与外国流入的生产要素相比溢价能力更高，φ_H/φ_F 的值将大于 1，从式（3.8）可以看出，这种情况下，发达国家 A 与要素流出国收益的比值 S_H^A/S_F^A 较大。

而作为发展中国家 B，其资本、技术、品牌、管理等高级要素稀缺而一般劳动力和土地等初级生产要素丰裕，外国以资本为载体流入的高级生产要素与 B 国初级要素相比具有更高的溢价能力，φ_H/φ_F 将小于 1，东道国生产要素与投资国国生产要素的收益份额比 S_H^B/S_F^B 也将相对较低。

同为要素流入国，发达国家 A 与要素流出国收益的比值 S_H^A/S_F^A 将大于发展中国家 B 与要素流出国收益比 S_H^B/S_F^B

即：

$$\frac{S_H^A}{S_F^A} > \frac{S_H^B}{S_F^B} \tag{3.10}$$

同理，A、B 两国同为要素流出国的情况下，发达国家获取的要素收益相对份额高于发展中国家。即：

$$\frac{S_F^A}{S_H^A} > \frac{S_F^B}{S_H^B} \tag{3.11}$$

由此，在基本命题的基础上，可以得出以下推论：

同为要素流入国或要素流出国，由于拥有稀缺性高的高级要素，发达国家获取的要素收益份额高于发展中国家。

3.5　本章小结

本章在梳理要素稀缺性决定要素收益相关理论的基础上，分析了高级要素与初级要素的流动性差异及其在不同经济发展阶段和不同国家间的稀缺性差异，阐明了高级要素流动性强、稀缺性高，初级要素流动性弱、稀缺性低的特点，指出了高级要素主要分布于发达国家，而初级要素主要分布于发展中国家；在以上分析基础上，利用经济学基本原理，构建数理模型进一步论证了要素稀缺性决定直接投资收益国际差异的机理在于：高级要素稀缺性高，故溢价能力强，而初级要素稀缺性低，故其溢价能力弱，因而直接投资中高级要素将获取更高收益，在直接投资中，一国投入要素相对对方国家越稀缺，则获取的收益也越高。同为要素流入国或要素流出国，由于拥有稀缺性高的高级要素，发达国家获取的要素收益份额将高于发展中国家。

第4章
要素稀缺性与直接投资收益国际差异：经验分析

第3章理论部分已经证明：一国获取的收益大小取决于其投入要素在东道国(要素流入国)的稀缺性，该要素相对稀缺性越高，则该国获取的收益就越大，相对稀缺性越低，则该国获取的收益就越小；同为要素流入国或要素流出国，发达国家获取的要素收益份额高于发展中国家。本章首先利用国际收支平衡表数据论证发展中国家与发达国家之间直接投资收益差异，接着基于要素的国别属性利用美国跨国公司的微观数据对直接投资收益进行划分，进一步证明不同收入水平的要素流入国与要素流出国收益存在差异，最后构建面板数据模型，利用美国在40个国家(地区)分支机构的微观数据，验证了要素稀缺性决定直接投资收益国际差异。

4.1 要素稀缺性与直接投资收益的国际差异：基于BOP数据的分析

当前的直接投资从流向上主要包括发达国家对发展中国家的投资、发达国家之间的相互投资以及发展中国家对发达国家的投资，直接投资实质上为生产要素的国际流动，发达国家的对外直接投资是以资本为载体的一系列高级生产要素的流动，而发展中国家的对外直接投资更多的是以经济增长积累的大量资本的国际流动，其目的往往为获取发达国家的高级生产要素，由于高级要素在发展中国家稀缺性最高，而在发达国家其稀缺性则相对较低。因此，从直接投资收益上看，发达国家FDI回报率往往低于发展中国家。发达国家作为要素流出国获取的收益将相对高于发展中国家，而作为要素流入国发达国家获取的收益也将高于发展中国家。

表4.1给出了2006—2011年间世界主要地区的FDI回报率，该结果是基于IMF的国际收支平衡表统计数据库计算获得的。表4.1中的数据显示，发达国家（地区）FDI回报率明显低于发展中国家（地区）和转型经济体。2006年发达经济体的FDI回报率仅为6.3%，而发展中经济体和转型经济体该比率分别达到9.7%和14.5%，其中亚洲、非洲以及拉丁美洲分别为9.5%、10.0%和10.2%。①2006年尚有西亚地区的投资回报率低于发达经济体，但从2011年的数据看，所有发展中经济体和转型经济体的投资回报率均超过了发达经济体，发展中经济体和转型经济体的投资回报率分别达到8.4%和13.0%，而发达经济体仅为4.8%。

表4.1　2006—2011年主要地区FDI回报率(%)

地　区	2006年	2007年	2008年	2009年	2010年	2011年
世　界	7.3	7.2	7.7	5.9	6.8	7.2
发达经济体	6.3	6.1	4.6	4.0	4.6	4.8
发展中经济体	9.7	9.8	9.7	8.7	9.0	8.4
非　洲	10.0	13.4	15.8	10.8	8.9	9.3
亚　洲	9.5	9.1	8.9	8.8	9.8	8.8
东亚与东南亚	9.7	9.3	9.1	9.2	10.5	9.2
南　亚	14.2	12.9	10.6	8.6	8.5	8.8
西　亚	3.9	3.8	6.7	5.4	4.9	5.1
拉丁美洲和加勒比地区	10.2	10.3	9.9	7.6	7.1	7.1
转型经济体	14.5	12.0	16.5	10.7	10.8	13.0

资料来源：UNCTAD. World investment report 2013. New York and Geneva：United Nations，2013，33。

图4.1也显示，按投资收益率排名，全球收益率最高的前20位经济体中，仅捷克一个国家属于发达国家。

① 西亚地区由于其特殊的产业结构和地理环境，其FDI回报率远远低于其他发展中地区，发展中地区的平均水平也因此而被拉低，但即便如此，发展中经济体的回报率依然高于发达经济体。

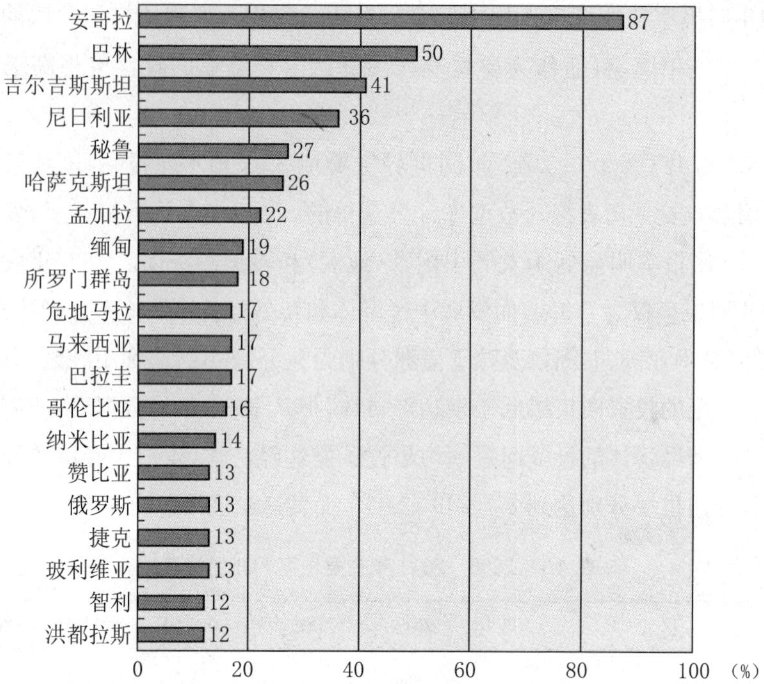

资料来源：UNCTAD, World investment report 2013, New York and Geneva: United Nations, 2013, 33.

图 4.1 2011 年全球 FDI 回报率最高的 20 大经济体

4.2 要素稀缺性与直接投资收益的国际差异：基于要素国别属性的分析

本节将利用美国在全球 40 个国家(地区)设立的跨国公司分支机构的数据以及全球 22 个国家(地区)的跨国公司微观数据，根据要素国别属性分割直接投资的要素收益，论证要素稀缺性对直接投资收益的国际差异的影响。一方面，同为要素流入国，不同收入水平的国家之间获取的收益存在差异，高收入国家在其中获取的收益比重高于中低收入国家；另一方面，这种要素收益的国际差异还表现在不同经济发展水平的要素流出国在直接投资中获取的收益比重存在差异，即在对外直接投资中，不同收入水平的投资国在直接投资中获取的收益比重存在差异，高收入国家获取的收益比重高于中低收入国家。

4.2.1　要素流动下直接投资收益的分割

已有相关研究中对直接投资收益的考察多集中于经济增长、技术溢出及就业率等间接利益(Romer, 1990; Blomstrom, 1986; Hsiao, 2006)，对一国贸易利益的衡量则多采用贸易差额、贸易条件以及贸易增加值(Prebisch, 1959; Johnson 和 Noguera, 2012; Koopman, 2012)等属地意义的指标，而要素跨国流动形成的要素国际合作型专业化与传统国际贸易下的“国际分工”不同的是，前者更强调的是“合”而不是“分”，在分工的时代，各国的生产收益与贸易收益凭地理意义的统计指标(如 GDP、贸易顺差、出口总额等)可以真实反映出来，但是在要素合作专业化的情况下，基于地理范围的统计指标中包含了大量外国要素在本国参与创造并获取的收益。如何才能厘清不同国家的收益？对此，已有文献的研究给予了本书重要的启示，“以要素为基础的国际分工体系决定以要素为基础的国际利益分配，由不同要素国际组合形成的国际生产要求实行以要素为基础的分配结构”(张幼文，2002b:41)，“在贸易投资一体化条件下，以国家为分析单位的分析方法不能继续沿用，而应将分析单位具体化为企业，主要是跨国公司”(章江益、张二震，2003:50)。要素跨国流动下，既然产出是各国生产要素合作的结果，那么只有从要素这一生产投入的源头才能厘清各国从中获取的收益，而跨国公司作为要素流动的主要微观主体，以其作为分析单位，才能更为清晰地划分投资国与东道国的收益。基于这一认识，本节将利用美国在全球 40 个国家(地区)设立的跨国公司分支机构的数据以及全球 22 个国家(地区)的跨国公司微观数据，依据要素收益的国别属性分割要素流入国与要素流出国的收益，为后文进一步分析要素稀缺性与收益的国家间差异的关系奠定基础。

国际直接投资在东道国创造的增加值主要涉及的要素收益分配主体包括外国要素所有者(外资企业)、劳动力所有者(劳动者)以及经济要素与全球化经济要素提供者(东道国政府)。外资企业为投资主体，也是资本、技术或高端人才等流动要素的所有者(发达国家的外资企业拥有高级要素，但发展中国家的跨国公司主要拥有资本要素),从国别属性上看归属于要素流出国(母国),因而外资企业的收益代表了要素流出国收益。劳动者以及东道国政府均为要素流入国参与国际合作生产的主体。东道国政府通过提供基础设施、建立良好的经营环境以及参与区域经济一体化协议等方式提供经济要素与全球化经济要素获取一定收益(税收),作为东道国经济要素与全球化经济要素的收益归属于要素流入国;劳动者除少数外国专家来自要素流出国,其他主要为东道国本地的劳动者,因此劳动者报酬也归属于要素流入国(东道国)收益。

4.2.2 要素稀缺性与不同收入水平的要素流入国收益差异

依据要素收益分配主体的国别属性,利用美国对全球40个国家(地区)设立的跨国公司分支机构的数据,可以实现对直接投资生产创造的增加值在要素流入国与要素流出国之间进行分割。

美国从对外直接投资中获取的收益即跨国公司海外分支机构的收益由两部分构成:一是营业盈余扣除缴纳的企业所得税的余额,另一部分为固定资产折旧。固定资产折旧由于缺乏各国美资企业投资形成的固定资产存量数据,本书利用增加值扣除营业盈余、劳动报酬以及生产税净额之后获得。40个要素流入国或地区(东道国)从来自美国的直接投资中获取的收益主要包括美国跨国公司分支机构贡献的劳动者报酬以及政府税收。政府税收由生产税净额与企业所得税构成,由于缺乏各国(地区)的美资公司实际缴纳的税收数据,本书利用相关数据进行了推算。生产税净额是企业在生产经营过程中缴纳的各项税收与费用扣除生产补贴后的净额,包括营业税及增值税在内的各项税收和费用。本书利用各国(地区)美资公司创造的增加值乘以世界银行的各国(地区)产品和服务税收占增加值比率获得。①企业所得税可以利用各国(地区)美资企业的营业盈余乘以各国(地区)企业所得税

① 世界银行的产品和服务税收包括一般销售税和营业税、增值税、选择性货物税等,与生产税净额涉及的税收和费用较为接近,且考虑到各国往往实行各种补贴与优惠政策,相较于利用各国名义增值税税率计算获取生产税净额,该数据由于为企业实际缴纳的税额占增值税比重,因而根据该比率计算的生产税净额更符合实际。

税率获得。[①]经过以上的数据处理可以得到美国1995—2011年间对全球40个国家和地区进行的制造业直接投资中，各要素流入国或地区获取的收益占增加值的比重（见表4.2）。

表4.2表明，在美国对外直接投资的40个国家（地区）中，收入水平越高的要素流入国（地区）在增加值中分配到的收益比重也相应越高。1995年，挪威、瑞典以及丹麦等发达国家（地区）获取的收益比重均高于80%，而当年人均收入水平最低的印度在与美国进行的合作生产中仅获得34.34%的收益；从2011年来看，发达国家瑞典作为东道国获取的收益占其美资企业创造的总增加值比重为89.87%，而发展中国家印度尼西亚却仅获得23.02%，前者获取的收益是后者的近4倍。区分不同收入水平的国家（地区）群体后可以更为清晰地反映出收入水平越高的国家（地区）获得的收益占比也越高。

1995—2011年间，高等收入国家（地区）获取的收益比重平均水平也高于中等收入水平国家（地区）。1995年，高等收入国家（地区）获取的收益比重为66.00%，而中下等收入国家（地区）的平均收益水平为44.47%，仅相当于高等收入国家（地区）收益的约三分之二，至2011年，两个国家（地区）群体的平均收益比重仍相差21.53个百分比。

利用散点图能够更为直观地反映出要素流入国（地区）收益比重与其人均收入水平之间的相关关系。选取表4.2中1995—2011年间每五年要素流入国（地区）收益占比指标，结合当年各国（地区）的人均GNI数据形成散点图（如图4.2至图4.5所示）。各主要年份两类指标散点图拟合的回归线均向右上方延伸，表明人均GNI越高，要素流入国（地区）收益占比越大，即人均GNI与要素流入国（地区）收益占比之间具有明显的正相关关系。利用各国（地区）1995—2011年人均GNI均值与收益占比平均值形成的散点图（见图4.6），同样可以证明两类指标之间存在着正相关关系。

① 由于各国对外资企业往往实施较为优惠的所得税税率，本书利用各国名义所得税税率推算的结果将对实际缴纳的企业所得税有所高估，即整体高估了要素流入国收益，低估了要素流出国收益，但由于该高估针对的是每个国家，所以并未影响本书结论。

表 4.2 1995—2011 年美国对外直接投资中要素流入国(地区)收益占增加值比重(%)

国家/地区 \ 年份	1995	1996	1997	1998	1999	2000	2001	2002	2003	2004	2005	2006	2007	2008	2009	2010	2011
高等收入国家与地区	66.20	66.53	66.31	67.28	59.56	54.44	59.58	58.73	59.31	55.14	56.18	57.00	55.15	57.69	62.28	58.38	57.14
人均收入水平>40 000 美元	65.91	66.41	66.23	67.18	59.73	59.44	59.82	59.50	59.35	54.33	55.96	56.65	55.16	57.21	62.29	57.89	56.71
挪　威	86.69	80.23	87.79	91.54	41.92	42.34	44.30	49.94	47.11	41.77	41.40	44.47	43.00	42.55	54.88	53.31	55.27
瑞　士	49.08	49.66	50.14	50.02	50.45	46.53	62.78	59.71	58.58	54.74	52.30	50.43	46.98	45.14	44.68	43.10	45.19
卢森堡	70.81	75.21	74.44	78.16	78.54	−128.02	72.93	68.67	87.65	59.55	50.31	76.54	58.61	61.24	65.69	65.59	63.73
丹　麦	81.58	86.49	88.14	81.97	83.69	82.07	95.35	84.97	83.15	83.05	83.23	83.07	78.52	76.88	86.59	81.82	78.61
瑞　典	81.14	93.18	73.53	74.89	75.91	90.35	84.60	85.36	77.06	83.32	92.47	84.51	94.50	107.14	149.62	86.69	89.87
澳大利亚	62.32	62.40	60.78	58.41	55.29	54.94	57.20	57.63	57.43	56.61	58.04	52.81	50.65	54.95	61.63	61.10	60.14
荷　兰	59.80	63.91	64.04	64.38	60.05	65.27	59.65	58.54	59.47	59.48	57.44	64.28	68.86	66.62	62.31	67.96	64.09
新加坡	47.83	44.07	43.40	49.66	40.65	37.97	42.11	36.04	32.53	34.69	38.45	38.68	36.39	36.00	36.39	36.46	32.89
奥地利	66.13	63.63	67.30	68.77	66.97	66.83	67.33	64.80	70.92	67.09	71.40	68.96	68.15	69.03	71.48	69.30	71.32
芬　兰	64.35	58.15	58.32	56.39	64.99	61.28	69.61	71.91	82.26	66.36	69.38	71.52	66.93	73.92	79.76	79.31	72.24
加拿大	68.61	70.83	67.76	69.67	56.37	52.02	54.50	56.72	56.36	53.23	55.51	56.91	57.98	52.70	59.27	52.77	48.48
比利时	64.12	65.76	65.66	65.59	58.45	55.38	57.29	55.25	54.63	54.92	58.02	58.57	58.10	57.91	65.96	60.02	59.54
日　本	63.02	65.20	63.87	65.70	50.42	41.38	36.60	39.87	38.82	38.25	63.57	61.99	60.18	63.62	48.46	45.38	46.80
德　国	67.56	67.85	68.34	69.38	60.51	68.68	66.63	67.36	69.85	58.96	58.48	58.41	59.12	60.09	64.94	63.83	63.43
法　国	78.54	77.78	76.70	78.33	65.48	67.10	67.32	67.90	68.10	66.74	67.74	70.43	68.69	68.52	72.15	71.91	71.08

（续表）

国家/地区 \ 年份	1995	1996	1997	1998	1999	2000	2001	2002	2003	2004	2005	2006	2007	2008	2009	2010	2011
人均收入水平>12 746 美元	64.14	63.60	64.58	65.77	58.07	53.87	55.54	54.75	54.38	50.43	49.36	49.12	47.02	51.25	54.14	52.66	51.18
爱尔兰	41.70	42.26	39.54	37.51	36.86	36.42	36.06	32.17	32.72	29.07	33.23	33.39	34.53	36.49	33.88	32.28	27.90
英　国	62.06	60.60	71.78	72.08	52.28	57.13	57.49	56.71	58.64	55.95	53.06	56.44	54.67	51.27	56.19	54.33	51.94
意大利	74.77	73.14	71.23	75.69	46.34	47.35	48.20	45.10	44.82	45.63	46.15	48.28	44.62	44.25	50.50	51.44	49.30
中国香港	52.61	51.26	59.58	58.09	59.00	47.15	47.91	69.77	55.35	52.29	45.27	43.91	39.37	42.58	41.84	45.12	42.55
新西兰	73.93	76.19	68.44	85.76	74.97	68.66	74.97	75.27	75.09	71.57	67.75	65.65	67.39	62.11	72.41	70.52	70.40
西班牙	69.95	73.60	71.27	68.70	69.34	69.70	70.81	68.13	67.38	62.88	63.12	63.29	60.68	66.79	74.87	65.15	64.84
希　腊	69.94	68.65	67.68	64.98	67.04	66.64	70.98	73.20	67.75	29.59	29.82	30.03	30.56	29.22	32.01	32.70	33.44
韩　国	62.72	56.07	62.07	54.67	52.99	54.25	57.92	52.19	55.42	51.55	64.74	60.05	57.88	58.01	65.18	56.36	52.72
葡萄牙	69.61	70.63	69.59	74.41	71.23	36.64	38.79	39.44	38.90	37.58	36.36	37.88	36.61	71.71	70.63	71.06	71.23
捷　克	—	—	—	—	42.01	45.20	41.29	39.49	42.31	49.10	43.77	44.99	42.68	45.70	49.03	46.95	47.59
匈牙利	—	—	—	—	66.70	63.46	66.51	50.80	59.76	69.55	59.67	56.43	48.25	55.57	48.98	53.39	51.03
中上等收入国家与地区	52.83	52.54	52.58	52.38	52.95	50.94	48.44	48.46	45.58	44.59	45.57	45.02	46.31	44.71	48.83	47.92	49.13
波　兰	—	—	—	—	61.32	46.78	42.76	43.97	42.66	43.83	44.18	44.33	45.67	47.77	62.07	61.75	60.29
智　利	49.61	53.13	54.34	51.82	63.62	56.16	51.79	55.26	51.14	51.47	49.40	48.21	49.61	48.65	49.50	46.28	49.92
俄罗斯	—	—	—	—	−363.64	62.47	39.98	43.92	39.81	35.37	34.54	36.55	39.65	37.52	41.82	39.00	45.52
巴　西	47.60	49.50	48.40	53.11	56.28	51.42	50.23	52.72	55.95	52.97	58.96	57.39	53.47	54.55	55.60	57.72	59.25
土耳其	34.90	37.53	34.81	35.95	40.55	37.96	39.87	39.74	33.83	31.97	31.35	31.82	33.17	31.33	34.02	34.45	34.12

（续表）

国家/地区 \ 年份	1995	1996	1997	1998	1999	2000	2001	2002	2003	2004	2005	2006	2007	2008	2009	2010	2011
阿根廷	47.88	49.16	46.80	42.80	39.78	40.51	39.05	54.26	32.94	28.79	30.48	31.85	31.98	29.40	35.29	33.12	32.83
墨西哥	67.47	57.11	56.99	56.53	56.72	63.15	63.58	62.53	60.27	62.19	62.36	61.44	61.08	53.91	58.95	58.75	57.94
马来西亚	55.79	51.76	49.44	53.39	42.60	44.26	50.57	39.98	41.73	45.03	51.04	45.63	49.62	44.41	46.19	44.31	45.00
南　非	69.73	72.45	74.29	81.42	77.85	73.77	74.81	67.51	71.66	64.07	66.50	66.33	71.41	69.37	72.07	69.18	70.05
中国内地	43.27	42.22	46.39	48.05	50.25	44.55	42.02	36.98	36.18	38.74	38.58	38.84	40.56	41.59	47.77	46.51	45.30
泰　国	59.22	60.01	61.74	48.35	40.53	39.28	38.13	36.23	35.19	36.02	33.91	32.80	33.14	33.29	33.89	36.00	40.23
中下等收入国家与地区	44.47	44.30	41.56	44.97	44.73	42.86	39.24	40.52	43.05	42.35	40.39	39.44	37.79	39.02	39.67	40.32	40.01
印度尼西亚	48.96	49.16	40.40	48.83	54.18	42.21	36.69	34.65	42.01	40.98	33.85	27.65	24.35	25.85	24.06	23.83	23.02
菲律宾	50.11	47.76	48.07	42.61	38.71	43.40	44.01	45.35	42.67	40.25	39.82	42.41	41.71	41.99	38.07	44.22	44.41
印　度	34.34	35.97	36.21	43.48	41.29	42.96	37.02	41.56	44.48	45.82	47.50	48.27	47.30	49.23	56.88	52.92	52.60

注：缺失值以“—”表示；俄罗斯与卢森堡 2000 年的数据为负，原因在于其增加值为负值，为避免数据异常，在计算该年高等收入国家（地区）及中上等收入国家（地区）平均收益时，两国数据不在统计之内；不同收入水平国家（地区）的划分依据为世界银行标准，高等收入国家（地区）的标准为人均 GNI 高于或等于 12 746 美元，中等收入国家（地区）的标准为人均 GNI 介于 1 045—12 746 美元之间，其中，以 4 125 美元为界分为中上等收入国家（地区）与中下等收入国家（地区）。

资料来源：OECD 统计数据库 http://stats.oecd.org/index.aspx，世界银行数据库 http://data.worldbank.org.cn/，毕马威公司官方网站，经作者整理计算获得。

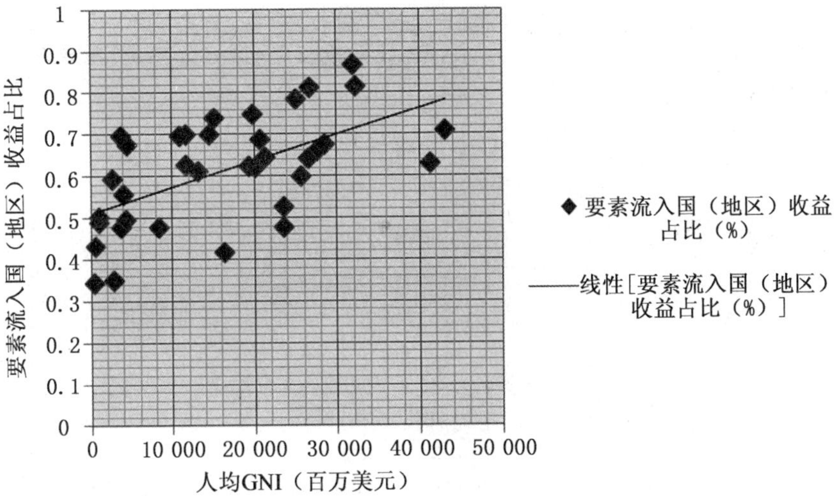

注：各要素流入国（地区）收益占比数据为本书计算整理获得，人均 GNI 指标来自 UNCTAD，下图 4.3 至图 4.6 同。

图 4.2　1995 年人均 GNI 与各国（地区）收益比散点图

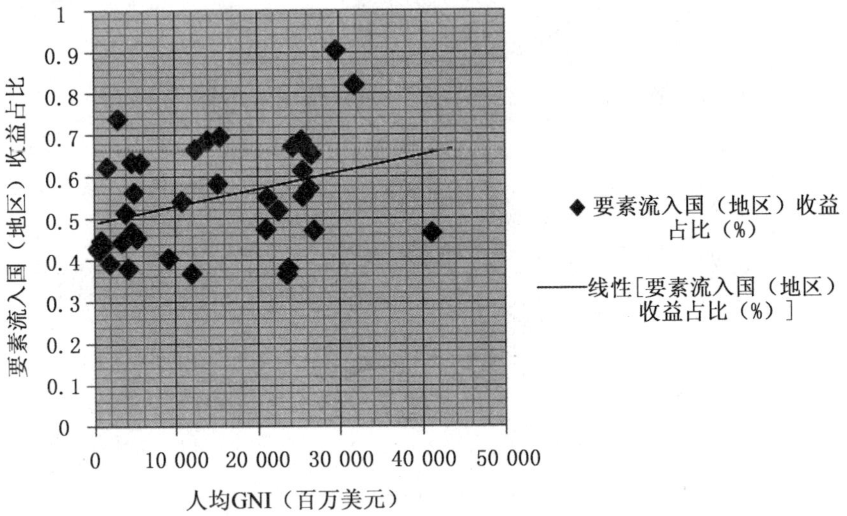

图 4.3　2000 年人均 GNI 与各国（地区）收益占比散点图

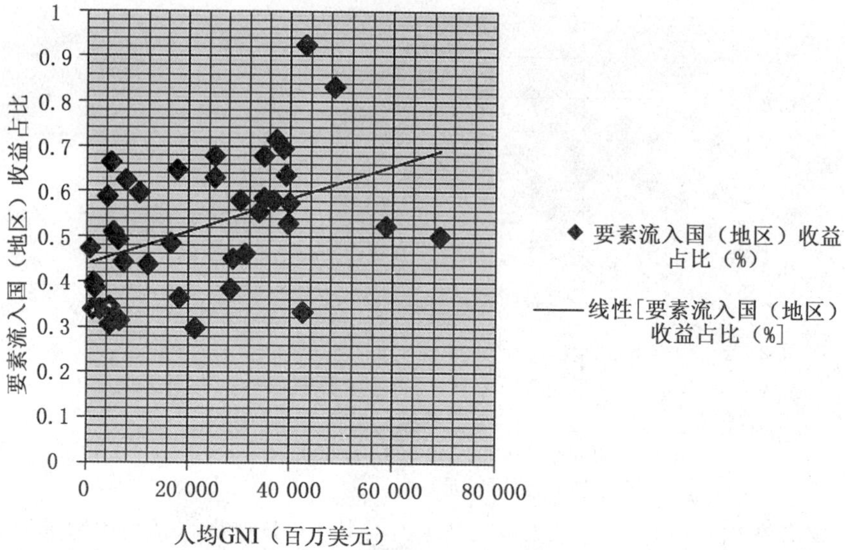

图 4.4　2005 年人均 GNI 与各国(地区)收益比散点图

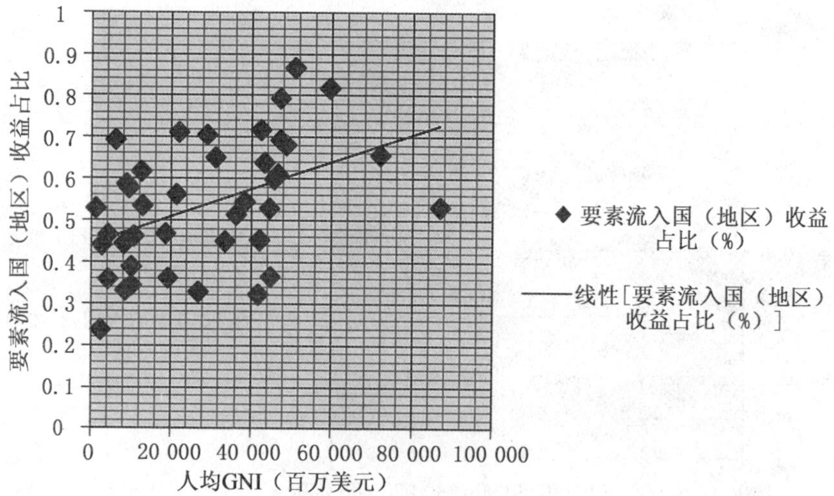

图 4.5　2010 年人均 GNI 与各国(地区)收益占比散点图

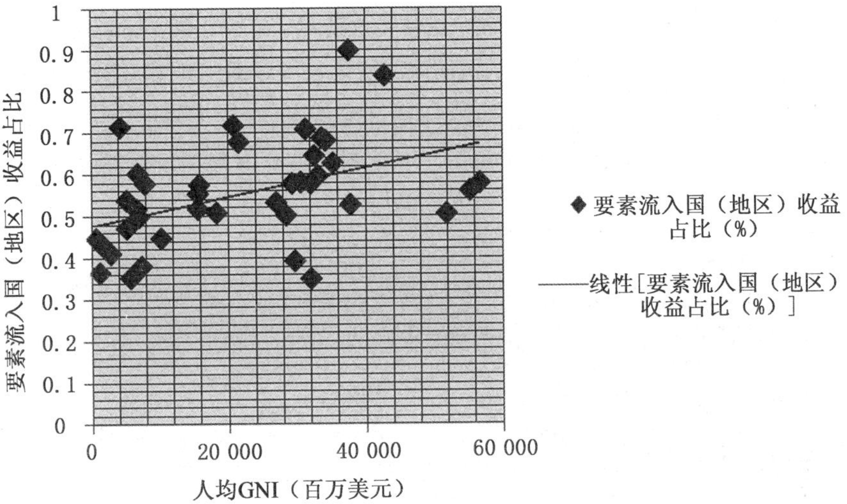

图 4.6　1995—2011 年历年平均收入水平与各国(地区)平均收益占比散点图

更值得注意的是，1995—2011 年间，不同收入水平的要素流入国(地区)其收益比重的时间变化趋势也有所差异。如图 4.7 所示，17 年间，高等收入国家与地区及中下等收入国家与地区作为要素流入国(地区)获取的收益占比存在下降趋势，而中上等收入国家与地区的收益比重则经历了先下降后上升的过程。1995 年高等收入国家(地区)和中下等收入国家(地区)收益比重平均水平分别为 66.20%和 44.43%，至 2011 年分别下降为 57.14%和 40.01%，降幅分别达到 13.69%和 10.03%，而中上等收入国家与地区的收益比重则在 2004 年到达低点 44.59%之后，2011 年上升为 49.13%，2004—2011 年增幅达到 10.19%。从中上等收入国家与地区的具体构成来看(见表 4.2)，以近年来经济增长较快的发展中国家(地区)为主，尤其是中国、巴西、南非、俄罗斯以及墨西哥等新兴经济体。①这些国家(地区)既是经济增长较快的国家(地区)，同时也是目前发展中国家(地区)中的主要引资国(地区)，在经济快速增长与转型的过程中，其国(地区)内资本、技术、人才、品牌以及管理等高级要素的相对供给量也随之增长，高级要素的相对稀缺性也有所下

① 英国《经济学人》将新兴经济体分成两个梯队：第一梯队为中国、巴西、印度、俄罗斯、南非，也称“金砖国家”；第二梯队包括墨西哥、韩国、南非、菲律宾、土耳其、印度尼西亚、埃及等“新钻”国家。

降,从而来自外国(地区)的高级要素所有者从对这类国家(地区)的直接投资中获取的收益比重也将下降,这类国家(地区)作为要素流入国(地区)的收益比重也随之上升。而中下等收入国家(地区)群体中,印度、印度尼西亚以及菲律宾,其国(地区)内高级要素增长速度相对有限,高级生产要素稀缺性没有得到缓解,其他地区高级

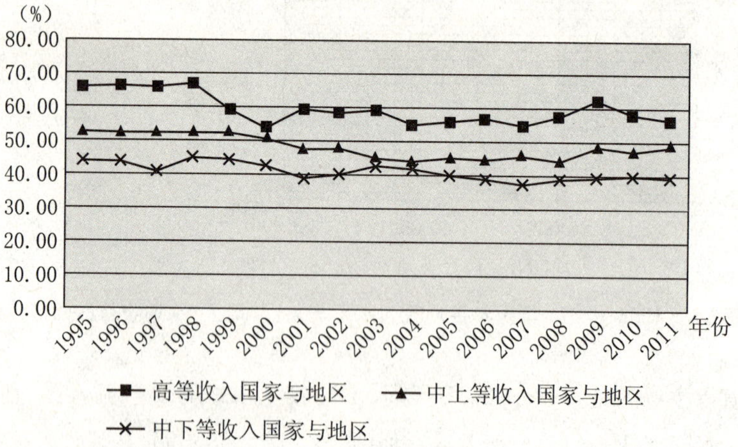

注:为避免数据异常,在计算该年高等收入国家(地区)及中上等收入国家(地区)平均收益时,俄罗斯与卢森堡两国数据不在统计之内。

图 4.7 1995—2011 年不同国家(地区)群体收益占比的时间变化趋势

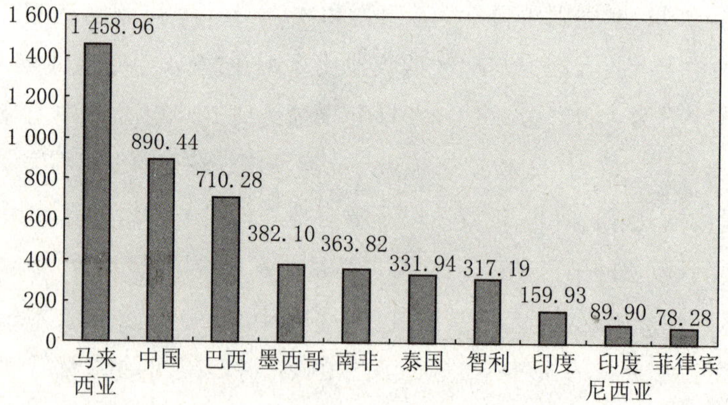

注:菲律宾为 2007 年数据。

资料来源:世界银行 WDI 指数。

图 4.8 2010 年主要发展中国家(地区)百万人中研发人员数量

要素在这些国家(地区)能够获取的收益也更高，对这些国家(地区)在国际跨国生产合作中的收益造成了不利影响。以技术与人才要素为例，印度、印度尼西亚以及菲律宾 2009 年百万人口中研发人员数分别仅为 159.93、89.9 和 78.28，与主要的中上等收入国家(地区)相比明显偏低，仅分别相当于马来西亚的 15.01%、8.44%、7.35%以及中国的 18.75%、10.54%、9.18%(见图 4.8)。

更一般意义上的数据同样表现出不同收入水平要素流入国(地区)的收益差异。不限定投资来源国(地区)的要素流入国(地区)收益占增加值比重数据同样(见表 4.3)表明，高收入国家(地区)作为要素流入国(地区)的收益比重明显高于中低收入国家(地区)，从历年各国(地区)收入水平与收益比重的相关系数看(如图 4.9 所示)，均高于 0.55，13 年间有一半以上年份高于 0.7，最高 2006 年达到 0.82，说明两类指标之间呈现明显的正相关关系。①不同收入水平的要素流入国(地区)因要素稀缺性差异而获取的收益占比确实存在不同。

表 4.3　不区分来源地的要素流入国(地区)收益占比(%)

国家(地区) \ 年份	1999	2000	2001	2002	2003	2004	2005	2006	2007	2008	2009	2010	2011
高等收入国家(地区)													
丹　麦	76.18	77.97	77.34	77.62	—	—	—	76.58	74.54	74.44	78.02	73.72	75.91
瑞　典	70.60	74.17	71.95	73.42	74.17	74.59	71.97	70.67	72.14	76.02	72.59	67.42	71.36
荷　兰	64.48	62.84	64.29	66.65	64.79	62.62	63.13	—	57.33	60.35	64.07	63.46	64.37
奥地利	—	—	—	—	73.11	—	—	—	67.87	71.05	77.17	69.35	69.82
美　国	76.10	79.40	83.48	79.60	79.88	78.28	75.08	74.82	73.80	74.60	75.84	72.56	71.23
芬　兰	68.94	69.06	69.97	71.23	73.34	69.72	69.13	65.19	66.46	66.82	73.36	66.62	66.39
德　国	—	—	—	—	—	—	—	79.58	69.49	70.66	76.52	66.05	73.08
法　国	76.49	77.00	78.77	79.60	86.02	83.59	80.79	80.16	79.78	72.33	87.56	82.86	81.00
英　国	99.67	69.82	72.13	70.31	69.87	69.13	70.71	69.98	68.14	65.22	69.58	61.04	60.42
意大利	—	—	75.93	76.91	77.31	76.51	76.93	76.14	75.55	75.70	81.17	72.39	72.77
西班牙	72.30	73.01	74.56	74.04	75.10	73.75	73.82	67.27	67.13	72.61	77.84	74.04	73.52
斯洛文尼亚	—	—	—	—	62.32	63.31	—	64.45	65.09	67.45	70.35	67.88	67.62
葡萄牙	27.50	27.50	27.50	27.50	66.75	66.18	68.47	68.51	63.55	68.38	71.75	67.31	68.52
捷　克	48.61	56.56	56.85	59.38	57.47	57.15	59.59	58.80	58.26	61.99	62.61	59.05	60.15

① 收益的分割方式与表 4.2 相同。

（续表）

国家（地区）\ 年份	1999	2000	2001	2002	2003	2004	2005	2006	2007	2008	2009	2010	2011
高等收入国家（地区）													
斯洛伐克	—	—	—	—	54.02	51.92	54.44	52.89	53.87	66.09	76.54	59.85	64.42
爱沙尼亚	—	—	—	—	63.65	65.58	66.67	66.53	66.81	70.85	76.56	64.64	61.25
立陶宛	—	—	—	—	57.08	45.46	44.53	59.08	—	73.42	69.31	52.94	51.60
匈牙利	—	—	—	—	48.17	50.21	50.12	49.08	53.41	54.67	55.63	—	53.03
拉脱维亚	—	—	—	—	48.54	53.94	54.13	58.46	60.38	68.29	71.77	56.72	57.00
中等收入国家（地区）													
罗马尼亚	—	—	—	—	56.73	56.03	67.77	60.93	58.48	56.43	63.83	56.58	59.54
保加利亚	—	—	—	—	61.83	49.13	47.30	50.10	42.04	62.63	57.82	50.54	45.77
中　国	—	50.35	51.23	50.64	45.77	43.69	48.48	47.34	44.54	47.72	45.90	41.59	48.66

资料来源：中国数据来自中国统计局，其他国家数据来自欧盟统计数据库。

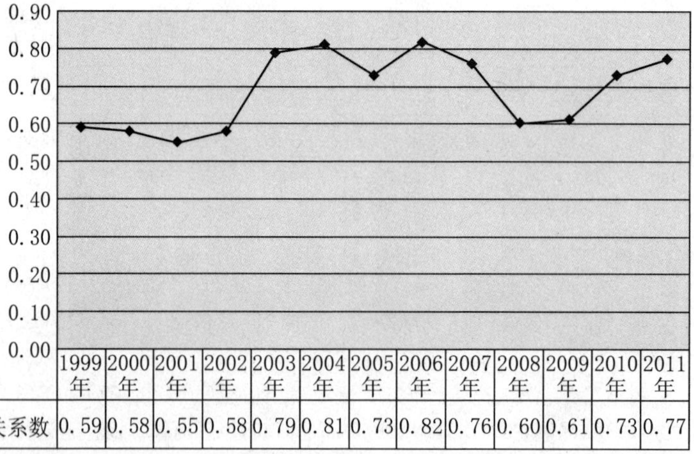

资料来源：根据表 4.3 的数据计算得出。

图 4.9　1999—2011 年各国（地区）收入水平与收益比重的相关系数

4.2.3　不同收入水平要素流出国（地区）的收益差异

同样作为要素流出国（地区），发达国家（地区）更多依赖于技术、高端人才、管理、品牌以及国际营销渠道等高级生产要素，以资本为载体对外进行投资，而发展中国家（地区）对外直接投资往往是在经济发展到一定程度积累了一定资本，但同时又相对缺乏技术、品牌、人才等高级生产要素的基础上产生，其对发达国家（地区）的投资往往出于获取发达国家高级要素的目的，期望实现国（地区）外技术的回流。因此，对外直接投资对于发达国家（地区）而言，是以资本为载体的要素包的流动，而对发展中国家（地区）而言，更多仅限于资本要素本身的流动，而不是以资本为载体的一系列要素的流动，这也对两类国家（地区）从对外投资中获取的收益造成了影响，发达国家（地区）流出的高级要素在东道国（地区）获取的收益比重将大于发展中国家（地区）的资本要素在东道国（地区）获取的收益比重。表 4.4 显示，作为发展中地区，非洲、拉丁美洲以及非 OECD 亚洲地区的对外直接投资企业营业盈余占增加值比重总体上均低于欧洲地区的对外直接投资企业（仅非洲 1996 年收益率高于欧洲）。拉丁美洲及非 OECD 亚洲地区的对外投资企业营业盈余占比在 2003 年之前均为负数，直到 2004 年以后才实现正的利润。

表 4.4　全球主要地区对外直接投资企业营业盈余占增加值比重（%）

地区＼年份	1996	2002	2003	2004	2005
非　洲	14.23	—	−9.95	—	—
欧　洲	4.09	0.79	4.44	13.73	15.50
拉丁美洲	−22.48	−65.10	−12.04	12.57	12.65
中　东	−6.69	−6.78	3.18	—	—
非 OECD 亚洲地区	−17.53	−9.99	−8.05	0.44	14.53

资料来源：根据 OECD 统计数据库计算。

4.3　要素稀缺性决定直接投资收益国际差异的经验分析

第 3 章的理论研究部分构建数理模型论证了要素稀缺性决定直接投资收益的国际差异，本节基于第 3 章的数理模型进一步构建计量模型，通过构建要素稀缺性指标，利用1996—2011年美国对外投资的40个国家（地区）面板数据针对要素稀缺性与直接投资收益国际差异的关系进行实证检验。

4.3.1 实证模型的构建与数据说明

1. 模型构建

以 I_F/I_H 表示高级要素与初级要素的收益比，对第3.3节式(3.8)两边取对数，得到要素流出国与流入国收益比的表达式：

$$\ln\left(\frac{I_F}{I_H}\right)=\ln\left(\frac{\varphi_F}{\varphi_H}\right)+\ln\left(\frac{1-\pi}{\pi}\right)+\ln\left(\frac{F}{H}\right) \tag{4.1}$$

将式(4.1)进一步写成更为具体的可用于估计的计量模型：

$$\ln\left(\frac{I_F}{I_H}\right)_{it}=\alpha+\beta_1\ln\left(\frac{\varphi_F}{\varphi_H}\right)_{it}+\beta_2\ln\left(\frac{F}{H}\right)_{it}+\mu_i+\nu_t+\varepsilon_{it} \tag{4.2}$$

式(4.2)左边 $\ln(I_F/I_H)_{it}$ 代表要素流出国与流入国的收益份额比的对数值；$\ln(\varphi_F/\varphi_H)_{it}$ 表示要素流入国拥有的高级要素与初级要素数量比的对数，$\ln(F/H)_{it}$ 为要素实际投入比的对数；等式右边 μ_i 与 ν_t 分别为个体效应与时期效应，对应式(4.1)中的 $\ln(1-\pi)/\pi$，ε_{it} 为随机误差项。

2. 样本与数据说明

本书选取的样本为40个国家（地区）16年的面板数据，具体包括1996—2011年美国跨国公司在40个国家（地区）设立的海外分支机构相关数据以及该40个东道国（地区）的要素禀赋数据。个别缺失数据利用EM法补充，每个国家（地区）均有16年的完整数据。根据UNCTAD的划分，40个国家（地区）中发展中国家（地区）为15个，发达国家（地区）为24个，转型国家（地区）为1个，基本覆盖了经济发展水平不同的国家/地区（见表4.5）。主要变量数据来源及统计特征见表4.6、表4.7。

被解释变量 $\ln(I_F/I_H)$ 是要素流出国与要素流入国收益比的自然对数值，该变量指标度量了直接投资收益的国家间差异，即反映了要素流出国与要素流入国之间收益的差异：其与要素流入国收益呈单调递减关系，与要素流出国收益呈单调递增关系。主要数据来源为OECD数据库、毕马威会计师事务所以及世界银行世

表 4.5　样本国家(地区)分类

发达国家/地区	发展中国家/地区	转型国家/地区
爱尔兰　奥地利　澳大利亚　比利时　波兰　丹麦　德国　法国　芬兰　荷兰　加拿大　捷克　卢森堡　挪威　葡萄牙　日本　瑞典　瑞士　西班牙　希腊　新西兰　匈牙利　意大利　英国	阿根廷　巴西　智利　中国内地　中国香港　印度　印度尼西亚　韩国　马来西亚　墨西哥　菲律宾　新加坡　南非　泰国　土耳其	俄罗斯

表 4.6　主要变量数据来源

变量名	定　义	涉及指标数据		数据来源
$\ln(I_F/I_H)$	要素流出国与流入国收益比	流出国收益	营业盈余	OECD
			固定资产折旧	WDI，OECD
		流入国收益	劳动者报酬	OECD
			东道国政府收入	OECD，WDI，KPMG
$\ln(\varphi_F/\varphi_H)$	要素稀缺性	劳均资本	资本存量	WDI
			劳动力数量	WDI
		技术、人才相对数量	百万人中研发人员数	WDI
$\ln(F/H)$	实际投入的外国要素与本国要素比	FDI 存量与雇员数量比	FDI 存量	OECD
			雇员数量	OECD

表 4.7　主要变量的统计特征描述

变　量	均值	标准差	最大值	最小值	样本数量
$\ln(I_F/I_H)$	−0.23	0.64	1.16	−3.02	636
$\ln(\varphi_F/\varphi_H)$	1.57	0.84	3.57	0.00	636
$\ln(F/H)$	12.51	1.23	17.59	9.95	636

界发展指标(WDI)。其中，要素流出国收益为美国跨国公司分支机构的税后营业盈余与每年固定资产折旧的总和。税后营业盈余为企业营业盈余扣除企业所得税获得，各国企业所得税税率来自毕马威会计师事务所(KPMG)，固定资产折旧采用扣除法，以增加值扣除营业盈余、劳动报酬以及生产税净额获得。要素流入国收益

包括两个部分：一是劳动者报酬，二是政府税收收入，前者数据来自 OECD 数据库，后者由生产税净额与企业所得税两部分构成，生产税净额缺乏直接数据来源，本书利用各国美资公司创造的增加值乘以世界银行的各国产品和服务税收占增加值比率获得①，企业所得税则利用各国美资企业的营业盈余乘以各国企业所得税税率获得。

$\ln(\varphi_F/\varphi_H)$是各要素流入国高级要素与初级要素相对数量的对数值，该指标度量了要素流入国的高级要素相对初级要素的稀缺性，是本书的核心解释变量。高级要素包括技术、高端人才、资本及由资本衍生出来的品牌、管理和国际营销渠道等，本研究考虑利用劳均资本与百万人中研发人员数反映各国高级要素的相对稀缺程度。劳均资本指标参照 Hall 和 Jones(1999)中的永续盘存法，利用各国历年资本形成额计算得到；折旧假定采用线性折旧法，本书假定 6%折旧率，这也是 Young(2000)以及 Hall 和 Jones(1999)的研究中采用的通用折旧率。历年固定资本形成额与总劳动力数量均来自世界银行 WDI 指标，固定资本存量数据以 2005 年不变美元计价 。由于劳均资本与百万人中研发人员数两个指标之间相关系数达到 0.74，存在较强的相关性，为避免多重共线性，本书利用因子分析方法将二者综合成指数，并经过极差变换后取倒数，从而得到高级要素稀缺性指数，各国历年排名与指数值详见书末附表 2。对该指数取对数值作为解释变量，该指数值越高，意味着高级要素相对越稀缺，反之，该指数值越低，则高级要素稀缺程度也越低。根据前文的理论分析，东道国高级要素越稀缺，则要素流出国与流入国相比溢价能力更强，从而收益越高，要素流出国与流入国收益比值也越大。因此，该变量的系数值应为正，即东道国流动性强的高级要素越稀缺[$\ln(\varphi_F/\varphi_H)$越高]，则要素流出国获取的相对收益就越高；东道国高级要素越丰裕[$\ln(\varphi_F/\varphi_H)$越低]，则要素流出国的相对收益就越低。

$\ln(F/H)$是实际投入的外国要素与东道国要素数量比的对数值，该指标反映了直接投资中，投资国与东道国实际投入的要素相对数量。指标利用历年美国在当地的 FDI 存量除以美国跨国公司分支机构雇员数而得。为保证数据的可比性，本书将 FDI 存量数据调整为 2005 年不变美元价格。从前文理论推导的结论看，投

① 原因详见 78 页脚注①。

入要素数量相对越多，则该国获取的要素收益也将相应增加，因此，该变量的系数应为正。

4.3.2　模型检验与估计

总体回归结果显示（见表 4.8），无论采用混合回归、固定效应还是随机效应模型，高级要素稀缺性变量 $\ln(\varphi_F/\varphi_H)$ 均在至少 1% 显著水平上为正，说明该变量与 $\ln(I_F/I_H)$ 之间存在显著的正相关关系，$\ln(\varphi_F/\varphi_H)$ 越高（高级要素稀缺性越高），则 $\ln(I_F/I_H)$ 值越高，即一国高级要素稀缺性越高，则投资国与东道国的相对收益就越高。固定效应冗余检验与 Hausman 检验的结果均表明在 1% 以上的显著水平拒绝固定效应冗余和随机效应模型，故确定模型影响形式应为固定效应。$\ln(\varphi_F/\varphi_H)$ 的偏回归系数值为 0.286，这意味着要素流入国高级要素相对稀缺性增加 1% 的幅度，将引起要素流出国与流入国收益比值上升 0.286%。与实际投入要素比 $\ln(F/H)$ 变量系数相比，$\ln(\varphi_F/\varphi_H)$ 偏回归系数值明显更大，反映出要素稀缺性对要素流出国与流入国收益比的影响大于实际投入要素的数量比。

表 4.8　要素稀缺性与直接投资收益差异的总体回归结果

	$\ln(I_F/I_H)$		
	Pooled OLS	FE	RE
$\ln(\varphi_F/\varphi_H)$	0.290***	0.286***	0.290***
	(9.182)	(9.401)	(9.449)
$\ln(F/H)$	0.039*	−0.006	0.036*
	(1.819)	(−0.293)	(1.739)
常数项	−1.169***	−0.595**	−1.136***
	(−3.973)	(−1.980)	(−3.959)
固定效应冗余检验（p 值）		0.00	
Hausman 检验（p 值）			0.00
Ad.R^2	0.122	0.171	0.124
样本观测值	636	636	636
F 值	45.265	8.681	45.821

注：括号内为 t 值，*、**、*** 分别表示在 10%、5% 和 1% 的水平上显著。

在确定模型影响形式为固定效应的基础上，模型可能存在三种可能的具体形式：

变系数形式：

$$\ln\left(\frac{I_F}{I_H}\right)_{it}=\alpha+\beta_{1i}\ln\left(\frac{\varphi_F}{\varphi_H}\right)_{it}+\beta_{2i}\ln\left(\frac{F}{H}\right)_{it}+\mu_i+\nu_t+\varepsilon_{it} \tag{4.3}$$

变截距形式：

$$\ln\left(\frac{I_F}{I_H}\right)_{it}=\alpha+\beta_1\ln\left(\frac{\varphi_F}{\varphi_H}\right)_{it}+\beta_2\ln\left(\frac{F}{H}\right)_{it}+\mu_i^*+\nu_t+\varepsilon_{it} \tag{4.4}$$

不变参数形式：

$$\ln\left(\frac{I_F}{I_H}\right)_{it}=\alpha+\beta_1\ln\left(\frac{\varphi_F}{\varphi_H}\right)_{it}+\beta_2\ln\left(\frac{F}{H}\right)_{it}+\mu_i+\nu_t+\varepsilon_{it} \tag{4.5}$$

构建 F 统计量，

$$F_2=\frac{(S_3-S_1)/117}{S_1/520}\sim F(117,\ 520)$$

$$F_1=\frac{(S_2-S_1)/78}{S_1/520}\sim F(78,\ 520)$$

通过构建变系数模型[式(4.3)]得到 $S_1=70.509\ 89$，构建变截距模型[式(4.4)]得到 $S_2=207.243\ 3$，构建不变参数模型[式(4.5)]得到 $S_3=224.703$，经计算得统计量 $F_1=51.712\ 24$，$F_2=77.568\ 36$。由于 $F_2>F_{0.05}(117,\ 520)$，因此拒绝 F 检原假设 H_2，即拒绝不变参数模型；$F_1>F_{0.05}(78,\ 520)$，拒绝原假设 H_1，即拒绝变截距模型，故确定本章模型应采用变系数模型形式。①

为了能全面反映出要素稀缺性对收益差异影响的个体特征及其影响力的时间变化趋势，以下分别利用个体变系数与时期变系数模型进行分析。

1. 个体变系数模型估计

针对 $\ln(\varphi_F/\varphi_H)$ 构建个体变系数模型，估计结果如表 4.9 所示：模型拟合优度达到 0.710，说明模型具有较强的解释力度。40 个国家(地区)中除奥地利、芬兰、

① $F_{0.05}(117,\ 520)$与 $F_{0.05}(78,\ 520)$的临界值分别为 1.256 6 和 1.305 6。

表 4.9　个体变系数模型估计结果

$\ln(F/H)$	0.070* 1.953							
$\ln(\varphi_F/\varphi_H)$	阿根廷	0.584*** (10.049)	芬　兰	0.884 (1.389)	日　本	0.966*** (4.516)	葡萄牙	0.470*** (4.467)
	澳大利亚	0.405*** (3.058)	法　国	−0.147 (−1.350)	韩　国	0.448*** (3.567)	俄罗斯	1.357*** (8.445)
	奥地利	−0.045 (−0.426)	德　国	0.123 (1.086)	卢森堡	−0.280* (−1.837)	新加坡	1.429*** (8.690)
	比利时	0.232** (2.430)	希　腊	0.317*** (4.858)	马来西亚	0.327*** (7.093)	南　非	−0.060 (−1.281)
	巴　西	0.267*** (4.960)	中国香港	0.320*** (4.792)	墨西哥	0.115*** (2.783)	西班牙	−0.028 (−0.380)
	加拿大	0.401*** (2.713)	匈牙利	0.284*** (3.571)	荷　兰	0.077 (0.731)	瑞　典	−1.883*** (−7.523)
	智　利	0.177*** (4.132)	印　度	0.361*** (8.017)	新西兰	−0.250** (−2.246)	瑞　士	0.387*** (3.362)
	中国内地	0.555*** (8.473)	印度尼西亚	0.453*** (10.750)	挪　威	0.522*** (3.395)	泰　国	0.426*** (9.228)
	捷　克	0.735*** (−7.827)	爱尔兰	0.775*** (10.214)	菲律宾	0.355*** (8.353)	土耳其	0.543*** (11.160)
	丹　麦	−1.254*** (−7.760)	意大利	0.235*** (5.247)	波　兰	0.536*** (6.393)	英　国	0.335** (2.576)
样本观测值	636							
Ad.R^2	0.710							
F 值	28.743							

注：表中省略了常数项，括号内为 t 值，*、**、*** 分别表示在 10%、5%和 1%的水平上显著。

法国、德国、荷兰、南非以及西班牙等国家（地区）外，其他国家（地区）的 $\ln(\varphi_F/\varphi_H)$ 变量均至少在 5%水平上显著。在 $\ln(\varphi_F/\varphi_H)$ 变量作用显著的国家（地区）中，绝大部分国家（地区）的 $\ln(\varphi_F/\varphi_H)$ 变量均显著为正，这表明该解释变量与被解释变量 $\ln(I_F/I_H)$ 之间均存在显著正相关关系，即一国（地区）流动性强的高级要素相对越稀缺，则要素流出国（地区）与流入国（地区）的收益比就越高。该结果验证了前文理论分析的结论，即要素稀缺性决定了要素所有者溢价能力，从而造成了直接投资收益的国家（地区）间差异。这一结果也与张幼文（2002，2005，2013）等一系列文献一脉相承。奥地利、丹麦、法国、卢森堡、南非、新西兰、瑞典、西班牙等国（地区）的 $\ln(\varphi_F/\varphi_H)$ 变量的偏回归系数为负，其原因可能与其自身产业结构特点及引资行业有关。以瑞典为例，其吸引外资的主要行业为医药化工，电力、燃气和供水以及木材加工与印刷等，其中医药化工的外资比重自 2000 年后持续下降，2000—2011 年其医药化工行业 FDI 存量占制造业 FDI 存量比重由 46.30%下降为 30.64%，电力、燃气和供水，及木材加工与印刷行业占比则逐年上升，分别由 9.74%和 5.08%上升至 17.73%和 13.84%。①与医药化工相比，这两个行业更偏向于资本和资源密集型特征，而本书的要素稀缺性指数是由劳均固定资本以及百万人中研发人员数综合而成，主要反映其资本、技术与高端人才等高级要素的相对稀缺性状况，因而可能导致该国（地区）该变量偏回归系数为负。当仅考虑劳均固定资本时，瑞典的 $\ln(\varphi_F/\varphi_H)$ 变量系数显著为正（详见书末附表 2）。其他系数为负的国家（地区）也存在类似情况，往往是资本与资源密集型行业的引资比重上升或其主要引资行业为资本与资源密集行业。②单独以劳均固定资本作为高级要素稀缺性的指标进行回归的结果，所有国家（地区）的 $\ln(\varphi_F/\varphi_H)$ 均为正数（详见附表 2）。

从 $\ln(\varphi_F/\varphi_H)$ 系数值大小看，在显著为正的国家（地区）中，偏回归系数值最高的国家是新加坡，其系数值为 1.429，最低的国家（地区）为墨西哥，其偏回归系数值为 0.115，说明样本国家（地区）中要素稀缺性变动 1%，要素收益比将同向变动的幅度最低为 0.115%，最高则达 1.429%。这反映出要素稀缺性对直接投资收益的弹性系数存在国家（地区）间差异（见图 4.10，具体排名详见附表 4）。

---

① 依据 OECD 数据库数据计算获得。

② 根据 OECD 数据库数据计算可知，与瑞典类似，法国、奥地利、西班牙等国（地区）电力、燃气及供水行业的外资比重增长幅度最大，而其原本 FDI 存量占比较大的化工产品等行业则存在较大的波动；丹麦、新西兰及南非等国（地区）的主要引资行业则集中于资本与资源密集型行业，如 2011 年丹麦最大的引资行业食品制造行业引资占比 37.38%，其次为机械制造业，占比 24.70%；新西兰的产业结构以农业及农产品加工产业为主，卢森堡以钢铁业为主，南非作为资源大国，也存在相似情形。

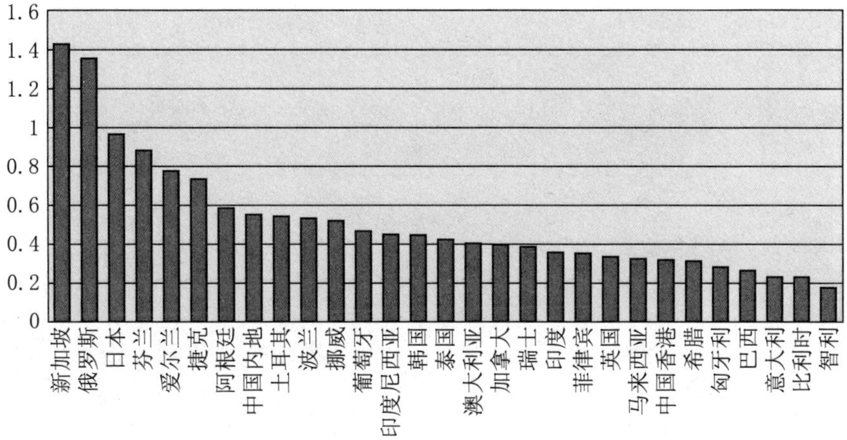

注：只涉及 $\ln(\varphi_F/\varphi_H)$ 变量弹性系数为正的国家（地区），其中芬兰、德国及荷兰 $\ln(\varphi_F/\varphi_H)$ 变量不显著。

图 4.10　各国（地区）要素稀缺性指数对直接投资收益比的弹性系数

另一个值得注意的现象是，当仅仅考虑资本要素时，所有国家（地区）$\ln(\varphi_F/\varphi_H)$ 变量弹性系数均小于 1（见附表 2 与附表 3），但是当加入反映技术与人力资本的百万人中研发人员数进行考察时，部分国家（地区）的弹性系数明显上升[如新加坡、俄罗斯、日本、芬兰、爱尔兰以及捷克等国家（地区）]，这说明技术与高端人才等生产要素稀缺性的变化对这些国家（地区）直接投资收益的影响较大，增加高级要素的供给量将促使这些国家（地区）在 FDI 流入中获取的收益显著上升（见表 4.10）。

表 4.10　仅考虑资本要素与综合考虑资本、技术与人才要素后各国（地区）$\ln(\varphi_F/\varphi_H)$ 系数对比

国家/地区	仅考虑资本要素的结果	加入技术与人才要素的结果	国家/地区	仅考虑资本要素的结果	加入技术与人才要素的结果
阿根廷	0.327	0.584	日　本	0.325	0.966
澳大利亚	0.349	0.405	韩　国	0.364	0.448
奥地利	0.383	0.045	卢森堡	0.358	−0.280
比利时	0.351	0.232	马来西亚	0.360	0.327
巴　西	0.414	0.267	墨西哥	0.407	0.115
加拿大	0.357	0.401	荷　兰	0.363	0.077

（续表）

国家/地区	仅考虑资本要素的结果	加入技术与人才要素的结果	国家/地区	仅考虑资本要素的结果	加入技术与人才要素的结果
智　利	0.378	0.177	新西兰	0.416	−0.250
中国内地	0.398	0.555	挪　威	0.321	0.522
捷　克	0.335	0.735	菲律宾	0.414	0.355
丹　麦	0.457	−1.254	波　兰	0.377	0.536
芬　兰	0.398	0.884	葡萄牙	0.351	0.470
法　国	0.400	−0.147	俄罗斯	0.352	1.357
德　国	0.375	0.123	新加坡	0.285	1.429
希　腊	0.331	0.317	南　非	0.482	−0.060
中国香港	0.329	0.320	西班牙	0.389	−0.028
匈牙利	0.384	0.284	瑞　典	0.465	−1.883
印　度	0.446	0.361	瑞　士	0.313	0.387
印度尼西亚	0.367	0.453	泰　国	0.357	0.426
爱尔兰	0.263	0.775	土耳其	0.311	0.543
意大利	0.330	0.235	英　国	0.356	0.335

注：奥地利、芬兰、法国、德国、荷兰、南非以及西班牙 $\ln(\varphi_F/\varphi_H)$ 不显著。

表 4.9 显示，要素实际投入比 $\ln(F/H)$ 在 10% 的水平上显著为正，系数值为 0.070，即要素流出国（地区）与流入国（地区）实际投入要素相对量增加 1%，将引起两国（地区）要素收益比上升 0.07%，这说明实际投入要素越多，则获取的要素收益也越高。该结果既验证了前文理论推导的结论，也与一般经济规律相符。

2. 时期变系数模型估计

构建时期变系数模型进一步考察 $\ln(\varphi_F/\varphi_H)$ 变量对收益国家（地区）间差异影响的时间变化趋势，回归结果如表 4.11 与图 4.11 所示：1996—2011 年间，$\ln(\varphi_F/\varphi_H)$ 历年的偏回归系数均为正数，且显著水平除 2000 年为 10% 之外，其他年份均在 5% 以上，这进一步证明了 $\ln(\varphi_F/\varphi_H)$ 与要素流出国（地区）和流入国（地区）之间收益比值之间存在正向关系。图 4.11 还显示，$\ln(\varphi_F/\varphi_H)$ 对被解释变量影响的系数随时间推移偏离横轴的距离也越远，说明要素稀缺性变量对国家（地区）间收益比值的影响存在日益增加的趋势。流出国（地区）与流入国（地区）的要素实际投入比变量 $\ln(F/H)$ 不显著。

表 4.11　时期变系数模型估计结果

ln(*F*/*H*)	−0.006 (−0.287)			
ln(φ_F/φ_H)	1996 年	0.221** (2.078)	2004 年	0.323*** (2.776)
	1997 年	0.317*** (2.692)	2005 年	0.239** (2.220)
	1998 年	0.299*** (2.821)	2006 年	0.345*** (2.827)
	1999 年	0.287** (2.327)	2007 年	0.320*** (2.720)
	2000 年	0.208** (2.002)	2008 年	0.263** (2.517)
	2001 年	0.190* (1.922)	2009 年	0.360*** (3.130)
	2002 年	0.328** (2.482)	2010 年	0.337** (2.946)
	2003 年	0.292*** (2.594)	2011 年	0.331*** (2.900)
样本观测值	636			
Ad.R^2	0.154			
F 值	4.623			

注：表中省略了常数项，括号内为 *t* 值，*、**、*** 分别表示在 10%、5%和 1%的水平上显著。

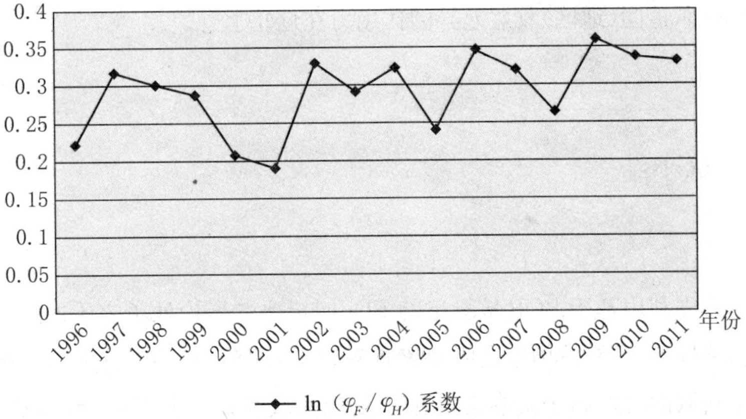

图 4.11　要素稀缺性变量作用的时期变动趋势

4.3.3 主要结论

本节基于第 3.3 节的数理模型，构建跨国面板数据模型，利用 1996—2011 年美国跨国公司在 40 个国家（地区）设立的海外分支机构的相关数据，对要素稀缺性与直接投资收益的国际差异进行实证分析。总体回归的结果表明，要素流入国（地区）高级要素相对稀缺性增加 1%的幅度，将引起要素流出国（地区）与流入国（地区）收益比值上升 0.286%。个体变系数模型的回归结果也表明，除少数国家（地区）不显著之外，40 个国家（地区）中绝大部分国家（地区）的高级要素稀缺性变量的偏回归系数均为正，这说明一国（地区）高级要素越稀缺，则要素流出国（地区）与该国（地区）收益比值就越大，二者存在正相关关系。实际投入的外国（地区）要素与东道国（地区）要素比的偏回归系数为正，说明外国（地区）相对东道国（地区）投入要素越多，其获得的收益与东道国（地区）收益比值也越大。此外，比较仅考虑资本要素与综合考虑资本、技术与人才要素后各国（地区）$\ln(\varphi_F/\varphi_H)$系数，在加入技术与人才要素后部分国家（地区）的弹性系数明显上升[如新加坡、俄罗斯、日本、芬兰、爱尔兰以及捷克等国家（地区）]，这说明技术与高端人才等生产要素对这些国家（地区）直接投资收益的增加具有十分明显的促进作用。时期变系数模型的结果还显示，1996—2011 年间要素稀缺性变量 $\ln(\varphi_F/\varphi_H)$历年的偏回归系数均显著为正，且其系数值存在逐渐扩大的趋势，说明一国（地区）高级要素相对稀缺性对投资国（地区）与东道国（地区）收益差异的作用力在逐年上升。

4.4 本章小结

本章首先利用基于 BOP 核算出的 FDI 回报率数据论证了由于发展中国家高级要素稀缺性高，而发达国家高级要素稀缺性低，因此，流动性强的高级要素在发展中国家获取的收益高于其在发达国家获取的收益。在此基础上，本章在第 3.3 节数理模型的基础上，构建了跨国面板数据模型，利用 1996—2011 年美国跨国公司在 40 个国家（地区）设立的海外分支机构的相关数据，对要素稀缺性与直接投资收益的国际差异进行实证分析。回归结果表明：要素流入国（地区）高级要素相对稀缺性增加 1%的幅度，将引起要素流出国（地区）与流入国（地区）收益比值上升 0.286%；40 个国家（地区）中除少数国家（地区）不显著之外，绝大部分国家（地区）的高级要素稀缺性变量的偏回归系数均为正，这说明一国（地区）高级要素越稀缺，则要素流出国（地区）与该国（地区）收益比值就越大；实际投入的外国（地区）要素与东道国（地区）要素比的偏回归系数为正，说明外国（地区）相对东道国（地区）投入要素越多，其获得的收益与东道国（地区）收益比值也越大；比较仅考虑资本要素与综合考虑资本、技术与人才要素后各国（地区）$\ln(\varphi_F/\varphi_H)$系数，在加入技术与人才要素后部分国家（地区）的弹性系数明显上升[如新加坡、俄罗斯、日本、芬兰、爱尔兰以及捷克等国家（地区）]，这说明技术与高端人才等生产要素对这些国家（地区）直接投资收益的增加具有十分明显的促进作用；1996—2011 年间要素稀缺性变量$\ln(\varphi_F/\varphi_H)$历年的偏回归系数均显著为正，且其系数值存在逐渐扩大的趋势，反映出一国（地区）高级要素相对稀缺性对投资国（地区）与东道国（地区）收益差异的作用力在逐年上升。

第5章 要素稀缺性与贸易收益的国际差异：理论研究

要素的稀缺性不仅决定了直接投资收益的国际差异，而且也是贸易利益国际差异形成的根本原因。贸易利益是一国通过进出口贸易为本国带来的国民收益。随着经济全球化的不断向前推进，当前的贸易方式早已不再仅仅局限于传统的最终产品贸易，要素的跨国流动不仅催生了中间品贸易，而且许多出口贸易本身成为直接投资的结果，这使得一国贸易利益的衡量也变得日益复杂，单纯依赖顺差额或者贸易条件均难以反映出一国的贸易利益。本章分别利用新新贸易理论与产业组织理论基本模型剖析生产要素稀缺性与出口产品溢价能力的关系，并针对不存在中间品进口的传统出口贸易、外资流入下的出口贸易、存在中间品进口的出口贸易以及外资流入下存在中间品进口的出口贸易四种不同情况下的贸易收益进行分析，指出在生产要素国际流动的情况下，外资出口与中间品进口同时并存(即第四种情况)是一国贸易的主要特征。继而针对外资出口与中间品进口并存的情况阐述高级要素稀缺性决定一国贸易利益的具体机理。

5.1 要素等级、出口产品质量与出口产品溢价能力

根据 Aiginger(2001)的观点，产品的品质包括耐用性、兼容性、配套服务以及使用灵活性等多个方面。它强调产品性能，及产品内的垂直差异性(施炳展、王有鑫和李坤望，2013)。新新贸易理论文献认为要素投入是决定出口产品质量的主要

原因(Acemoglu、Antràs and Helpman，2007；Jones，2009)。产品质量的提高能够使得厂商在不丢失市场份额的前提下抬高价格(Aiginger，2001)。Verhoogen(2008)、Hallak 和 Sivadasan(2009)以及 Krugler 和 Verhoogen(2012)等研究通过比较出口企业与非出口企业的产品质量，得出了出口企业产品质量更高，从而导致其产品价格更高的结论。本节利用新新贸易理论数理模型论证要素投入通过决定出口产品质量而影响出口产品溢价能力。

假设两个相同的国家各有一个垄断竞争的最终产品部门，各国代表性消费者对最终产品的消费存在如下不变替代弹性效用函数：

$$U=\left[\int_{\omega\in\Omega}(q(\omega)x(\omega))^{\frac{\sigma-1}{\sigma}}\mathrm{d}\omega\right]^{\frac{\sigma}{\sigma-1}} \tag{5.1}$$

其中，ω 表示产品种类，Ω 表示市场上所有产品种类集合；σ 是各产品种类之间的替代弹性参数，且 $\sigma>1$；$x(\omega)$为消费量；$q(\omega)$ 为 ω 种类产品的质量等级。

对消费者效用最优化可得对 ω 产品的需求，为：

$$x(\omega)=Xq(\omega)^{\sigma-1}\left(\frac{P_O(\omega)}{P}\right)^{-\sigma} \tag{5.2}$$

$P_O(\omega)$是产品 ω 的价格，P 是质量调整后的价格指数，X 为质量调整后的市场消费量。式(5.2)表明，需求数量随质量上升而增加，但随某种产品价格上升而减少。

设生产该产品的要素投入存在稀缺性差异，以 c 表示要素稀缺性水平的同时也反映其成本，c 的值越大则说明投入要素稀缺性越高，要素的等级也越高，成本与价格也将更高。假设要素市场完全竞争，且规模报酬不变，则 c 级要素价格 $p_I(c)$与其成本 c 相等。设 λ 为表示生产能力的参数，则最终产品生产部门的产量为：

$$F(n)=n\lambda^{a} \tag{5.3}$$

其中，n 为要素投入数量，a 为参数，反映的是 λ 降低单位成本的程度，$a>0$。式(5.3)意味着生产 1 单位的产出需要 $1/\lambda^a$ 的要素投入，即边际成本为 $P_I(c)/\lambda^a$。

最终产品生产厂商基于投入要素稀缺性 C，产品价格 P_O 进行最优决策，厂商利润函数为：

$$\pi(P_O, c; \lambda) = \left(P_O - \frac{p_I(c)}{\lambda^a}\right)x \tag{5.4}$$

其中 x 等于式(5.2),依赖于质量 q 与产品价格 P_O。设 λ 与 c 互补,共同决定产品质量等级,如下式所示:

$$q = \left[\frac{1}{2}(\lambda^b)^\theta + \frac{1}{2}(c^2)^\theta\right]^{\frac{1}{\theta}}$$

其中 θ 为反映 λ 与 c 相互互补性程度的参数,且小于 0,负得越大意味着 λ 与 c 互补程度越高。

对厂商求利润最大化条件,得:

$$c^*(\lambda) = p_I^*(\lambda) = \lambda^{\frac{b}{2}} \tag{5.5}$$

$$q^*(\lambda) = c^*(\lambda)^2 \tag{5.6}$$

$$P_O^*(\lambda) = \left(\frac{\sigma}{\sigma-1}\right)\frac{p_I^*(\lambda)}{\lambda^a} = \left(\frac{\sigma}{\sigma-1}\right)\frac{c^*(\lambda)}{\lambda^a} \tag{5.7}$$

从式(5.6)可以看出,出口产品的质量等级由投入要素的稀缺性水平决定,投入要素稀缺性越高,则出口产品质量等级越高,二者存在正向关系。式(5.7)则表明,投入要素的稀缺性高低还决定了出口产品的价格,投入要素稀缺性越高,则厂商能够对出口产品制定更高价格,即出口产品的溢价能力更强,反之亦反是。

5.2 要素稀缺性、厂商数目与产品溢价能力

第 5.1 节利用新新贸易理论模型论证了要素稀缺性决定了出口产品质量和出口产品溢价能力。本节以产业组织理论的纵向关系模型为基础,分析生产要素稀缺性差异通过影响厂商数目从而决定厂商溢价能力的作用机理。

5.2.1 厂商数目与产品溢价能力

假设一国代表性出口企业的利润函数为:

$$\pi = pq - p_A q - c_L q - F \tag{5.8}$$

式(5.8)中，P_A 为中间产品的价格，C_L 为生产单位产品的人工成本，F 为固定成本，利用式(5.8)求企业利润最大化条件，即两边对产量 q 求导，得：

$$\frac{\mathrm{d}\pi}{\mathrm{d}q}=p\left(1+\frac{\mathrm{d}p}{\mathrm{d}q}\frac{q}{p}\right)-p_A-c_L=0$$

假设整个世界市场有 n 个相同厂商出口该产品，将这些国家出口企业的利润最大化条件加总，则得：

$$p\left(1-\frac{1}{nE_d}\right)=p_A+c_L \tag{5.9}$$

根据式(5.9)，可以得到一国企业利润最大化的价格超过边际成本的程度，即勒纳指数：

$$\frac{p-mc}{p}=\frac{1}{nE_d} \tag{5.10}$$

式(5.10)中，E_d 为市场需求弹性，nE_d 为单个厂商的出口需求价格弹性，该式反映了该国出口商的垄断势力大小，即其出口产品价格能在多大程度上超过边际成本，且该价格能够保证其利润最大化。从式(5.10)中可以看出，一国出口产品的溢价能力与其需求价格弹性成反比，而单个厂商的需求价格弹性是国际市场同类产品出口厂商数量与市场需求价格弹性的乘积，也就是说，一国出口商的需求价格弹性以市场需求价格弹性为下限。当国际市场中厂商的数量 n 越多时，单个厂商的需求价格弹性则越大，其产品的溢价能力就越小；而当 n 越小时，单个厂商的需求价格弹性就越小，其溢价能力就越大。由此可见，出口同类产品的厂商数目 n 是决定一国厂商的需求价格弹性继而决定其溢价能力的主要因素。新产业组织理论的研究也支持这一结论，Cowling 和 Waterson(1976)利用博弈论分析工具，从理论上证明了勒纳指数与市场集中度之间存在正向关系，市场集中度越高则勒纳指数也越大。Khalilzadeh Shirazi(1974)及 Go、Kamerschen 和 Delorme(1999)等研究也为此提供了经验支持。

5.2.2　要素稀缺性与厂商数量

在经济学理论中，厂商数目的多少本身就是市场垄断程度的标志之一，如

表 5.1 所示,垄断程度和进入壁垒越高的市场,厂商的数量也越少,反之亦反是。而关于进入壁垒的来源,平狄克和鲁宾菲尔德(1997)认为主要包括专利、版权、政府特许以及规模经济;波特(1997:11)则将其细化为规模经济、产品差异化、资本需求、转换成本、获得分销渠道以及与规模经济无关的成本劣势(如先入者拥有专有技术、封锁了原材料来源、学习曲线等)。综合而言,进入壁垒主要包括以下几种情况:第一,产品的差异化;第二,厂商控制了投入要素,投入要素缺乏替代性;第三,规模经济;第四,政府的特许。可见,除第四种情况下垄断来自政府的行政命令之外,其他三种情形与技术、人才、营销渠道等稀缺程度较高的高级生产要素均存在着密切的联系。

表 5.1　市场结构与企业数量

市场竞争程度	企业数量	影响价格能力	进入壁垒
完全竞争	无数	没有	没有
不完全竞争:垄断竞争	很多	一点	小
寡头垄断	较少	中等	较高
完全垄断	一个	很大	很高

资料来源:戴维·贝格、斯坦利·费希尔、鲁迪格·多恩布什:《经济学》,齐鹰飞、胡蓉译,东北财经大学出版社 2009 年版,第 165 页。

第一,“如果一个企业能够提供给顾客某种具有独特性的东西,那么它就具有了有别于其竞争对手”的差异化,“原材料采购和其他投入能够影响最终产品的性能,并由此而影响经营歧异性”。(迈克尔·波特,1997:123)专有技术、人力资源(高端人才)与管理等要素均构成产品差异化来源。(迈克尔·波特,1997:125)Nelson 和 Winter(1982)的研究证实,研发行为促使产品差异化并使得竞争弱化,而正如 Arrow(1962)所强调的,研发行为本身是以知识作为投入的。

第二,生产周期长、投入成本高的高级要素与初级要素相比往往更缺乏替代性,例如营销渠道,“现有竞争对手们对它们的控制越多,产业进入就将越艰难”(迈克尔·波特,1997:9)。

第三,规模经济效应使得先行进入者能够获取更低的平均成本,从而排除了其他竞争者进入该行业的可能,而这种规模经济效应必须要厂商达到一定规模才能实现,在此之前需要投入巨大成本并要承受亏损,因此,拥有大量资本是这类垄断行业最重要的决定因素。

总而言之，厂商数目的多少与产品的投入要素直接相关，相对于投入要素稀缺性较低的产品市场而言，以资本、技术、营销渠道、高端人才以及品牌等高级要素作为主要投入的产品，因具有更高的进入壁垒，其厂商数目也相对更少。在国际贸易中同样如此，以稀缺程度更低的初级要素为主要投入的产业，进入壁垒低，因此参与出口的国家也较多，而以稀缺性高的高级要素生产的产业，进入壁垒也高，参与的国家也越多。

5.3　要素稀缺性与不同贸易类型的国民收益

本章第 5.1 节与第 5.2 节论证了投入要素稀缺性水平决定出口产品质量和出口产品溢价能力。出口产品的溢价能力大小直接影响了一国贸易利益，本节在区分不同贸易类型的基础上，分析论证存在生产要素国际流动的情况下，外资出口与中间品进口并存是一国国际贸易的主要特点。由此论证在外资流入和中间品进口并存的情况下，一国高级要素稀缺性与贸易收益的关系。

5.3.1　当前国际贸易主要类型及特点

传统的国际分工下，一国出口的产品涉及的所有环节均在一国境内由本国要素生产，传统国际贸易理论以一国的出口总额来衡量其贸易利益符合当时的国际贸易特点。然而，随着直接投资成为世界经济主要特征，一国的出口产品中还包括了本国要素与流入的外国生产要素共同生产的产品，那么一国的出口总额中必然还包含了外国要素的收益；当一国融入全球价值链分工，在一种产品的生产中承担了某个环节，那么其出口贸易规模扩大的同时必然也伴随着大量的中间品进口，一国的出口总额中必然包含着从别国进口的中间品的价值；特别是当一国进口的中间产品正是来自其直接投资的来源国时，以出口总额或贸易差额衡量贸易利益将大大低估投资国的实际贸易利得。考虑到不同类型出口贸易的形成机理存在巨大差异，一国出口的贸易收益及其衡量指标也有所不同，本书将现有的出口贸易分为四种类型，针对每一种出口贸易的国民收益与生产要素稀缺性的关系分别进行论述，具体如表 5.2 所示。

表 5.2 主要出口贸易类型及其形成特点

贸易类型	形成机理	主要特点
不存在中间品进口的贸易	传统国际分工	出口产品完全由本国生产要素投入产出
存在中间品进口的贸易	全球价值链分工	出口产品的中间投入来自国外进口
外资流入下的贸易	直接投资的贸易创造效应	外资企业的出口，中间投入来自东道国
外资流入下存在中间品进口的贸易	全球价值链分工与直接投资	外资出口产品的中间投入来自投资国

为便于后续对贸易利益的进一步分析，四种贸易出口类型相互之间没有交叉，即存在中间品进口的贸易(第二种贸易类型)不包含外资流入下中间品进口的贸易(第四种贸易类型)。

5.3.2 要素稀缺性与贸易的国民收益

沿用本章式(5.8)表示一国出口企业利润函数，由于本书的主要目的在于考察国家之间的贸易利益差异，为简化研究，将一国代表性出口企业的收益视为该国的贸易收益，即一国贸易收益通过其代表性出口企业的收益来反映。①对式(5.8)进行简单变形，可以得到销售收益表达式：

$$R = pq = \pi + p_A q + c_L q + F \tag{5.11}$$

q 为一国出口规模，假设企业所得税为 t，则可进一步对式(6.11)进行分解：

① 由于国内企业的出口价格反映为公式中的 p，而出口数量上，无论国内出口企业的出口数量是否相同都包含在公式 q 中，一个国家在国际市场的溢价能力实际上就是该国出口企业的溢价能力的反映，该简化并不影响结论。

$$R = \underbrace{(1-t)\pi + F}_{\text{资本收益}} + \underbrace{t\pi}_{\text{政府税收}} + \underbrace{p_A q}_{\text{中间投入品收益}} + \underbrace{c_L q}_{\text{劳动者报酬}} \tag{5.12}$$

如上式(5.12)所示,一国出口收益根据收益归属,主要可以分为资本收益、政府税收、中间投入品收益以及劳动者报酬等四个部分。在不同的贸易类型下,四个部分收益的国别属性也有所差异,要素稀缺性对贸易收益的影响也有所不同。

1. 不同贸易类型下的贸易收益

(1) 不存在中间品进口的贸易收益。

在不存在中间产品进口的贸易类型下,中间产品 A 来自出口国国内,因此式(5.12)中中间产品的销售收益归属于出口国。由于生产要素均为出口国自身所有,因此,资本要素收益及劳动者报酬也全部属于出口国的国民收益。此外,出口国政府还获得税收部分收益。因此,这种贸易类型出口下的贸易收益为:

$$R = pq \tag{5.13}$$

(2) 存在中间品进口的贸易收益。

当一国出口产品生产所需的中间产品 A 来自国外进口时,则式(5.12)中中间品 A 的销售收入将归属于进口来源国,本国获取的贸易收益需要在出口收入中将中间品的收益扣除,即本国获得贸易收益①:

$$R = pq - p_A q = (p - p_A)q \tag{5.14}$$

从上式(5.14)可以看出,在存在中间品进口的情况下,贸易收益的实质即为该国的贸易增加值。

(3) 外资流入下的贸易收益。

外资流入下的出口是外国要素与本国要素合作生产的产品出口,因而出口国获得的出口总额需要在本国要素与外国要素之间进行分割,才能厘清本国从中获得的真实贸易收益。在这种贸易模式下,一国的贸易收益将以其获取的直接投资收益为基础,当外资企业生产的产品全部用于出口时,其贸易收益是其获取的直接投资收益再加上中间投入品收益[如(5.8)式所示],即在增加值中的本国要素报酬

① 通常一国出口产品的中间投入往往部分来自进口,部分来自国内,一般情况下,可以在公式中加入国内中间品加以考虑,但由于删除国内中间品部分并不影响本书结论,因此,此处为简化模型,假定中间品完全进口。

基础上再加上 $p_A q$。投资国将从本国出口中获取的收益部分为$(1-t)+F$，该部分收益越多，本国的贸易收益就相应越少。中间品 A 由于来自国内厂商，因此，其销售收益 $p_A q$ 也构成本国贸易收益的一部分，该收益越高，则本国贸易收益越高。

$$R = pq - (1-t)\pi - F = p_A q + c_L q + t\pi \tag{5.15}$$

(4) 外资流入下存在中间品进口的贸易收益。

当一个经济体存在中间品进口和外资经济时，意味着出口企业的中间投入品来自进口，本国的贸易收益将等于出口收入扣除中间品销售收入和外国要素收益后的余额，即：

$$R = pq - p_A q - (1-t)\pi - F \tag{5.16}$$

值得注意的是，在这种情况下，假如中间品进口来自投资国，则式(5.16)中的 $p_A q$ 部分归属于投资国，投资国获得的收益除了税后营业盈余和折旧部分之外，还增加了对东道国出口的中间投入品收益。

2. 要素稀缺性与贸易收益

随着经济全球化的不断深入，中间品贸易与生产要素的国际流动成为各国普遍的经济现象。零部件贸易是用于衡量中间品贸易的一般指标(WTO, 2013)，从零部件出口在制成品出口中的比重看(如表 5.3 所示)，2011 年北美、中南美洲、欧洲以及亚洲的中间品贸易比重已经分别达到 26.10%、17.10%、21.80%和31.10%，中间品贸易已经成为各国贸易的重要组成部分。而与此同时，生产要素国际流动也使得外国生产要素在各国经济中发挥着重要作用，据 UNCTAD 统计，2013 年全球 FDI 存量已经占到 GDP 总量的 34.30%。①

由此可见，在生产要素国际流动的情况下，外资流入与中间品贸易将构成其经济的主要特征，一国的贸易类型将具备前文分析中的第四种类型的特点，即属于外资流入下存在中间产品进口的情况，则一国贸易利益表达式为式(5.16)，对式(5.16)进行整理，得到：

① 数据来自 UNCTAD 官方网站：http://unctad.org/en/Pages/DIAE/World%20Investment%20Report/Annex-Tables.aspx。

表 5.3　1990—2011 年各地区制成品出口中零部件出口比重

	占制成品出口比重(%)	占地区内制成品出口比重(%)	占地区间制成品出口比重(%)
北　美			
1990 年	33.50	35.50	32.10
2000 年	35.20	32.70	38.20
2011 年	26.10	28.10	24.10
中南美洲			
1990 年	20.00	15.90	21.00
2000 年	19.00	16.90	20.50
2011 年	17.10	17.10	17.00
欧　洲			
1990 年	22.60	22.40	23.00
2000 年	24.20	23.10	26.90
2011 年	21.80	21.20	23.00
亚　洲			
1990 年	27.60	33.30	24.50
2000 年	35.40	43.10	28.40
2011 年	31.10	38.30	22.90

资料来源：UNCTAD, *World Trade Report 2013*, New York and Geneva: United Nations: 79.

$$R=(p-p_A)q-[(1-t)\pi+F] \tag{5.17}$$

其中，$(1-t)\pi+F$ 为一国出口中包含的外国要素收益。由式(5.17)可知，一国贸易收益取决于$(p-p_A)q$ 和$(1-t)\pi+F$ 两部分的大小。在$(p-p_A)q$ 一定的情况下，$(1-t)\pi+F$ 部分越大，则贸易收益越小，由于该部分外国要素收益来自外资出口，其大小取决于外国与本国的直接投资收益相对大小，如第 3 章与第 4 章所述，该收益部分与要素流入国(出口国)流动性强的高级要素相对稀缺性呈同向关系，即该国高级要素稀缺性越高则外国要素获取的收益就越多，由此可以进一步推知，假定$(p-p_A)q$ 不变的情况下，一国贸易收益与该国高级要素稀缺性呈反向关系，该国高级要素稀缺性越高，则其获取的贸易收益越低，反之亦反是。

$(p-p_A)q$ 部分为一国出口产品价格与进口中间品价格之差与出口量的乘

积,该部分大小一方面取决于出口数量 q,另一方面取决于出口产品与进口中间品的价格差,即单位产品的本国增值。假设 $(1-t)\pi+F$ 为常数,对式(5.17)两边分别对 q 求导,得到:

$$\frac{p-p_A}{p}=\frac{1}{nE_d} \tag{5.18}$$

式(5.18)中 n 为国际市场出口同类产品国家数量,nE_d 为单个厂商的需求价格弹性。

从式(5.18)可以看出,一国贸易收益最大化时该国出口产品价格超过进口中间品价格 p_A 的幅度取决于 nE_d。nE_d 越小,则 $(P-P_A)$ 越大。根据第 5.2 节的分析,单个厂商的需求价格弹性 nE_d 取决于投入要素的稀缺性,以资本、技术、营销渠道、高端人才以及品牌等高级要素作为主要投入要素的产品,由于具有更高的进入壁垒,其厂商数目也相对更少,nE_d 的值也相对较小;以一般劳动力等稀缺性低的要素为主要投入的产品,其厂商数目也更多,从而 nE_d 的值也相对更大。由此可知,投入要素的稀缺性高低决定了 $(p-p_A)q$ 的大小,该国出口产品投入的要素稀缺性越高,$(p-p_A)q$ 也越大;反之,如果该国出口产品投入要素稀缺性越低,则 $(p-p_A)q$ 也越小。根据比较优势理论与要素禀赋理论,一国出口产品或承担的生产环节所密集使用的生产要素为该国丰裕要素,该国高级要素丰裕则其出口产品生产中高级要素投入比例也越高,反之亦反是。因此,从根本上说,一国高级要素的相对稀缺性决定了 $(p-p_A)q$,从而决定该国贸易收益,一国高级要素稀缺性越高则其出口产品将为初级要素密集型,$(p-p_A)q$ 越小,其贸易利益就越低;反之,其高级要素稀缺性越低则其出口产品将为高级要素密集型,$(p-p_A)q$ 越大,其贸易利益就越高。

综上所述,在生产要素国际流动下,一国高级要素的相对稀缺性决定贸易收益大小,高级要素稀缺性越高,则该国出口产品与其进口中间品差价越小,出口中包含的外国要素收益部分越多,从而该国的贸易收益就越小;高级要素稀缺性越低,则该国出口产品与其进口中间品之间差价越大,出口中包含的外国要素收益部分越少,则该国的贸易收益就越大。

5.4　本章小结

本章基于新新贸易理论与产业组织理论基本模型剖析了要素稀缺性与贸易收益的关系，论证了要素稀缺性决定出口产品质量和厂商数目，继而对出口产品溢价能力产生影响的基本机理。在区分不存在中间品进口的传统出口贸易、外资流入下的出口贸易、存在中间品进口的出口贸易以及外资流入下存在中间品进口的出口贸易四种不同的贸易方式的情况下，详细阐明了高级要素稀缺性与一国贸易利益的关系，指出生产要素国际流动下，中间产品进口与外资出口并存是一国贸易的主要特点，一国高级要素稀缺程度越高，则其出口产品与进口中间品差价越小，出口中包含的外国收益部分越多，从而导致本国贸易收益较少；一国高级要素稀缺性越低，则该国出口产品与其进口中间品之间差价越大，出口中包含的外国要素收益部分也越少，则该国的贸易收益就越大。

第6章
要素稀缺性与贸易收益的国际差异：经验分析

本章将利用40个国家(地区)的美国跨国公司微观数据,在第4章对直接投资中本国(地区)收益与外国(地区)收益的分割基础上,将OECD公布的贸易增加值指标中外国(地区)要素收益部分扣除,得到一国(地区)的贸易收益。在此基础上建立计量模型考察要素稀缺性对一国贸易收益的影响。

6.1 要素流动下贸易利益的衡量

传统国际贸易理论往往利用贸易条件与贸易差额指标来衡量一国贸易利益,这些衡量指标适用于以产品为分割单位的贸易利益分析,在传统国际分工下具有重要意义,但是生产要素国际流动已经使得各国经济的融合深入产品的生产投入源头,各国出口的产品不再由单个国家生产,而是多国要素合作生产的结果。在此情况下,传统的贸易利益指标难以反映一国的真实贸易利益。联合国贸易与发展会议(UNCTAD)与经合组织(OECD)提出了“贸易附加值”指标,该指标能够剔除属地意义上本国出口中实现的外国增加值部分,相较于传统方法具有较大创新,但该指标依然是按照地理意义上的贸易利益划分,没有将外国在本国创造并获取的收益从贸易附加值中分离出来。具体而言,针对第5章划分的四种情况,第一种不存在中间品进口的贸易与第二种存在中间品进口的情况下,利用出口中包含的本国贸易增加值指标能够较好地反映出一国的真实贸易收益,但是当一国存在外资流入的第三种与第四种贸易出口时，则其贸易增加值中必然包含了外国要素所获取的收益，利用贸易增加值代表该国贸易收益将造成明显的高估，因此，对于存在外资流入的经济体而言，只有在贸易增加值指标中扣除外国要素获取的收益部分，才能得到本国的贸易收益。

要在贸易增加值中扣除外国要素获取的收益部分，关键在于核算各国出口中所包含的外国要素收益部分数据。从现有相关研究来看，周琢和陈钧浩(2013)在利用中国外资企业的微观数据对外国要素收益与本国要素收益进行分割的基础上乘以外资出口比重获取了中国出口中的外国要素收益部分，黎峰(2014)则利用中国属地意义的贸易增加值乘以各行业中外股权比例的方式分离本国贸易收益与外国贸易收益。这些研究在方法上具有重要启示意义，但前者属于国别研究，难以说明普遍规律，后者则将行业股权比例视为本国贸易收益与外国贸易收益比，不够准确。本节将在直接投资收益分割的基础上，利用 40 个国家(地区)的美国跨国公司微观数据，核算出该 40 个国家(地区)的贸易收益，为第 6.2 节的经验分析奠定基础。

从式(5.10)可以看出，要核算出一国的贸易收益，必须获得两部分数据，一是$(p-p_A)q$，二是$(1-t)\pi+F$。前者是本国出口额扣除中间品进口额的剩余，即出口中包含的本国贸易增值部分，该部分需要首先核算出贸易增加值中本国增值部分；而后者则是本国出口中包含的外国要素收益，该部分主要是外国要素与本国要素合作生产并进行出口而产生，是外国要素获取的直接投资收益的一部分(部分出口)或全部(全部出口)。本书首先核算出$(1-t)\pi+F$部分，然后再在本国贸易增加值中扣除该部分外国收益，从而得到本国真实的贸易收益。

在第 5 章中，本书已经利用 40 个国家(地区)的美国跨国公司微观数据，对美国要素收益与各要素流入国的收益进行了分割，但只涉及直接投资收益，考虑到外资企业生产的产品并非完全出口，因此，本书利用美国在 40 个国家(地区)获取直接投资收益乘以 40 国的美国跨国公司出口比重，从而核算出该 40 个国家(地区)出口中包含的美国收益部分(结果详见附表 5)。但由于美国只是这 40 个国家(地区)的投资国之一，该 40 个国家(地区)出口中显然还包含其他投资国的收益，因此仅仅扣除出口中的美国收益部分依然难以获得该国(地区)的真实贸易收益。鉴于缺乏该 40 个国家(地区)所有投资国的相关数据，本章利用 40 国(地区)出口中的美国收益除以 1995—2011 年间该 40 个国家(地区)中美国 FDI 存量平均占比，推算出 40 个国家(地区)出口中包含的所有外国要素的收益，结果如表 6.1 所示。从

表 6.1　40 国/地区出口中包含的外国要素收益部分

（单位：百万美元）

国家/地区 \ 年份	1995	1996	1997	1998	1999	2000	2001	2002	2003	2004	2005	2006	2007	2008	2009	2010	2011
阿根廷	541.44	383.04	758.05	914.15	686.65	764.61	525.72	176.45	469.60	561.21	511.48	627.59	—	884.32	531.82	824.96	1 267.62
澳大利亚	849.54	1 102.35	1 135.21	972.65	1 327.51	1 334.34	1 161.78	1 037.91	1 035.86	1 269.35	1 173.06	1 770.81	1 810.39	1 374.74	995.81	1 216.24	1 198.55
奥地利	99.40	—	511.72	444.89	508.32	194.04	93.01	78.45	73.84	130.10	170.19	179.67	210.17	175.16	168.50	206.94	200.80
比利时	3 296.70	2 965.89	3 132.61	3 035.28	3 301.06	3 548.15	2 308.84	2 492.02	2 951.11	3 225.54	1 083.66	1 628.96	1 627.60	2 097.29	1 557.04	2 598.84	2 531.52
巴　西	3 837.48	3 737.72	4 766.23	3 147.98	2 370.64	2 932.11	2 439.82	1 521.16	1 347.28	1 694.04	1 232.53	1 819.66	2 458.25	3 146.46	2 668.44	2 664.25	2 962.41
加拿大	5 641.42	5 108.57	6 259.96	5 450.61	9 686.90	9 801.62	8 439.43	7 646.32	7 498.83	8 212.09	8 333.82	8 712.07	8 273.99	8 468.58	5 850.93	9 070.99	10 506.11
智　利	196.96	147.16	150.72	153.60	76.47	110.46	114.91	76.19	82.38	106.49	101.36	129.68	213.21	280.30	252.89	281.08	433.05
中国内地	1 447.01	1 292.36	2 506.71	2 053.73	3 172.23	3 376.98	2 642.02	2 613.52	2 827.50	3 513.21	3 899.74	4 207.65	3 486.70	4 447.15	5 542.21	8 087.71	7 143.60
捷　克	—	—	—	—	—	228.84	298.30	70.95	75.33	420.20	161.33	198.53	282.66	420.40	381.96	580.26	658.95
丹　麦	33.37	—	24.06	61.70	54.84	74.56	11.70	67.10	61.35	79.63	95.74	115.04	144.97	129.29	—	—	282.09
芬　兰	50.77	300.49	184.40	348.49	138.80	246.74	173.25	118.79	63.49	—	818.50	653.61	724.74	414.17	—	—	293.98
法　国	2 835.67	2 760.70	2 728.31	2 630.14	4 619.95	3 853.73	3 326.55	2 558.59	2 886.36	3 014.64	3 204.38	3 138.54	3 926.96	3 689.37	2 682.58	3 304.21	3 509.37
德　国	3 484.46	3 126.23	3 303.19	2 906.57	3 765.52	3 006.52	2 628.79	2 174.94	2 007.33	2 834.25	3 281.40	3 939.96	4 147.52	4 162.69	3 408.23	3 315.27	2 693.15
希　腊	—	13.21	12.06	32.05	34.12	56.08	21.31	7.17	13.70	22.03	11.54	—	—	—	1 693.33	1 785.41	1 727.90
中国香港	1 990.95	2 097.04	2 037.37	1 279.57	1 566.48	2 718.45	2 368.10	329.00	666.64	795.33	3 415.30	3 214.21	3 277.18	3 397.19	3 325.37	1 123.35	1 201.29
匈牙利	—	—	—	—	103.01	105.36	199.67	296.08	474.29	288.90	132.94	253.88	499.33	263.22	424.48	214.91	491.66
印　度	28.39	66.55	77.95	89.05	142.56	177.85	241.20	228.28	246.73	219.86	164.55	226.19	326.64	399.75	424.66	478.03	472.57
印度尼西亚	54.69	89.10	137.82	90.77	76.17	95.58	112.31	123.49	129.70	—	216.72	—	372.22	416.80	342.32	770.80	855.58
爱尔兰	468.59	439.50	656.81	683.16	969.53	733.27	668.10	1 088.16	938.09	993.89	844.34	1 320.78	1 764.58	1 023.12	1 242.56	2 770.54	4 598.62
意大利	705.22	789.39	1 053.46	786.59	2 553.52	2 180.27	1 533.09	1 316.11	2 711.11	2 796.44	1 923.05	2 425.35	2 771.58	2 133.71	872.40	912.03	1 080.98
日　本	744.17	919.43	698.95	481.51	929.76	1 316.05	1 357.59	862.80	894.37	1 097.01	603.26	612.15	660.53	552.17	735.81	997.44	878.65

（续表）

国家/地区 \ 年份	1995	1996	1997	1998	1999	2000	2001	2002	2003	2004	2005	2006	2007	2008	2009	2010	2011
韩　国	274.74	620.54	337.23	289.20	438.92	468.68	288.89	356.54	428.36	585.01	369.89	602.97	495.31	400.92	349.60	495.03	519.95
卢森堡	—	5.52	6.90	6.74	2.31	—	3.98	4.75	15.38	—	47.12	6.29	19.07	36.77	—	—	—
马来西亚	1 610.13	1 884.46	2 060.44	686.67	1 391.05	841.59	539.23	668.35	622.44	641.69	658.68	1 179.22	828.41	1 131.12	1 221.72	1 486.10	910.80
墨西哥	3 367.26	5 364.17	6 037.27	6 829.85	7 807.60	6 912.70	6 641.29	6 361.38	6 319.85	5 963.17	5 817.73	6 551.86	6 674.36	8 002.12	5 772.19	6 905.19	7 246.60
荷　兰	443.10	363.88	535.79	498.43	493.86	693.67	645.04	529.41	584.77	518.40	411.57	395.24	418.56	372.18	317.72	166.71	196.22
新西兰	47.31	71.41	133.84	30.14	—	66.75	39.72	29.76	47.24	66.36	76.40	90.35	142.31	192.85	46.25	53.89	51.43
挪　威	10.63	25.21	38.11	46.03	265.78	96.22	135.13	215.39	219.66	299.02	536.86	199.99	168.01	126.90	165.46	127.82	916.96
菲律宾	356.14	436.84	485.32	550.59	757.53	684.83	466.88	400.10	410.59	454.07	447.86	516.53	564.35	540.61	497.80	298.62	108.12
波　兰	—	—	—	—	41.28	226.19	349.74	315.71	336.60	362.26	404.67	460.40	505.67	482.73	274.30	484.49	428.69
葡萄牙	209.65	120.21	156.37	129.09	109.43	—	245.60	303.17	263.53	163.78	780.68	—	—	43.61	—	—	95.77
俄罗斯	—	—	—	—	−9.33	4.40	—	43.86	64.14	14.85	13.36	88.86	250.17	710.14	—	222.48	240.87
新加坡	1 342.05	1 907.04	2 054.57	1 501.30	2 082.38	3 305.70	1 925.05	1 947.51	2 430.13	2 318.30	1 932.78	2 801.89	3 364.41	2 618.35	2 251.95	2 585.47	4 226.98
南　非	250.08	214.35	212.58	138.66	140.05	—	148.07	313.76	297.32	540.72	330.45	479.46	—	266.21	—	850.63	808.41
西班牙	508.34	442.39	572.78	581.07	373.60	396.98	296.79	287.11	275.59	440.68	418.09	429.33	633.45	625.30	401.04	1 043.82	893.09
瑞　典	72.29	68.59	104.92	142.90	100.56	131.02	57.88	45.10	420.86	64.25	18.63	52.80	119.39	34.16	−47.06	64.49	48.81
瑞　士	250.44	194.08	165.39	179.89	192.28	631.71	218.23	215.79	292.44	437.58	710.36	942.00	1 466.01	1 295.67	1 587.82	1 403.24	1 252.29
泰　国	565.19	740.37	634.38	1 187.19	827.53	664.05	876.25	719.33	834.52	741.67	721.53	820.73	1 307.81	1 296.17	1 807.11	1 928.87	1 539.56
土耳其	708.91	—	—	—	—	898.00	826.90	—	159.24	250.37	465.50	—	812.80	1 005.70	1 311.58	—	—
英　国	1 947.69	1 977.62	1 390.04	1 463.40	2 993.42	2 965.03	2 014.50	1 873.87	1 917.06	2 237.37	2 352.45	2 267.43	2 323.85	2 562.22	1 956.70	2 264.79	2 547.04

资料来源：作者根据 OECD 数据库、世界银行 WDI 指数以及毕马威官方网站数据计算得出。

2011年数据看，加拿大、中国、爱尔兰、墨西哥以及新加坡等国家(地区)出口中包含的外国(地区)收益均超过40亿美元。

在OECD公布的40国(地区)出口中包含的本国贸易增加值部分中扣除推算的外国(地区)要素收益，则能获得该40国(地区)出口的真实贸易收益。具体结果如表6.2所示。1995年贸易收益最多的国家为日本，2005年德国成为贸易收益总量最大的国家，2008年后随着中国内地出口规模的不断扩大，中国内地在40国(地区)中贸易收益规模排名跃居第一位，但从本国增加值占总出口比重看，中国内地由于总出口基数较大，因此该项排名并不靠前，2008年和2009年中国内地分别位列第21名和第18名(详见附表7)。对比扣除外国(地区)要素收益前后本国(地区)贸易增加值比重，2009年中国香港的差异最大，前后相差近33%，希腊扣除外国收益前后的本国增加值比重也相差将近9%(见表6.3)。

6.2 要素稀缺性决定贸易收益差异的经验分析

6.2.1 实证模型构建与数据说明

1. 模型构建

根据第5章的理论分析，在存在中间品贸易及外资流入的情况下，一国贸易收益可表示为：

$$R=(p-p_A)q-[(1-t)\pi+F]$$

假设x表示一国高流动性要素相对稀缺性，第5章理论分析已经表明：$(p-p_A)q$与x呈反比，与一国出口数量q成正比；$-(1-t)\pi+F$与x也呈反比。由此一国贸易收益R可表示为：

$$R=\frac{aq}{x}+\frac{b}{x} \tag{6.1}$$

式中，a、b为常数，对式(6.1)两边取对数，得：

$$\ln R=\beta_1\ln x+\beta_2\ln q \tag{6.2}$$

表 6.2 扣除外国/地区要素收益后的 40 国/地区贸易收益

（单位：百万美元）

排名	1995 年		2000 年		2005 年		2008 年		2009 年	
1	日本	384 692.03	日本	396 194.35	德国	563 146.20	中国内地	871 514.45	中国内地	736 421.69
2	德国	356 416.04	德国	330 027.98	日本	465 316.64	德国	813 948.01	德国	632 787.57
3	法国	186 387.83	法国	184 035.77	中国内地	437 914.36	日本	565 904.23	日本	435 813.59
4	意大利	165 737.28	中国内地	177 068.82	法国	274 026.02	意大利	388 725.89	意大利	303 944.70
5	英国	159 804.81	英国	175 217.07	意大利	244 618.95	法国	350 387.43	法国	283 560.82
6	加拿大	107 364.58	意大利	162 043.13	英国	213 993.35	英国	267 927.48	英国	215 074.90
7	中国内地	99 458.39	加拿大	134 029.38	加拿大	169 257.78	俄罗斯	230 876.46	韩国	183 502.00
8	韩国	88 789.66	韩国	108 447.82	韩国	159 248.31	韩国	209 786.08	加拿大	138 632.67
9	荷兰	74 281.20	墨西哥	80 551.90	俄罗斯	113 307.94	加拿大	184 654.02	西班牙	130 370.16
10	瑞士	58 639.56	荷兰	67 729.93	荷兰	107 982.83	西班牙	150 590.90	荷兰	122 276.68
11	比利时	57 578.20	西班牙	59 683.32	墨西哥	100 408.87	荷兰	148 698.32	墨西哥	109 828.91
12	西班牙	53 837.66	俄罗斯	54 285.00	西班牙	98 486.81	墨西哥	130 519.88	瑞士	106 643.98
13	瑞典	53 159.11	瑞典	54 171.38	巴西	79 353.57	瑞士	121 320.43	印度	100 616.64
14	墨西哥	40 427.84	瑞士	51 336.19	瑞士	79 184.84	巴西	118 122.64	巴西	93 094.56
15	奥地利	37 054.40	比利时	48 833.85	瑞典	78 222.87	比利时	109 418.61	比利时	92 496.06
16	巴西	34 826.02	巴西	40 672.19	比利时	76 071.24	印度	109 280.35	波兰	86 015.60
17	泰国	32 576.71	泰国	38 030.55	印度	65 202.95	波兰	102 638.77	泰国	83 778.79
18	丹麦	29 495.73	奥地利	36 879.86	奥地利	58 102.61	瑞典	98 846.14	瑞典	—
19	印度尼西亚	29 492.51	马来西亚	36 680.21	泰国	57 177.37	泰国	92 148.03	印度尼西亚	69 540.18
20	澳大利亚	28 037.26	印度尼西亚	35 853.32	波兰	53 958.13	土耳其	83 471.90	土耳其	68 461.72

（续表）

排名	1995 年		2000 年		2005 年		2008 年		2009 年	
21	芬　兰	27 615.83	澳大利亚	30 868.26	马来西亚	52 245.72	奥地利	80 995.74	奥地利	64 495.50
22	马来西亚	26 015.07	印　度	30 530.65	土耳其	49 928.60	印度尼西亚	80 941.10	马来西亚	60 710.88
23	爱尔兰	25 138.11	爱尔兰	29 704.73	澳大利亚	46 675.94	马来西亚	73 137.18	爱尔兰	58 217.14
24	印　度	23 861.01	芬　兰	28 839.66	印度尼西亚	44 310.28	捷　克	62 448.80	澳大利亚	56 929.49
25	新加坡	23 092.55	丹　麦	28 569.14	爱尔兰	42 541.66	丹　麦	58 137.71	新加坡	52 726.25
26	土耳其	15 846.29	新加坡	24 596.70	新加坡	42 540.42	新加坡	58 041.65	捷　克	47 781.94
27	挪　威	14 816.47	波　兰	21 533.01	丹　麦	37 182.16	澳大利亚	53 616.96	匈牙利	35 620.12
28	阿根廷	13 462.06	土耳其	21 146.50	芬　兰	36 996.90	爱尔兰	52 538.48	阿根廷	34 701.28
29	葡萄牙	13 452.65	阿根廷	15 861.29	捷　克	35 481.77	芬　兰	50 832.73	挪　威	26 615.44
30	中国香港	12 714.85	菲律宾	14 753.47	南　非	23 110.65	匈牙利	43 232.38	菲律宾	19 717.90
31	南　非	11 714.52	捷　克	14 228.56	阿根廷	22 938.92	阿根廷	39 128.38	新西兰	15 025.05
32	新西兰	8 380.19	挪　威	14 098.28	挪　威	22 712.54	挪　威	32 311.50	智　利	14 075.11
33	菲律宾	7 274.26	匈牙利	11 411.04	匈牙利	22 037.26	南　非	31 173.49	希　腊	11 371.17
34	智　利	5 071.74	中国香港	8 947.75	葡萄牙	21 957.72	葡萄牙	26 993.29	中国香港	1 788.33
35	捷　克	—	新西兰	7 847.25	菲律宾	17 418.54	菲律宾	23 987.79	丹　麦	—
36	希　腊	—	智　利	5 969.14	新西兰	13 360.10	新西兰	17 827.75	芬　兰	—
37	匈牙利	—	希　腊	5 959.82	智　利	10 767.34	智　利	14 730.10	卢森堡	—
38	卢森堡	—	卢森堡	—	希　腊	10 431.46	卢森堡	5 660.43	葡萄牙	—
39	波　兰	—	葡萄牙	—	中国香港	5 492.80	中国香港	3 600.41	俄罗斯	—
40	俄罗斯	—	南　非	—	卢森堡	4 312.48	希　腊	—	南　非	—

资料来源：作者根据 OECD 数据库、世界银行 WDI 指数以及毕马威官方网站数据计算得出。

表 6.3　扣除外国/地区收益前后本国/地区贸易增加值占出口比重比较(%)

年份 国家/地区	1995		2000		2005		2008		2009	
	扣除前	扣除后	扣除前	扣除后	扣除前	扣除后	扣除前	扣除后	扣除前	扣除后
阿根廷	88.74	85.30	87.05	83.04	83.51	81.69	82.29	80.47	84.88	83.60
澳大利亚	84.38	81.90	81.31	77.94	81.51	79.51	77.49	75.55	81.13	79.73
奥地利	67.54	67.36	62.63	62.30	60.94	60.77	56.50	56.38	60.07	59.92
比利时	55.63	52.61	51.45	47.96	50.11	49.41	52.45	51.46	58.15	57.18
巴　西	89.07	80.23	87.42	81.54	84.59	83.30	86.15	83.91	89.10	86.62
加拿大	71.67	68.09	62.65	58.38	66.62	63.49	68.71	65.69	71.41	68.52
智　利	81.52	78.47	76.87	75.48	72.68	72.00	65.34	64.12	69.64	68.41
中国内地	87.21	85.96	79.41	77.92	61.18	60.64	64.33	64.00	64.86	64.37
捷　克	62.00	—	55.11	54.23	54.56	54.31	55.21	54.84	54.72	54.29
丹　麦	69.99	69.91	75.78	75.58	66.58	66.41	71.00	70.84	74.24	—
芬　兰	70.48	70.35	65.35	64.80	60.84	59.53	56.61	56.15	57.89	—
法　国	78.17	77.00	70.65	69.20	70.24	69.43	67.08	66.39	69.46	68.81
德　国	79.47	78.70	73.20	72.54	71.61	71.20	68.77	68.42	69.45	69.08
希　腊	76.68	—	67.52	66.89	66.44	66.37	63.46	—	69.29	60.31
中国香港	42.70	36.92	47.10	36.13	48.54	29.93	51.56	26.53	50.53	17.67
匈牙利	68.13	—	47.22	46.78	42.85	42.59	48.77	48.48	54.08	53.44
印　度	88.41	88.30	84.01	83.52	74.43	74.24	67.78	67.54	70.47	70.18
印度尼西亚	81.15	81.00	75.74	75.54	76.44	76.06	79.04	78.63	82.02	81.61
爱尔兰	58.96	57.88	43.44	42.40	44.61	43.75	48.07	47.16	58.14	56.93
意大利	74.70	74.38	70.50	69.56	68.36	67.83	74.23	73.83	77.07	76.85
日　本	92.84	92.66	89.35	89.06	84.98	84.87	78.90	78.83	83.55	83.41
韩　国	73.88	73.66	64.96	64.68	59.38	59.25	53.80	53.69	55.61	55.50

（续表）

国家/地区＼年份	1995		2000		2005		2008		2009	
	扣除前	扣除后	扣除前	扣除后	扣除前	扣除后	扣除前	扣除后	扣除前	扣除后
卢森堡	56.48	—	50.37	—	42.07	41.62	33.41	33.20	33.42	—
马来西亚	52.64	49.57	50.90	49.76	51.48	50.84	54.14	53.32	54.62	53.54
墨西哥	67.77	62.56	62.63	57.68	62.37	58.96	61.91	58.33	63.33	60.17
荷　兰	58.08	57.73	53.04	52.50	55.93	55.72	52.90	52.77	53.36	53.22
新西兰	81.25	80.80	77.67	77.02	78.08	77.63	76.03	75.22	79.54	79.29
挪　威	70.20	70.15	71.02	70.54	71.39	69.74	68.55	68.28	69.54	69.11
菲律宾	57.07	54.41	47.31	45.21	47.78	46.58	50.53	49.41	52.34	51.05
波　兰	82.56	—	71.58	70.84	64.62	64.14	65.74	65.44	68.75	68.53
葡萄牙	64.35	63.36	66.79	—	67.33	65.02	54.74	54.65	57.69	—
俄罗斯	86.80	—	85.28	85.27	89.47	89.46	90.74	90.47	91.04	—
新加坡	44.51	42.07	42.16	37.16	40.27	38.52	39.58	37.87	43.36	41.59
南　非	85.10	83.32	78.36	—	76.54	75.46	69.74	69.15	74.84	—
西班牙	71.87	71.20	63.74	63.32	62.74	62.48	67.27	66.99	72.65	72.43
瑞　典	69.20	69.10	64.35	64.19	61.95	61.93	58.41	58.39	59.09	—
瑞　士	72.92	72.61	66.52	65.71	64.62	64.04	63.50	62.83	65.05	64.09
泰　国	65.16	64.05	60.65	59.61	57.03	56.32	57.62	56.82	60.97	59.68
土耳其	84.89	81.25	79.48	76.24	73.66	72.98	68.25	67.43	72.92	71.55
英　国	74.85	73.95	75.88	74.62	71.28	70.50	72.49	71.80	74.75	74.08

资料来源:作者根据 OECD 数据库、世界银行 WDI 指数以及毕马威官方网站数据计算得出。

将式(6.2)进一步写成可用于估计的计量模型：

$$\ln R_{it} = \beta_0 + \beta_1 \ln x_{it} + \beta_2 \ln q_{it} + \mu_i + \nu_t + \varepsilon_{it} \tag{6.3}$$

式(6.3)左边 $\ln R_{it}$ 代表一国贸易收益；$\ln x_{it}$ 表示该国拥有的高级要素相对初级要素的稀缺性，$\ln q_{it}$ 为该国出口规模；μ_i 为个体变量，ν_t 为时间变量，ε_{it} 为回归残差。ε_{it} 为随机误差项。

2. 变量与数据说明

本章样本包括美国跨国公司设有海外分支机构的 40 个国家(地区)个体(详见附表 5)，2000—2009 年的非连续面板数据，主要变量数据统计特征如表 6.4 所示，具体变量指标与数据说明如下：

表 6.4　主要变量统计特征描述

变　量	均　值	标准差	最大值	最小值	样本数量
$\ln R_{it}$	11.00	1.18	13.68	7.49	149
$\ln x_{it}$	1.53	0.85	3.57	0.07	149
$\ln q_{it}$	−1.52	0.64	−0.13	−3.05	149

$\ln R_{it}$ 为被解释变量，代表贸易收益的对数值。根据第 5 章的理论分析，在生产要素国际流动的情况下，一国的贸易收益应扣除其出口中实现的外国增加值与外国要素收益。本书在 OECD 公布的贸易增加值数据基础上扣除 40 国(地区)出口中包含的外国要素收益，得到各国贸易收益数据，具体见表 6.3，数据来源于 OECD 数据库、世界银行 WDI 指数以及毕马威官方网站。

$\ln x_{it}$ 为核心的解释变量，该指标是高级要素与初级要素的相对数量比的对数值，表示一国高级生产要素相对初级生产要素的稀缺性，指标数据利用 40 个国家(地区)的高级要素稀缺性指数，该指数为本书基于因子分析方法利用 40 个样本国家(地区)的劳均固定资本存量与百万人中研发人员数综合而来，具体指数数据详见附表 1，该指数值越高，则高级要素越稀缺，反之，指数值越低，则意味着高级要素稀缺性越低。数据来源于世界银行 WDI 指数。根据第 5 章理论分析，一国高级要素稀缺性越高，则其获取的贸易收益越低，反之，其高级要素稀缺性越低，则该国出口获取的贸易收益也越高。因此，预计该变量的符号为负。

$\ln q_{it}$ 表示出口规模。从现有出口规模的指标选取上讲，主要有不变价计算的出口总额与出口数量指数，二者尽管可以剔除价格因素的影响，但是不利于横向个体间的比较。因此，本书选择一国出口总额占 GDP 比重作为各国出口规模的指标，该指标既能有效剔除价格因素，同时还能适用于不同国家之间的比较。从理论分析部分的结论看，出口规模的扩大将增加一国贸易收益，因此，预计该变量符号为正。

6.2.2 模型检验与估计

从检验结果看(见表 6.5)，固定效应冗余检验结果表明至少在 1%显著水平上拒绝固定效应冗余，Hausman 检验结果也表明至少在 5%显著水平上拒绝模型为随机效应的原假设，故选择采用固定效应模型。从回归结果看，模型的拟合优度达到 0.985，说明模型解释力度较强；所有解释变量均在至少 1%水平上显著，其中核心解释变量 $\ln x_{it}$ 的偏回归系数为−0.853，说明高级要素稀缺性与贸易收益之间存在显著负向关系，高级要素稀缺性指数增加 1%将导致贸易收益下降 0.853%，这一结果也很好地验证了前文理论分析部分的结论。解释变量 $\ln q_{it}$ 的偏回归系数值为 0.689，意味着出口规模扩大 1%将引起贸易收益增长 0.689%。从系数绝

表 6.5　要素稀缺性对贸易收益影响的回归结果

	$\ln R_{it}$		
	Pooled OLS	FE	RE
$\ln x_{it}$	−0.229**	−0.853***	−0.518***
	(−2.036)	(−9.241)	(−4.122)
$\ln q_{it}$	0.246*	0.689***	0.528***
	(1.662)	(8.606)	(3.275)
常数项	11.726***	13.354***	12.529***
	(40.952)	(74.927)	(34.191)
固定效应冗余检验(p 值)		0.000	
Hausman 检验(p 值)			0.047
Ad.R^2	0.049	0.985	0.136
样本观测值	149	149	149
F 值	3.801	237.221	12.683

注：括号内为 t 值，*、**、*** 分别表示在 10%、5%和 1%的水平上显著。

对值大小看，$\ln x_{it}$ 明显大于 $\ln q_{it}$，这反映出高级要素稀缺性指数对贸易收益的影响力大于出口规模。

如前所述，表 6.5 是利用各国真实贸易收益数据作为被解释变量数据进行回归的结果，该部分贸易收益是在本国创造的增加值中扣除外国要素在本国获取的要素收益后的部分。前文理论部分已经论证，一国高级要素稀缺性越高，则贸易收益将越低，假如在本国创造的增加值中不扣除外国要素收益，由于外国要素获取的收益与一国高级要素稀缺性呈正向关系①，因此高级要素稀缺性指数与贸易收益之间的负向关系必然有所削弱。为进一步佐证高级要素稀缺性与贸易收益的负相关关系，本书以不扣除外国要素收益的本国贸易增加值为被解释变量数据进行了回归。经固定效应冗余检验，模型在 1%显著水平上拒绝混合回归模型，Hausman 检验的结果也显示在 10%水平上拒绝随机效应模型，故模型形式为固定效应模型。回归结果如表 6.6 所示。

表 6.6　未扣除外国要素收益的回归结果

变　量	系　数	t 值	p 值
$\ln x_{it}$	−0.839	−10.732	0.000
$\ln q_{it}$	0.555	5.825	0.000
常数项	3.821	3.599	0.000
Ad. R^2	0.978		
F 值	173.841		
样本数量	160		

比较表 6.5 与表 6.6 的回归结果可以发现：$\ln x_{it}$ 变量对扣除外国要素收益后的贸易收益解释力度更大，这也验证了上文的推断，进一步证明高级要素稀缺性与贸易收益之间的负相关关系。

6.2.3　主要结论

本节通过构建跨国面板数据模型，考察高级要素稀缺性与贸易收益差异的关

① 具体可以参见第 4 章与第 5 章的分析。

系，结果表明，高级要素稀缺性变量的偏回归系数显著为负，其系数值为－0.853，说明要素稀缺性与一国贸易收益之间存在显著负相关关系，高级要素稀缺性增加1％将导致该国贸易收益下降0.853％；出口规模变量与贸易收益之间存在显著的正相关关系，出口规模扩大1％将引起贸易收益上升0.689％。此外，比较在贸易增加值中扣除外国要素收益前后的回归结果发现，要素稀缺性对扣除外国要素收益后的贸易增加值的偏回归系数绝对值更大，说明要素稀缺性对扣除外国要素收益后的贸易收益解释力度更大。

6.3 本章小结

本章首先分析了贸易条件、贸易差额以及联合国贸易与发展会议(UNCTAD)与经合组织(OECD)提出了“贸易附加值”指标衡量要素流入下贸易收益的局限性，指出对于存在外资流入的经济体而言，只有在贸易增加值指标中扣除外国要素获取的收益部分才能得到本国的贸易收益，并在此分析基础上核算了40个国家(地区)的贸易收益。

随后本章在第5章理论分析与第6.1节贸易收益核算的基础上，通过构建跨国面板数据模型，考察高级要素稀缺性与贸易收益差异的关系，结果表明，高级要素稀缺性变量的偏回归系数显著为负，其系数值为－0.853，说明要素稀缺性与一国贸易收益之间存在显著负相关关系，高级要素稀缺性增加1％将导致该国贸易收益下降0.853％；出口规模变量与贸易收益之间存在显著的正相关关系，出口规模扩大1％将引起贸易收益上升0.689％。此外，本章对贸易增加值中扣除外国要素收益前后的回归结果进行了比较，结果发现，要素稀缺性对扣除外国要素收益后的贸易增加值的偏回归系数绝对值更大，说明要素稀缺性对一国贸易的国民收益解释力度更大。

第7章 要素稀缺性、收益的国际差异与中国对外开放战略

自改革开放以来，中国吸引了大量的外国直接投资，1983年中国实际利用外商直接投资金额仅为9.20亿美元，至2013年该金额已经高达1 175.86亿美元。外国资本、技术以及管理等先进生产要素的流入，与中国的一般劳动力、土地以及自然资源等要素相结合实现了要素国际型合作专业化生产，其结果不仅使得中国的国内生产总值不断增长，贸易规模也不断扩大。如图7.1所示，1979—2013年间，中国进出口总额从293.30亿美元上升到41 589.93亿美元，增长了140.8倍，同时出口占全球出口的比重也从0.82%上升到11.76%。在生产要素的国际流动的促进下，中国贸易大国地位逐渐形成，2009年中国的出口贸易额超越德国，成为世界上最大的商品出口国。

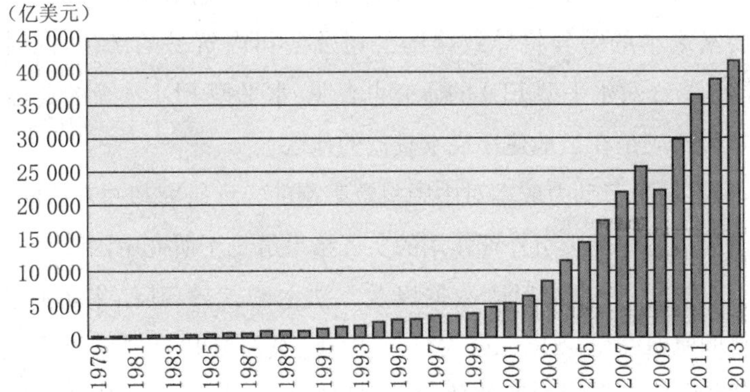

资料来源：中国统计局数据库。

图7.1 1979—2013年中国进出口总额

然而，正如现有文献指出的，中国的引资与贸易规模的扩大，贸易大国与引资大国的地位形成是中国县级政府依赖低廉的劳动力成本与土地价格以及优惠的引资政策相互竞争的结果（张五常，2009）。近年来，随着经济的不断增长，中国劳动力要素的稀缺性发生变化，具体表现为劳动力价格在不断上升，导致国内的外商投资企业不断向南亚与东南亚国家转移。本章将在分析劳动力成本的不断上升对中国的引资与出口形成的挑战的基础上，结合前文论述的要素稀缺性决定直接投资和贸易收益国际差异基本原理，对中国的对外开放战略提出一些启示。

7.1 劳动力成本上升对中国引资优势形成的挑战

理论上，国际贸易与投资理论已经指出东道国劳动力成本对吸引外资的重要作用。邓宁的国际生产折衷理论（OLI）认为当一个企业面临的市场拥有优惠的税收政策、更低的生产与运输成本、市场规模以及低风险等有利条件时，该企业将从中获利（Dunning and Lundan，2008），而劳动力成本正是构成生产成本最重要的部分。新贸易理论也指出东道国（劳动）要素禀赋与跨国投资密切相关。Helpman（1984）的一般均衡模型证明了在不考虑关税壁垒和运输成本的情况下，国家间相对（劳动）要素成本的差异将导致跨国公司及公司内贸易的产生，同时 Shatz 和 Venables（2000）针对水平型 FDI 的研究也表明，水平型 FDI 选择的目标市场是向其出口成本很高或是在当地建厂成本较低的地区。

然而，现有关于劳动力成本对中国引资影响的实证研究却并未得出一致结论。关于劳动力成本对中国吸引外资作用的实证结果散见于研究中国吸引外资因素的文献。由于不同文献选取指标、数据以及方法上的差异，其结果也有所不同（见表 7.1）。鲁明泓（1997），Owen（2004），杨海生、聂海峰和徐现祥（2010）以及田素华和杨烨超（2012）等利用中国的地区数据研究均发现劳动力成本与 FDI 流入呈现负向关系；Wei（1996）基于五个主要对外投资国数据以及刘厚俊和王丹利（2011）利用中国地区面板数据的研究结果均表明劳动力成本与 FDI 流入呈现正向关系；Wei(2000)利用包括中国在内的跨国投资数据的分析以及许罗丹和谭卫红(2003)的研究发现工资水平并不会对 FDI 流入产生显著影响；贺灿飞和梁进社(1999)、张欢(2005)以及陈平和欧燕(2011)的研究则显示劳动力成本对外资流入的影响在不同的时间阶段存在明显差异。实际调查研究的结论也存在较大差异：魏后凯等(2001)与 Ali 和 Guo(2005)发现，低廉的劳动力是吸引外商对华投资的主要因素之一；葛顺奇(2006)对昆山的调研则发现，生产成本低在吸引外资企业的主要因素中排名落后，并不是中国引资的主要优势所在。

表 7.1　劳动力成本对中国引资影响的实证研究

文　献	数据类型	劳动力成本指标选择	劳动力成本对 FDI 影响
鲁明泓(1997)	国内 29 个省市数据	不明确	负向
Cheng 和 Kwan (2000)	中国 29 个省市	工资水平	负向
Owen(2004)	中国地区数据	平均工资水平	负向
杨海生，聂海峰和徐现祥(2010)	中国东部与中西部数据	工资与工业增加值比	负向
田素华和杨烨超(2012)	中国地区数据	工资水平	负向
Wei(1996)	跨国数据	人均收入水平	正向
刘厚俊和王丹利(2012)		工资水平与劳动生产率	正向
Wei(2000)	中国宏观数据	工资水平	不显著
许罗丹和谭卫红(2003)	中国数据	工资水平	不显著
贺灿飞和梁进社(1999)	国内 27 个省区	不明确	负向，但系数呈下降趋势
张欢(2005)	中国分时段数据	工资水平与劳动生产率	不同时间段影响不一致
陈平和欧燕(2011)	中国地区行业数据	劳动力成本	不同时间段影响存在差异
魏后凯等(2001)	秦皇岛调查数据	—	负向，但不是主要因素
Ali 和 Guo(2005)	22 个在华运营跨国企业	—	负向，是主要因素
葛顺奇(2006)	昆山调研数据	—	不是主要影响因素
廖立兵、陈建国和曹标(2013)	50 个国家跨国数据	—	—

资料来源：作者自行整理。

已有的相关研究对劳动力成本与中国引资的关系进行了有益探索，但在以下方面尚有所不足。第一，在劳动力成本指标选取方面，现有文献主要选取工资水平。如 Cheng 和 Kwan(2000)、Wei(2000)、许罗丹和谭卫红(2003)、Owen(2004)及田素华和杨烨超(2012)等,采用工资指标在劳动生产率相近的地区或国家之间进行比较或许可行,但是对于劳动生产率差异较大的地区或国家,即使工资水平相等,其单位产出的劳动力成本也将存在较大差异,利用该指标难以反映各国家或地区的真实劳动力成本。还有部分文献以人均 GDP 表示一国的劳动力成本(Wei,1996;廖利兵、陈建国和曹标,2013),该数据易于获得,但该指标受到诸多因素的影响,实证中难以准确反映一国的劳动力成本。第二,现有研究较为关注的是对华 FDI 在中国国内区位分布的决定因素以及不同国家对华 FDI 的影响因素差异,因而往往利用的是中国的地区数据(鲁明泓,1997; Cheng and Kwan, 2000; Owen, 2004;陈平和欧燕,2010),跨国研究较少且往往集中于对不同时期、不同来源国对华投资影响因素的分析(廖利兵、陈建国和曹标,2013),鲜有文献比较中国与周边国家吸引外资的要素差异、分析中国劳动力成本上升后周边国家对中国引资形成的挑战。然而,随着中国劳动力价格的不断上升,中国境内的外资企业出现向周边国家转移的现象,针对影响中国与周边国家吸引外资的因素进行比较分析,不仅能够帮助我们确认当前外资企业不断向周边转移的原因,也能有助于我们找到未来中国吸引外资的主要着力点。

7.1.1 中国与周边主要发展中国家引资要素竞争力比较

针对决定外资流入的东道国要素,UNCTAD(1998)指出原材料、低廉的非熟练劳动力及物质基础设施等是寻求资源型 FDI 的主要决定因素,市场规模和人均收入,消费者偏好以及市场结构等因素则是决定寻求市场型 FDI 流入的主要因素;张幼文(2005)、马飒(2014)也认为,外资流入发展中国家既可归因于当地的一般劳动力、土地及自然资源等生产要素状况,同时也是一国的市场化水平、市场规模、生产配套能力、基础设施、政府管理经济能力等经济要素水平与对外开放度和参与的贸易投资自由化协议等全球化经济要素水平综合影响的结果。

基于现有理论框架,本书主要选取劳动力成本、市场化水平、市场规模、基础设施、政府管理经济能力及全球化经济要素等引资要素进行比较,选择中国及对中国最可能形成引资挑战的印度、印度尼西亚、斯里兰卡、菲律宾以及马来西亚五个周边国家①的引资要素竞争力作为比较对象，时间跨度为 1995—2010 年，部分缺失数据采用回归法进行补充，具体指标含义及数据来源详见表 7.2。

表 7.2　主要引资要素与数据来源

引资要素		含　　义	指　　标	数据来源
生产要素	劳动力成本(ULC)	制造业每单位增加值的平均劳动成本	制造业单位增加值劳动力成本	历年国际工业统计年鉴、ILO、The World Development Indicators
经济要素	政府管理经济能力(gov)	提供的公共服务质量、政策制定与执行效率以及政府信誉	政府效率	The Worldwide Governance Indicators
	基础设施(infra)	交通、信息通信等基础设施状况	百人电话线长度	The World Development Indicators
			百人互联网用户	
	市场化水平(ML)	企业经营环境、金融发展水平、知识产权保护程度以及信息的公正透明等	商业自由度	The Heritage Foundation
			金融自由度	
			知识产权保护度	
	市场规模(MS)	国内市场的大小与成长速度	GDP	The World Development Indicators
全球化经济要素	经济开放度(open)	投资领域的开放度与国内市场开放度	投资自由度	The Heritage Foundation
			贸易自由度	
	区域协议(RTA)	参与的贸易投资一体化的区域一体化协议数量	参与的 RTA 数量	WTO RTA database

劳动力成本反映生产要素禀赋，由于流入六国的 FDI 主要集中在制造业，本书利用制造业单位增加值劳动力成本指标反映劳动力成本，数据来自历年《国际工业经济统计年鉴》、国际劳工组织以及世界银行 WDI 数据库。

市场化水平、基础设施、政府管理经济能力以及市场规模等指标反映的是一国经济要素。其中，市场规模以 2005 年不变美元计价的 GDP 指标表示，数据来自世界银行 WDI 数据库；市场化水平分别以商业自由度、金融自由度以及知识产权保护度三个指标表示，数据均来自美国传统基金会(The Heritage Foundation)。政

① 囿于数据的可获得性，没有选取越南。

府管理经济能力用政府效率指标表示，数据来自世界银行 WGI 数据库；基础设施以百人电话线长度与百人互联网用户数指标表示，数据来自世界银行 WDI 数据库。①

全球化经济要素包括经济开放度及参与的区域一体化协议数量，它反映的是一国对贸易与投资自由化的态度以及参与贸易投资一体化区域协议的情况，前者以投资自由度和贸易自由度指标表示，数据来自美国传统基金会，后者以各国参与的区域一体化协议数量表示，数据来自世界贸易组织区域贸易协议数据库(WTO RTA database)。

为便于比较，同时为后续回归分析提供基础，将商业自由度、金融自由度、知识产权保护度、百人电话线长度及百人互联网用户等指标运用因子分析方法综合得到两个主因子。第一个主因子主要提取了商业自由度、金融自由度以及知识产权保护度等市场化水平指标的主要成分，本书将其定义为市场化水平要素。第二个主因子提取了百人电话线长度及百人互联网用户数，定义为基础设施要素。投资自由度、贸易自由度及参与的 RTA 数量通过主成分分析方法共同综合得到全球化经济要素指数。根据计算，1995—2010 年期间，在劳动力成本、基础设施、市场化水平、市场规模、政府效率以及全球化经济要素等决定引资竞争力的主要要素中，中国在六国中的排名及其变化情况详见表 7.3。

表 7.3　中国与周边五国的要素竞争力排名

年份	劳动力成本	基础设施	市场化水平	市场规模	政府效率	全球化经济要素
1995	2	3	6	1	4	6
1996	2	3	6	1	4	6
1997	2	3	6	1	4	6
1998	2	4	6	1	4	6

① 由于所选样本国家的交通基础设施差异较大(有的国家铁路运输发达，有的国家公路运输发达，还有的空运和海运发达)，相互缺乏可比性，故选择其中任何一种交通运输方式比较均难以完整反映各国交通基础设施的真实水平，且囿于数据可获得性又难以综合考虑各种运输方式，同时，本书研究发现交通基础设施指标大小与各国 GDP 有着显著的相关性，因此，本书没有额外加入交通基础设施指标。

（续表）

年份	劳动力成本	基础设施	市场化水平	市场规模	政府效率	全球化经济要素
1999	2	2	5	1	3	5
2000	2	2	6	1	2	6
2001	2	2	5	1	2	6
2002	3	2	6	1	2	6
2003	2	2	6	1	2	6
2004	4	2	6	1	2	3
2005	4	2	6	1	4	3
2006	3	2	6	1	2	1
2007	3	2	6	1	2	2
2008	4	2	6	1	2	2
2009	5	2	6	1	2	1
2010	6	2	6	1	2	4

注:劳动力成本按从低到高排名,其他指标按由高到低排名。

从劳动力成本来看,中国的劳动力成本在2003年之前排名相对较为稳定,除2002年外均在第2位,说明与周边主要国家相比,中国在这一时间阶段确实具有明显的劳动力成本优势。但自2004年开始,中国劳动力成本排名开始呈现下降趋势,排名相对靠后,尤其是2008年以来,排名下降的趋势更为明显,2010年中国的劳动力成本竞争力在六个国家中排名最后。由此可见,近年来,中国的劳动力成本优势与周边国家相比确实已经逐步丧失。

从市场化水平看,1995—2010年中国在六国中一直位列最后,这说明中国在包括商业自由度、金融自由度以及知识产权保护度在内的市场化水平方面明显缺乏竞争力,处于劣势地位。

从其他引资要素看,中国的竞争优势则较为明显。中国的市场规模在六国中自始至终位列第一,具有明显优势;中国基础设施和政府效率方面的排名基本呈现上升趋势,其中基础设施方面,中国1995年排在第3位,但1999年后稳定在第2位,政府效率方面,1995年中国排名第4,1999年后持续上升至第2位,这说明中国的基础设施条件和政府管理经济能力在不断加强,竞争力不断提升。从全球化经济要素来看,1995—2003年间中国在六个国家中排名最后,2004年以后排名总体呈现上升趋势,但2010年排名大幅下降,由2009年的第1名骤降为第4名。

7.1.2 经验分析

1. 模型与变量说明

前文的分析表明，中国的劳动力成本优势与周边国家相比已经逐步丧失，为进一步分析劳动力成本上升是否已对中国引资优势造成了重要影响，以及中国与周边国家引资因素的影响差异及其变化，本部分利用包括中国在内的6个国家、时间跨度为1995—2010年的面板数据进行经验分析。

(1) 模型设定。

在参考和借鉴现有文献的基础上，本书构建模型如下：

$$FDI_{it}=\beta_0+\beta_1 ULC_{it}+\beta_2 ML_{it}+\beta_3 MS_{it}+\beta_4 INFRA_{it}+\beta_5 STOCK_{i(t-1)}+\beta_6 GLOBAL_{it}+\mu_i+\nu_t+\varepsilon_{it}$$

模型中，下标 t 和 i 分别代表时间和国家。FDI_{it} 表示第 t 年流入 i 国的外商直接投资；ULC_{it} 是 i 国的单位产出劳动力成本；MS_{it} 表示 i 国市场规模；ML_{it} 说明 i 国的市场化水平；$INFRA_{it}$ 表示总体基础设施水平；$STOCK_{i(t-1)}$ 为 i 国第 $t-1$ 年末的FDI存量；$GLOBAL_{it}$ 表示全球化要素水平。μ_i 为个体变量，ν_t 为时间变量，ε_{it} 为回归残差。

(2) 指标说明。

各国每年的FDI流入量为被解释变量，同时由于FDI具有累积效应或自我强化机制(Krugman，1991；Fujita and Thisse，2002)，模型中引入上期FDI存量 $STOCK_{i(t-1)}$ 作为解释变量之一，FDI流量数据来自世界银行WDI，FDI存量数据来源于UNCTADSTAT，本书统一调整为2005年的不变美元价格。其他解释变量含义、指标与数据来源详见前文表7.1。

ULC是本研究重点考察的变量，考虑到流入发展中国家的FDI以制造业为主，因此指标选用制造业单位产出劳动力成本(ULC)，该指标值由制造业工资总额与制造业增加值总额之比计算得出。关于单位产出劳动成本与FDI流入的关系，现有文献的研究结论并不一致，因此该变量系数方向不确定。

市场规模、市场化水平以及基础设施等指标属于一国的经济要素，这些要素尽管不直接计入企业的成本，但却是以FDI为载体的生产要素国际流动的重要决定因素（张幼文等，2013），因此将其纳入模型。如前文表7.2所示，市场化水平指标ML包含了商业自由度、金融自由度及知识产权保护度等指标的主要成分，市场化水平越高，则吸引的外资流入就越多，因此，该变量与被解释变量FDI流入量正相关；市场规模MS采用一国的GDP总量数据，并以2005年不变美元计价，该变量是吸引外资尤其是市场寻求型外资流入的重要因素，市场规模越大，FDI流入量就越多（Wei et al., 1999；许罗丹、谭卫红，2003；田素华、杨烨超，2012），因此预计该变量系数为正。基础设施水平INFRA由政府管理经济能力及基础设施相关指标综合而成①，主要考虑到本书的截面较少，变量数过多容易造成估计的偏误，因此采用因子分析方法将多个相关指标综合成一个变量，该方法能在最大限度保留原指标信息的情况下减少模型变量数。基于鲁明鸿（1997）、魏后凯等（2002）以及杨海生等（2013）的研究，预期该变量系数为正。

GLOBAL变量反映一国的对外开放程度，由投资自由度、贸易自由度及参与区域一体化协议数量等指标综合而成。

为保证各解释变量系数的可比性，各变量数据均进行了标准化处理。

2. 模型检验与估计

本书预期建立面板数据模型推断样本空间的经济关系，故模型设定为固定效应模型（Wooldridge, 2002）。为确定模型的具体形式，对模型进行F检验，构建变系数模型得到$S_1=22.226\,08$，构建变截距模型得到$S_2=45.345\,24$，构建不变系数模型得到$S_3=56.045\,14$，通过计算得$F_1=1.872\,3$，$F_2=2.347\,6$，由于$F_2>F(0.95, 35, 54)$，因此拒绝假设H_2，即拒绝不变系数模型，同时$F_1>F(0.95, 30, 54)$，拒绝假设H_1，即拒绝变截距模型，因此，本书模型确定应采用变系数形式。

为比较分析主要引资要素的影响差异及其影响力的时间变化趋势，本部分将分别利用个体变系数与时期变系数模型进一步分析。

（1）个体变系数模型估计。

首先分别针对ULC、$INFRA$、MS和ML等变量建立个体变系数模型，利用似不相关参数估计方法进行估计，结果如表7.4所示。

① 政府管理经济的能力本身反映出政府提供的公共服务基础设施质量，可视为软基础设施。

表 7.4　劳动力成本上升对中国引资影响的个体变系数模型估计结果

ULC 个体变系数模型		*INFRA* 个体变系数模型		*MS* 个体变系数模型		*ML* 个体变系数模型	
INFRA	0.556^{**} (2.633)	*ULC*	0.139^{**} (2.850)	*ULC*	0.110^{*} (1.707)	*ULC*	0.142^{***} (2.927)
MS	1.585^{***} (8.080)	*MS*	1.612^{***} (10.469)	*INFRA*	0.452^{*} (1.748)	*INFRA*	0.122 (0.608)
ML	1.499^{***} (−7.315)	*ML*	1.086^{***} (6.006)	*ML*	1.242^{***} (6.190)	*MS*	1.627^{***} (10.201)
STOCK	-0.676^{***} (−3.806)	*STOCK*	-0.658^{***} (−4.661)	*STOCK*	-0.687^{***} (−4.314)	*STOCK*	-0.715^{***} (−4.900)
GLOBAL	-0.300^{**} (−2.440)	*GLOBAL*	-0.298^{**} (−2.946)	*GLOBAL*	−0.205 (−1.407)	*GLOBAL*	-0.339^{***} (−3.144)
ULC 中国	0.371^{***} (2.938)	*INFRA* 中国	0.681^{***} (4.852)	*MS* 中国	1.839^{***} (7.982)	*ML* 中国	0.311 (1.162)
印度	0.341^{**} (2.121)	印度	0.518 (0.419)	印度	1.604^{***} (7.820)	印度	1.532^{*} (1.910)
印度尼西亚	0.314^{**} (2.560)	印度尼西亚	−0.305 (−0.885)	印度尼西亚	1.363^{***} (7.391)	印度尼西亚	1.49^{***} (5.171)
斯里兰卡	0.237^{*} (1.825)	斯里兰卡	0.173 (0.603)	斯里兰卡	1.587^{***} (6.416)	斯里兰卡	1.081^{***} (4.384)
菲律宾	−0.244 (−1.033)	菲律宾	−0.799 (−0.626)	菲律宾	1.568^{***} (4.626)	菲律宾	1.144^{***} (3.668)
马来西亚	0.217 (1.498)	马来西亚	−0.594 (−1.745)	马来西亚	1.106^{***} (5.076)	马来西亚	1.541^{***} (6.931)
样本观察值	90	样本观察值	90	样本观察值	90	样本观察值	90
Ad.R^2	0.575	Ad.R^2	0.787	Ad.R^2	0.674	Ad.R^2	0.763
F 值	8.527	*F* 值	21.578	*F* 值	12.48	*F* 值	18.876

注：表中省略了常数项，括号内为 t 值，*、**、*** 分别表示在 10%、5%和 1%的水平上显著。

根据四个个体变系数模型结果，总体上看：

第一，*INFRA* 个体变系数模型、*MS* 个体变系数模型以及 *ML* 个体变系数模型中，劳动力成本要素在所有引资要素中对外资流入的系数最小。这说明劳动力成本要素并不是东亚、东南亚及南亚发展中国家吸引外资的主要因素。

第二，*ULC* 个体变系数模型、*INFRA* 个体变系数模型以及 *ML* 个体变系数模型中，市场规模系数均为最大且为正，表明该要素在中国及其周边主要国家吸引外资中发挥的作用最大，该要素水平越高，吸引的外资就越多。这与 Wei 等(1999)、许罗丹和谭卫红(2003)以及田素华和杨烨超(2012)等的研究结论基本一致。

第三，所有模型中，FDI 存量与外资流入呈现出负相关关系，这可能由于 FDI 在一国或地区的空间集聚存在明显的第三方效应(the third country effect)，即周边国家或地区将对一国的外资集聚产生影响(Yeaple，2003；Grossman et al.，2006；Baltagi et al.，2007)，因而导致中国的 FDI 流入与已有存量之间没有同向变动。

第四，在所有模型中，全球化经济要素系数均为负，说明该要素水平越高，则外资流入量越少。可能的原因在于：其一，本书的全球化经济要素由投资自由度、RTA 数量与贸易自由度指标综合而成，投资自由度的提高能够促进外资流入，但贸易自由度的增加却可能由于贸易成本的下降，导致市场寻求型的外资数量的下降，如果全球化经济要素的提高主要来自贸易自由度的上升而非投资自由度，那么该要素与外资流入之间必然呈现出反向关系；其二，流入中国及周边主要发展中国家的外资中的市场寻求型 FDI 所占比重相对较大。

单独看四个个体变系数模型，可以捕捉 *ULC*、*INFRA*、*MS* 以及 *ML* 等变量对不同个体的影响差异。

ULC 个体变系数模型结果显示：

第一，劳动力成本与中国及其周边主要发展中国家的外资流入均呈现出正相关作用，这一结果与 Wei(1996)及刘厚俊和王丹利(2011)的研究结论一致。本书认为造成这一结果的原因可能在于，尽管中国及其周边国家的劳动力成本不断上涨，但与发达国家相比，其单位产出劳动力成本差距并未缩小①，没有影响到这些

① 贺聪等(2009)、王燕武等(2011)以及魏浩和郭也(2013)等的研究均表明，中国及其周边主要发展中国家单位产出劳动力成本上升并未导致其与发达国家之间的单位产出劳动力成本差距缩小，即这些国家相对发达国家依然具有劳动力成本优势。

国家对外资的吸引力，因此，随着单位产出劳动成本上升，外资流入量依然在增加。

第二，劳动力成本因素在外资流入中的作用存在国家间差异：中国、印度、印度尼西亚及斯里兰卡的劳动力成本的作用较为显著，但在菲律宾和马来西亚等国家中，该要素并不显著。在所有国家中，中国的劳动力成本显著性水平最高且系数最大，为0.371。这说明与周边国家相比，劳动力成本要素对中国外资流入的作用最大，劳动力成本上升尚未对中国的引资优势造成不利影响。

第三，对所有国家而言，劳动力成本要素在所有引资要素中对外资流入的影响力明显偏低，在所有影响显著的国家中，中国、印度、印度尼西亚的*ULC*系数仅稍微高于其全球化水平要素的系数，斯里兰卡的*ULC*系数则低于所有其他引资要素的系数，再次证明劳动力成本要素已经不是这些国家吸引外资的主要因素。

*INFRA*个体变系数模型结果中，只有中国的*INFRA*要素作用显著，且系数为正，这表明所有样本国家中，只有中国的硬件基础设施及政府管理经济的能力对吸引外资起到了正向促进作用。模型中*ULC*系数绝对值最小，说明其对外资流入的影响力在所有要素中最弱，*MS*的系数值为正且最大，说明该要素对外资流入的作用在所有要素中也最强。

从*MS*个体变系数模型结果看，所有国家的*MS*要素均十分显著，其中，中国的*MS*要素系数为1.839，在所有国家中最大，说明与周边国家相比，中国的市场规模要素对吸引外资的作用力最为显著。其他国家按*MS*系数大小排名，依次为：印度、斯里兰卡、菲律宾、印度尼西亚和马来西亚。

*ML*个体变系数模型的回归结果来看，中国的市场化水平要素为正，但不显著，其他国家的市场化水平对外资流入则产生了显著的正向作用，且系数均超过1，印度与马来西亚的该要素系数甚至超过了1.5，这说明中国的市场化水平还落后于周边其他国家，没有对吸引外资发挥应有的作用。本书的市场化水平要素由商业自由度、金融自由度以及知识产权保护度等指标综合而成，因此这一结果与Wei(2000)的结论基本一致，该文献指出中国的监管过重是阻碍外资流入中国的主要原因。

综上所述，对中国来说：第一，中国劳动力成本系数为正且大于其他国家，说明其劳动力成本上升目前并未阻碍外资的流入，而且与周边主要国家相比，中国劳动力成本吸引外资的作用更为明显，周边国家尚未对中国的引资优势形成挑战；第二，在中国所有吸引外资的因素中，市场规模要素的作用最为显著，基础设施为中国重要的引资要素之一，劳动力成本要素作用相对较小，FDI 存量及全球化经济要素的水平存在反向作用，而市场化水平的作用则并未显现。对中国及周边主要发展中国家整体而言，劳动力成本要素已经不是影响该地区国家吸引外资的主要因素，市场规模在该地区各发展中国家吸引外资中发挥了最重要的作用，其中在中国表现得最为明显；对中国以外的其他国家，基础设施要素对引资的作用不显著，但市场化水平却发挥了显著的正向作用。

(2) 时期变系数模型分析。

为进一步考察主要因素对吸引外资的作用力大小及其随时间推移的变化趋势，本书针对主要解释变量建立了时期变系数模型。从具体结果来看，*ULC*、*STOCK*、*GLOBAL* 等要素的时期效应并不明显，多数年份回归不显著，限于篇幅，本书仅汇报 *MS*、*ML* 及 *INFRA* 三个变量的时期变系数模型结果(见表 7.5 及图 7.2)。

表 7.5　时期变系数模型回归结果

MS 时期变系数模型		*ML* 时期变系数模型		*INFRA* 时期变系数模型	
ULC	0.209*** (3.339)	*ULC*	0.224*** (3.977)	*ULC*	0.336*** (5.149)
INFRA	0.635*** (3.415)	*INFRA*	0.463** (2.390)	*MS*	1.658*** (9.116)
ML	1.330*** (7.052)	*MS*	1.447*** (9.101)	*ML*	1.344*** (6.404)
STOCK	−0.172 (−1.003)	*STOCK*	−0.595*** (−3.907)	*STOCK*	−0.721*** (−4.192)
GLOBAL	−0.218** (−2.269)	*GLOBAL*	−0.173* (−1.828)	*GLOBAL*	−0.134 (−1.115)
MS	见图 7.1	*ML*	见图 7.1	*INFRA*	见图 7.1
样本观察值	90	样本观察值	90	样本观察值	90
Ad.R^2	0.992	Ad.R^2	0.879	Ad.R^2	0.706
F 值	464.777	*F* 值	26.966	*F* 值	9.546

注：表中省略了常数项，括号内为 t 值，*、**、*** 分别表示在 10%、5%和 1%的水平上显著。

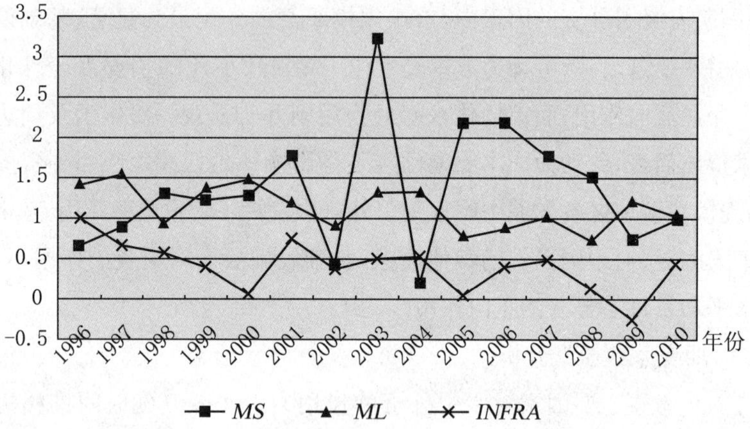

注：*MS* 要素 2002、2004 年不显著，其他年份均在 1%水平上显著；*ML* 要素历年均在 1%水平上显著；*INFRA* 要素 2000、2002、2005、2008 及 2009 年不显著，2001 与 2004 年在 1%水平上显著，1999 年在 10%水平上显著，其他年份在 5%水平上显著。

图 7.2　主要变量作用的时期变动趋势

表 7.5 及图 7.2 表明，*MS*、*ML* 及 *INFRA* 三个要素的时期效应十分明显，三个模型的拟合优度均高于 70%，其中，*MS* 时期变系数模型达到 99.2%，说明该模型拥有较强解释力度，*MS*、*ML* 及 *INFRA* 三个要素对外资流入的作用具有十分明显的时间变动趋势。三个时期变系数模型中单位产出劳动力成本的偏回归系数值均较小，在 6 个解释变量系数排名中位列第 5，再次说明 *ULC* 在中国及其周边发展中国家吸引外资的主要因素中影响力较弱，与个体变系数模型结果基本一致。从图 7.2 可以看出，*MS* 对 *FDI* 流入的回归系数自 1996 年以来存在上升趋势，金融危机后其影响系数有所下降，2010 年出现反弹拐点；*ML* 与 *INFRA* 的系数变化则相对较为平稳，1996—2010 年间呈现出微弱的下降趋势。

7.1.3　小结

对中国与周边主要发展中国家的引资要素竞争力的比较分析表明：中国单位产出劳动成本的竞争优势正在逐渐丧失，硬件基础设施及软件基础设施（即政府效率）等要素竞争力在不断增强，市场规模要素水平一直领先于周边发展中国家，由商业自由度、金融自由度及知识产权保护度表示的市场化水平则相对落后，全球化经济要素的竞争力水平总体呈上升态势，但近年来有所波动。根据进一步的经验分析结果，得出以下主要结论：

第一，在中国所有引资要素中，劳动力成本要素、市场规模及包含政府效率在内的基础设施要素与 FDI 流入呈正向关系，FDI 存量及全球化经济要素与 FDI 流入呈反向关系，市场化水平要素作用不显著。所有解释变量中，劳动力成本与全球化经济要素的影响力相对较低，基础设施与 FDI 存量的影响力较大，市场规模的影响力最强。

第二，主要解释变量影响存在明显的个体差异。单位产出劳动力成本与市场规模对中国吸引外资的作用明显大于其他国家，基础设施要素对外资流入的影响力在中国非常显著，但在周边发展中国家却没有发挥作用；市场化水平要素在中国周边国家吸引外资中发挥了重要作用（影响系数仅次于市场规模），但在中国，其作用却不显著。

第三，对中国及其周边主要发展中国家总体而言，市场规模对引资的影响力最大，劳动力成本要素的作用力低于其他要素。市场规模、市场化水平及基础设施等变量的时期效应较为明显。市场规模要素除在 2007 年金融危机后影响力有所下降之外，其他年份基本呈上升趋势；市场化水平与基础设施影响力较为平稳。

7.2　劳动力成本上升对中国出口优势的影响

30 多年的改革开放促使中国逐渐从一个封闭经济体转型为贸易大国。自 1979—2013 年，中国占全球出口的比重从 0.82%上升 11.76%①，并于 2009 年超越德国，成为全球最大的商品出口国。出口规模的不断扩大是中国发挥丰裕的劳动力资源优势参与全球生产网络，融入经济全球化的结果（张幼文，2005；吴福象、刘志彪，2009； Hanson， 2012）。在过去的 30 多年里，中国通过引进外资，实现了国外技术、资本等高级要素流入中国，与国内的低端劳动力和土地等生产要素有机结

① 数据来自 UNCTADstat。

合，导致了国际生产在中国的大规模集中，并由此推动了中国出口贸易的巨大发展，这是中国贸易大国地位形成的主要机制（张幼文，2013）。然而近年来，随着经济的持续增长，中国的劳动力成本开始出现逐年上升的趋势，2000—2013 年，中国的年均工资水平从 9 333 元上升到 51 474 元，增长了 5.5 倍。[①]与此同时，中国的出口增长速度在 2004 年达到高峰后，开始呈现出下降趋势，2013 年，中国出口增速自 2004 年的 35.4%降为 7.9%。[②]除去国际环境因素的影响之外，中国出口增速的下降是否与国内劳动力成本上升有关？针对不同贸易方式的出口其影响是否存在差异？当前依赖低劳动成本引进外资扩大出口的贸易发展模式是否仍具有可持续性？回答上述问题，对劳动力成本不断上升背景下未来中国的对外贸易发展战略具有重要启示意义。

依据比较优势理论以及要素禀赋论，对于一个劳动力相对丰裕的国家而言，劳动力成本上升将导致其出口下降。国外的经验研究结论也验证了这一观点。Golub 和 Edwards（2004）对南非单位产出劳动力成本与出口的关系进行的经验研究结果表明，劳动力成本上升 1%，将导致南非出口在短期内下降约 0.4%，而长期将下降 2.5%；Abraham 和 Sasikumar（2011）基于 Tobit 模型的经验分析结果也表明，单位产出劳动成本降低将促使印度纺织服装企业出口增加。

然而，针对中国的相关研究在研究方法和结论上则存在较大差异。陈超和姚利民（2007）利用 1978—2004 年的数据建立一元回归模型分析了中国制造业单位劳动成本对出口与消费福利的影响，结果显示：中国对除印度外的主要贸易伙伴国和主要竞争对手还将保持优势，中国对各贸易伙伴国单位劳动成本优势的增强促进了中国的出口；刘厚俊和王丹利（2011）结合劳动生产率考察制造业工资水平上升对中国 FDI 流入与出口的影响，结果发现制造业工资水平上升对出口量并无显著负面影响。还有学者利用多个指标从多角度进行论证：丁平（2013）通过要素结构、TC 指数以及对外投资的分析也认为“中国制造”的低成本优势并未丧失，低成本生产的空间依然存在；而王怀民（2009）则认为劳动力成本和商务成本上升已使我国东部地区在劳动密集产品加工装配环节的比较优势丧失。

① 数据来自中国国家统计局，该数据为城镇单位就业人员平均工资。

② 数据来自 UNCTADstat。

考虑到中国各地区经济发展的不平衡，有的学者对中国各地区的数据进行了研究。陈其斐和楚明钦(2013)基于 2000—2011 年中国 228 个城市面板数据的研究表明，工资上涨不仅不会抑制出口还能促进出口贸易的扩张，且对中部地区的作用最强。徐强(2013)区分高收入、中收入以及低收入的不同区域，利用人均 GDP 构建的要素成本率指标对出口发展指标进行回归，结果显示，只有高收入区自 2007 年开始的人均收入水平才对当年出口增长具有显著负向影响。而石奇(2010)则是专门针对中国长三角地区两省一市制造业展开研究，结果表明工资上升对江苏和上海的出口存在正效应，但对浙江出口的影响不显著。

从以上文献可以看出，针对中国的研究由对中国总体的考察到区分不同的区域进行分析，相关研究在不断向前推进，但已有文献尚有以下不足：第一，仅限于对中国所有贸易方式总出口的考察，未区分不同的贸易方式进行比较研究，事实上，要素成本对一般贸易和加工贸易的影响机制存在较大差异，前者可以用贸易理论直接加以解释，而后者则与跨国投资与国际生产体系有着密不可分的联系，不区分贸易方式研究劳动成本上升对中国出口的影响，极有可能导致研究结果出现偏差；第二，现有文献大部分主要采用了工资水平作为衡量劳动力成本的指标，忽视了劳动生产率的地区差异，仅陈超和姚利民(2007)及刘厚俊和王丹利(2011)结合了劳动生产率进行研究且结论并不完全一致。基于此，本研究采用单位产出劳动力成本作为衡量劳动力成本的指标，在比较中国与周边主要发展中国家单位劳动力成本的基础上，利用 2002—2012 年中国 31 个省(市)的面板数据，对整体样本与地区分样本进行回归，比较分析劳动力成本上升对中国一般贸易与加工贸易出口优势的影响。

7.2.1　中国制造业劳动力成本国际比较

单位劳动力成本(unit labor cost, ULC)为每单位产出的平均劳动成本，是劳动力成本与劳动生产率的比值，该指标反映了劳动力成本与劳动生产率的相对变动情况，通常被用来反映一个经济体的成本竞争力①，根据魏浩和郭也(2013)的研

① 数据来源于 stats.oecd.org/glossary/。

究,具体公式为:

$$ULC = \frac{LCH}{OH} \tag{7.1}$$

式(7.1)中,LCH 为小时劳动力成本,OH 为小时劳动生产率。由于

$$LCH = \frac{TLC}{WN}, \text{及} \tag{7.2}$$

$$OH = \frac{GDP}{WN} \tag{7.3}$$

其中,TLC 为总劳动力成本,GDP 为增加值总额,WN 为年均工作小时数,故式(7.1)可转换为:

$$ULC = \frac{TLC}{GDP} \tag{7.4}$$

即单位产出劳动力成本等于总劳动力成本与增加值总额的比值。

考虑到中国出口贸易集中于制造业领域,本研究针对制造业单位产出劳动成本进行国际比较,选取了中国引资和出口的周边主要竞争对手作为比较对象,具体包括印度、印度尼西亚、斯里兰卡、菲律宾、马来西亚以及越南六个国家。本研究的时间跨度为 1995—2010 年共 16 年的数据,总劳动力成本选取历年《国际工业统计年鉴》的制造业工资总额数据,制造业增加值数据来自世界银行 WDI 数据库。其中,由于《国际工业统计年鉴》中国 1995—2005 年制造业工资总额数据缺失,本研究根据制造业从业人口与制造业平均工资计算,前者数据来自相关年份《国际工业统计年鉴》,后者来自国际劳工组织官方统计数据库;菲律宾制造业总额则依据国际劳工组织数据计算。比较结果详见表 7.6。

表 7.6　中国及其周边出口竞争国家的制造业单位劳动成本比较

年　份	中　国	印　度	印度尼西亚	斯里兰卡	菲律宾	马来西亚	越　南
1995	0.147	0.198	0.124	0.211	0.266	0.281	—
1996	0.156	0.179	0.108	0.188	0.348	0.271	—
1997	0.139	0.190	0.090	0.159	0.331	0.256	—

（续表）

年份		中国	印度	印度尼西亚	斯里兰卡	菲律宾	马来西亚	越南
1998		0.131	0.158	0.104	0.161	0.281	0.252	—
1999		0.128	0.164	0.099	0.160	0.264	0.231	—
2000		0.123	0.157	0.088	0.158	0.241	0.238	0.282
2001		0.124	0.151	0.117	0.144	0.259	0.276	—
2002		0.131	0.147	0.089	0.119	0.249	0.278	—
2003		0.137	0.137	0.106	0.166	0.256	0.258	—
2004		0.154	0.131	0.082	0.153	0.275	0.241	—
2005		0.164	0.133	0.076	0.148	0.265	0.252	—
2006		0.171	0.129	0.081	0.293	0.253	0.212	0.309
2007		0.182	0.130	0.066	0.213	0.258	0.221	0.337
2008		0.213	0.154	0.060	0.126	0.230	0.312	0.353
2009		0.235	0.143	0.056	0.104	0.241	0.232	0.333
2010		0.242	0.153	0.090	0.095	0.240	0.224	0.329
增长率（%）	1995—2010年	3.16	−1.59	−2.00	−4.87	−0.64	−1.41	—
	2000—2010年	6.36	−0.20	0.17	−4.51	−0.03	−0.54	—
	2006—2010年	7.23	3.54	2.23	−20.19	−1.04	1.06	1.27
期间增幅（%）		64.40	−22.60	−27.62	−54.98	−9.78	−20.28	16.48

注："—"表示数据缺失，增长率为几何平均增长率，越南的期间增幅为2000—2010年间的增幅。

资料来源：UNIDO历年《国际工业统计年鉴》，ILO数据库，世界银行WDI数据库。

中国制造业单位劳动成本1995年为0.147，1996—2000年间呈微弱下降趋势，2000年后开始持续上升，至2010年已达0.242，1995—2010年期间增幅高达64.4%。与周边国家相比，1995年中国制造业单位产出劳动力成本具有显著的竞争优势，除越南数据缺失之外，其他五国中只有印度尼西亚制造业*ULC*低于中国，中国制造业*ULC*分别仅为印度的3/4、斯里兰卡的2/3、菲律宾的5/9、马来西亚的1/2；2000年后，中国的劳动力成本优势开始逐渐减弱，2003年中国和印度制造业*ULC*持平，2004年中国的数据开始高于印度，2005年超过了斯里兰卡，至2010年中国制造业*ULC*已仅低于越南一个国家，分别为印度的1.58倍、印度尼西亚的2.69倍、斯里兰卡的2.55倍、菲律宾的1.01倍、马来西亚的1.08倍及越南的3/4。从增长速度和增幅来看,中国在各期间增长率均高于其他国家,1995—2010 年增幅也最大。而除越南外,周边国家 2010 年的劳动力成本均低于其 1995 年的水平,即这些国家的劳动力成本优势在上升。由此可见,与周边国家相比,中国制造业劳动力成本仅相对越南一个国家还存在一定优势,但由于中国制造业劳动力成本的增长速度明显高于越南,且越南的劳动力成本在 2009 年开始呈现负增长,可以想见,在不久的将来,中国相对越南的劳动力成本优势也将不复存在。

7.2.2 劳动力成本上升对中国出口优势影响的经验分析

1. 模型设定与变量说明

为检验劳动力成本上升对中国不同贸易方式出口优势的影响,本研究利用 2002—2012 年中国 31 个省(市)的面板数据,构建两个基于省级层面的计量模型进行分析。在借鉴陈其斐和楚明钦(2013)研究的基础上,本研究将模型设定如下:

$$\ln GTRADE_{it} = \beta_1 \ln LC_{it} + \beta_2 \ln GDP_{it} + \beta_3 \ln IMPORT_{it} + \beta_4 \ln FGDP_{it} + \beta_5 \ln RL_{it} + \mu_i + \nu_t + \varepsilon_{it} \quad (7.5)$$

$$\ln PRTRADE_{it} = \beta_1 \ln LC_{it} + \beta_2 \ln GDP_{it} + \beta_3 \ln STOCK_{it} + \beta_4 \ln FGDP_{it} + \beta_5 \ln RL_{it} + \mu_i + \nu_t + \varepsilon_{it} \quad (7.6)$$

式(7.5)及式(7.6)中下标 i 表示地区,t 表示年份,μ_i 为个体变量,ν_t 为时间变量,ε_{it} 为回归残差。

被解释变量 $\ln GTRADE_t$ 和 $\ln PRTRADE$ 分别为一般贸易出口规模和加工贸易出口规模的对数值,利用各省级地区一般贸易出口额和加工贸易出口额的对数值表示。数据来自各地区历年统计年鉴及统计公报。

核心解释变量为劳动力成本的对数值($\ln LC$),利用各地区工业部门单位产出劳动力成本的对数值数据,数据来源于中国统计局和国研网。[①]中国的一般贸易和

① 工业部门单位产出劳动力成本由工业部门工资总额除以工业部门增加值计算得出,工业部门包括采矿业、制造业以及电力、燃气及水的生产和供应业三个分部门。

加工贸易发展均与劳动力成本优势具有密切关系，但从现有经验研究看并未取得一致结论，故该指标系数方向不确定。

在关于出口增长因素的实证研究中，主要采用的控制变量包括：经济规模、要素禀赋、贸易成本、FDI数量、政策因素及国际市场状况（钱学锋、熊平，2010；钟昌标，2007；杨汝岱，2008；陈其斐、楚明钦，2013）。考虑到一般贸易与加工贸易的形成机理有所差异，本研究在已有文献的基础上，针对不同贸易方式选取了不同的控制变量。

（1）一般贸易。

a. 地区经济规模的对数值（ln *GDP*）。

新贸易理论指出规模经济是贸易产生的主要原因。如果某产业在国内生产过剩，企业会面临激烈的竞争，在中国现行鼓励出口政策的引导下，该产业很可能走出口导向的发展之路（江小涓，2007）。杨汝岱（2008）利用行业面板数据的研究结果也表明，经济规模越大，出口增长速度也越大。因此，经济规模的扩大将促进出口贸易的发展。经济规模的大小不仅反映出行业的发展状况，而且还能反映出当地市场需求的规模，该变量指标选用地区GDP数据的对数值，原始数据来源于历年中国统计年鉴。预计该变量符号为正。

b. 地区进口总额对数值（ln *IMPORT*）。

根据Feenstra（1998）研究发现，国际贸易的增长来源于产品生产环节在全球范围内的布局以及跨国公司导致的垂直化分工，中间品进口占比越高，参与全球化程度和全球价值链分工越深，出口规模也越大。中间品进口促进出口的机制在于企业可以使用更多品种的进口中间品，这既提高了企业的利润，降低了企业进入出口市场的门槛，而且出口部门的进口成本下降将促进其出口扩张（田巍、余淼杰，2013）。由此可见，进口对中国企业的出口决策和出口行为产生了不可忽略的重要作用（张杰等，2014），是影响一般贸易出口的重要变量之一。[①]该变量原始数据来

① 该变量仅用于针对一般贸易的分析而未用于加工贸易的原因在于，加工贸易的特征本质上是“两头在外”，即原材料、零部件或生产设备部分或全部购自国外，成品出口国外。因此，“大进大出”是加工贸易的本质特点，没有必要对此加以研究。

自中国国家统计局并取对数，符号预期为正。

c. 国际市场需求对数值（ln *FGDP*）。

商品出口还受国际市场的影响（杨汝岱，2008），因此在针对一般贸易方式的模型中分别加入了控制变量国际市场需求（ln *FGDP*），利用中国以外的世界总产出对数值数据，数据来源于UNCTADstat。预计该变量系数符号为正。

d. 人力资本对数值（ln *RL*）。

出口要求企业必须具备较高的人力资本积累，以保证出口产品的质量要求与生产效率要求（刘志彪、张杰，2009），因此人力资本的数量增加应该对一般贸易出口起到正向促进作用。该变量指标选用每万人中高等学校毕业生数，通过各地区高等学校毕业生数除以其总人口的比值获得，并对其取对数，原始数据来源于中国统计局网站。预计该变量符号为正。

(2) 加工贸易。

a. 经济发展基础与生产配套能力的对数值（ln *GDP*）。

加工贸易的发展及区位分布受制于配套能力（黎国林、江华，2008），尤其是中国加工贸易的发展与外资流入具有密切联系，而地区经济发展基础、生产配套能力以及技术水平高低作为决定外资流入该地区的重要因素，对一国或地区的加工贸易出口产生重要影响。生产配套能力指的是与企业生产相关的产业配套能力，集中体现为相关产业的发展规模与基础，而GDP指标正是反映一国或地区经济发展规模的核心指标，因此本研究利用各地区GDP数据的对数值表示经济发展基础与生产配套能力。预计该变量符号为正。

b. FDI存量（ln *STOCK*）。

中国加工贸易发展是吸收外国直接投资的产物，FDI对中国加工贸易出口存在直接影响，2013年中国加工贸易出口中外资企业出口占比为82.9%①，外资企业占据了加工贸易出口的主导地位。因此，FDI存量是影响加工贸易出口的重要变量，该指标利用各地区累计实际利用外资额的对数值，数据来源于各地区历年统计年鉴。预计该变量符号为正。

---

① 根据海关总署数据计算。

c. 国际市场需求对数值(ln *FGDP*)。

加工贸易具有两头在外的特点,其出口同样受到国际市场需求的影响。因此,针对加工贸易的分析中同样加入国际市场需求的考虑,指标选取与数据来源与一般贸易下的情况一致,预计符号为正。

d. 人力资本(ln *RL*)。

如前所述,人力资本通过影响生产效率和产品质量对出口产生影响(刘志彪、张杰,2009),此外,加工贸易出口与外资流入有着密切联系,东道国人口的受教育程度即人力资本状况是其吸引外资的主要因素之一,因此人力资本也是影响加工贸易出口的重要因素。指标选用与数据来源同一般贸易下的情况相同,预计该变量符号为正。

2. 检验及结果分析

(1) 全国整体样本的估计结果及分析。

对所有变量进行相关性分析发现,除 ln *GDP* 与 ln *FGDP* 和 ln *RL* 之间相关系数高于 0.6 之外,其他变量之间的相关性均为正常范围,初步判断可以进行下一步检验与回归。经检验表明,固定效应冗余度检验结果均在至少 1%的水平上拒绝混合回归模型;Hausman 检验的结果除表 7.7 中的模型(1)外,其他模型均在至少 10%水平上拒绝随机效应模型而选择固定效应模型。

a. 全国一般贸易整体样本回归结果及分析。

表 7.7 报告了全国 31 个省市一般贸易固定效应回归结果,模型(1)在不加入任何控制变量的情况下,仅考虑劳动力成本对一般贸易出口的影响,回归结果表明,劳动力成本在 1%的水平上显著为负。在模型(2)、模型(3)及模型(5)中逐步加入其他控制变量,劳动力成本系数方向没有发生变化,说明 ln *LC* 对一般贸易出口规模的负向作用是稳健的。模型(4)加入了 ln *FGDP* 变量后结果显示,核心解释变量的系数方向发生了逆反,结合前文相关性分析的结论,ln *FGDP* 与 ln *GDP* 之间可能相关性过高导致了估计的偏误,其主要原因可能在于经济全球化背景下,一国的经济总量(GDP)变化必然受到世界经济周期性变化的影响,因此本国 GDP 与其他国家 GDP 总量之间存在较高相关性。鉴于 ln *FGDP* 并非本文研究的核心解释变量,为保证回归的稳健性,故对该变量不予考虑,确定模型(5)为最终回归模型。

表 7.7 全国一般贸易整体样本回归结果

	ln *GTRADE* (1)	ln *GTRADE* (2)	ln *GTRADE* (3)	ln *GTRADE* (4)	ln *GTRADE* (5)
ln *LC*	−1.078*** (−10.886)	−0.223*** (−5.235)	−0.136*** (−3.125)	0.085*** (3.196)	−0.002 (−0.021)
ln *GDP*		0.912*** (41.065)	0.595*** (12.092)	−0.216*** (−4.065)	0.390*** (4.093)
ln *IMPORT*			0.321*** (13.713)	0.011 (0.252)	0.168** (2.281)
ln *FGDP*				3.281*** (3.196)	
ln *RL*					0.421*** (3.930)
样本量	331	331	331	331	331
Ad.R^2	0.263 9	0.981 8	0.982 4	0.992 5	0.967 5
F	117.937	556.376	559.843	1 291.657	289.705
固定效应冗余检验(*P* 值)	86.274 (0.000)	114.611 (0.000)	48.126 (0.000)	146.269 (0.000)	27.472 (0.000)
Hausman 检验(*P* 值)	1.310 (0.252)	33.220 (0.000)	25.610 (0.000)	133.529 (0.000)	33.660 (0.000)

注:表中省略了常数项,括号内为 t 值;*、**、*** 分别表示在 10%、5%和 1%水平上显著;回归依据固定效应冗余检验确定模型采用混合回归模型或固定效应模型;依据 Hausman 统计量采取固定效应或随机效应。本章表 7.8 至表 7.11 同。

从模型(5)的回归结果来看:ln *LC* 偏回归系数为−0.002,但并不显著,说明劳动力成本与中国一般贸易出口之间的反向关系并不显著;ln *GDP* 在 1%水平上显著为正,其系数值为 0.390,在三个解释变量中仅次于人力资本变量的影响,说明地区经济规模对一般贸易出口的影响较大,由此可见,在一般贸易发展中,相对于比较优势,规模经济发挥了更为重要的作用,该结论与杨汝岱(2008)的研究结果相符;ln *IMPORT* 系数值为 0.168,即进口增加 1%将引起一般贸易出口增长 0.321%,表明进口对一般贸易出口具有显著的促进作用,这与田巍和余淼杰(2013)、张杰等(2014)研究结论相一致;ln *RL* 在 1%的水平上显著为正,且系数值在解释变量中最大,说明总体上相对于其他解释变量而言,人力资本规模对一般贸易出口具有更显著的正向作用。

b. 全国加工贸易整体样本回归结果及分析。

表 7.8 给出了全国加工贸易整体样本回归结果，模型(1)仅考虑核心解释变量单位劳动力成本对加工贸易出口的影响，结果显示 ln *LC* 在 1%显著水平上为负，模型(2)开始逐步加入控制变量进行回归，结果显示，模型(2)和模型(3)中逐步加入 ln *GDP* 和 ln *STOCK* 后，ln *LC* 的系数方向及显著性均未发生改变，但在模型(4)与模型(5)中进一步加入 ln *FGDP* 及 ln *RL* 变量后，变量 ln *LC* 的系数方向或显著性均发生变化，模型(4)中 ln *GDP* 的系数也变成负数，其原因可能在于 ln *FGDP* 和 ln *GDP* 以及 ln *RL* 和 ln *STOCK* 具有较高相关性。如前所述，经济全球化背景下一国经济增长与整个世界经济周期性变化具有同步性，这使得 ln *FGDP* 与 ln *GDP* 存在较强正相关关系，而 ln *RL* 是人力资本变量，其指标为每万人中高等学校毕业生数，现有文献已经证明人力资本变量是一国或地区吸引外

表 7.8　全国加工贸易整体样本回归结果

	ln *PRTRADE* (1)	ln *PRTRADE* (2)	ln *PRTRADE* (3)	ln *PRTRADE* (4)	ln *PRTRADE* (5)
ln *LC*	−1.012*** (−10.950)	−0.285*** (−5.151)	−0.255*** (−4.817)	−0.048 (−0.948)	0.046 (1.029)
ln *GDP*		0.778*** (28.422)	0.565*** (13.128)	−0.094 (−1.034)	0.106* (1.896)
ln *STOCK*			0.371*** (5.772)	0.295*** (5.262)	0.198*** (3.585)
ln *FGDP*				2.058*** (8.708)	
ln *RL*					0.795*** (12.278)
样本量	318	318	318	318	318
Ad.R^2	0.973 8	0.998 5	0.997 4	0.999 5	0.999
F	380.619	6 699.159	3 659.928	18 324.530	9 436.092
固定效应冗余检验(*P* 值)	354.233 (0.000)	638.532 (0.000)	198.573 (0.000)	180.143 (0.000)	273.858 (0.000)
Hausman 检验(*P* 值)	3.383 (0.066)	64.886 (0.000)	104.325 (0.000)	92.338 (0.000)	103.279 (0.000)

资的主要因素(徐康宁、陈健,2008;余佩、陈继勇,2012),因此该变量与 FDI 存量 $\ln STOCK$ 之间可能存在较高相关性,从而影响了方程的稳健性,考虑到两个变量并非本研究的核心解释变量,出于回归方程的稳健性考虑,确定模型(3)为最终回归模型。

表 7.8 中模型(3)的回归结果显示,$\ln LC$ 系数为负,且在 1%显著水平通过了检验,说明劳动力成本与加工贸易出口之间存在显著的负相关关系,该结果验证了王怀民(2009)的观点。从系数值看,劳动力成本上升 1%将导致加工贸易出口下降 0.255%,相较于模型(3)中 $\ln LC$ 的系数,该系数绝对值更大,说明加工贸易出口受到的影响大于一般贸易出口,这主要是由于加工贸易集中于劳动密集型产业或生产环节,在劳动力成本上升的情况下其出口受到的冲击远远超过一般贸易。变量 $\ln GDP$ 系数为 0.565,高于其他解释变量系数,说明经济发展基础和生产配套能力的提升对加工贸易出口具有较强的促进作用。变量 $\ln STOCK$ 显著为正,系数值为 0.371,即 FDI 存量增加 1%将引起加工贸易出口上升 0.371%,该结果与中国加工贸易出口中高外资比重的现实相符。值得注意的是,比较模型(3)三个解释变量的弹性系数绝对值,$\ln LC$ 最小,而 $\ln GDP$ 最大,说明尽管劳动力成本对加工贸易出口具有显著负向作用,但其负向作用小于其他解释变量的正向作用。

(2) 整体样本变系数模型估计结果及分析。

从表 7.6 来看,中国的劳动力成本自 2000 年后逐步上升,2003 年后上升速度开始加快,为进一步考察劳动力成本对中国出口影响的时期变化趋势,本研究针对不同贸易方式构建时期变系数模型进行分析①,结果如表 7.9 所示。

劳动力成本对加工贸易的影响存在明显的时间变化趋势,除 2002—2004 年影响不显著之外,2005 年在 10%水平上显著,2006—2012 年 $\ln LC$ 显著水平为 1%;从系数值看,自影响显著的年份 2005 年开始,系数为负且绝对值逐年上升,这说明劳动力成本对加工贸易的负向作用随着时间推移呈现增大趋势。劳动力成本对一般贸易出口规模影响则不存在明显的时间变化趋势,多数年份均不显著。

---

① 时期变系数模型能够更为清楚地捕捉主要控制变量对被解释变量的作用力随时间变动的情况。

表7.9　劳动力成本时期变系数模型回归结果

一般贸易			加工贸易		
变　量	系　数	t值	变　量	系　数	t值
ln *GDP*	0.497***	4.566	ln *GDP*	−0.256	−1.192
ln *IMPORT*	0.033	0.659	ln *STOCK*	0.281***	4.377
ln *RL*	0.168*	1.920			
ln *LC*—2002	0.418***	4.587	ln *LC*—2002	0.223	1.355
ln *LC*—2003	0.211***	3.740	ln *LC*—2003	0.061	0.581
ln *LC*—2004	0.151***	2.021	ln *LC*—2004	−0.080	−0.808
ln *LC*—2005	0.113**	1.616	ln *LC*—2005	−0.174*	−1.812
ln *LC*—2006	0.054	0.916	ln *LC*—2006	−0.254***	−2.604
ln *LC*—2007	0.005	0.078	ln *LC*—2007	−0.332***	−3.228
ln *LC*—2008	−0.028	−0.409	ln *LC*—2008	−0.387***	−3.481
ln *LC*—2009	0.141	1.921	ln *LC*—2009	−0.337***	−2.819
ln *LC*—2010	0.064	0.816	ln *LC*—2010	−0.481***	−3.782
ln *LC*—2011	−0.010	−0.115	ln *LC*—2011	−0.566***	−3.916
ln *LC*—2012	−0.011	−0.110	ln *LC*—2012	−0.611***	−3.896
样本量	331		样本量	318	
Ad.R^2	0.99		Ad.R^2	0.989	
F	777.021		F	653.332	

注：表中省略了常数项；*、**、***分别表示在10%、5%和1%水平上显著。

(3) 地区分样本的估计结果及分析。

考虑到中国东部与中西部经济的贸易发展存在较大地区差异，因此本部分利用东部与中西部地区数据进行了分样本估计。[①]表7.10为分样本回归结果，固定效应冗余检验结果均拒绝混合回归模型，根据Hausman检验结果，所有模型均采用固定效应模型。模型(1)和模型(3)为针对一般贸易出口回归的结果，模型(2)和模型(4)为针对加工贸易出口回归的结果。

从表7.10的结果可以看出，四个模型中ln *LC*的系数均为负，说明劳动力成

① 东部与中西部的划分依据为《国民经济和社会发展七个五年计划》，东部地区包括北京、天津、河北、辽宁、上海、江苏、浙江、福建、山东、广东、广西以及海南共12个省市；中西部包括山西、内蒙古、吉林、黑龙江、安徽、江西、河南、湖南、湖北、重庆、四川、贵州、云南、西藏、陕西、甘肃、青海、宁夏以及新疆共19个省市。

本的上升将导致出口规模下降，与前文整体样本回归结果一致。

表 7.10　地区分样本回归结果

	东　部 (1) ln *GTRADE*	东　部 (2) ln *PRTRADE*	中西部 (3) ln *GTRADE*	中西部 (4) ln *PRTRADE*
ln *LC*	−0.057 (−0.776)	−0.284*** (−5.481)	−0.023 (−0.167)	−0.199 (−1.306)
ln *GDP*	0.545*** (4.583)	0.750** (15.036)	0.309** (2.352)	0.482*** (4.848)
ln *IMPORT*	0.193** (2.037)		0.163 (1.608)	
ln *RL*	0.270** (2.537)		0.468*** (2.779)	
ln *STOCK*		0.183*** (2.406)		0.491*** (3.963)
样本量	131	128	200	190
Ad.R^2	0.981	0.990	0.922	0.991
F	458.201	915.094	108.199	1 041.902
固定效应冗余检验 (*P* 值)	65.538 (0.000)	94.080 (0.000)	12.233 (0.000)	131.431 (0.000)
Hausman 检验 (*P* 值)	14.810 (0.005)	106.796 (0.000)	10.793 (0.029)	30.700 (0.000)

注：同表 7.7。

a. 不同地区比较。

针对一般贸易的回归结果显示：模型(1)与模型(3)中的 ln *LC* 系数为负但均不显著，说明劳动力成本上升对东部和中西部一般贸易出口均没有显著影响。

ln *GDP* 在模型(1)和模型(3)中分别在 1%和 5%水平上显著为正，系数分别为 0.545 和 0.309，说明规模经济对一般贸易均具有显著正向作用，且在模型(1)中，ln *GDP* 在所有解释变量中系数最大，而模型(3)中，ln *GDP* 系数大小也仅次于人力资本变量，显然对于东部地区而言，规模经济是对一般贸易出口影响最大的因素。模型(1)中 ln *GDP* 的系数值高于模型(3)，反映出相较于中西部地区而言，规模经济对东部地区一般贸易出口起到了更大的促进作用。

模型(1)与模型(3)中 ln *IMPORT* 的系数均为正，但模型(3)中该变量并不显著，反映出东部地区进口对其一般贸易出口的促进作用大于中西部地区，这可能与东部地区参与全球生产网络的程度更高有着密切联系。

模型(1)与模型(3)中 ln *RL* 变量系数均显著为正，说明人力资本积累对东部与中西部的一般贸易出口均具有显著的正向促进作用。

针对加工贸易的回归结果显示：

模型(2)的 ln *LC* 在1%水平上显著，系数为−0.284，绝对值在四个模型中最高，而模型(4)中 ln *LC* 则并不显著，这说明东部地区加工贸易出口受劳动力成本上升的影响很大，而中西部地区加工贸易出口并未受到明显影响，其原因可能在于，尽管劳动力成本在不断上升，但中西部单位产出劳动力成本与东部相比仍存在较大优势，2012年中西部地区与东部地区工业部门单位产出劳动力成本比仅为0.83①，故近年来中西部地区承接了大量东部地区加工贸易产业转移，据刘红光、王云平和季璐(2014)测算，2007—2010年间，中西部地区承接了约5 920亿元来自东部的劳动密集型产业转移，因而，劳动力成本上升对其加工贸易出口规模的负向影响并不显著。相较于模型(1)，模型(2)中的 ln *LC* 系数绝对值更高，还反映出东部地区加工贸易出口规模受劳动力成本上升的影响大于一般贸易。

模型(2)与模型(4)的结果中 ln *GDP* 的系数分别为0.75和0.482，前者显著水平为5%，后者为1%，这反映出经济发展基础及配套能力对东部与中西部加工贸易出口规模均起到了明显的正向作用，该结果与总体样本回归结果一致。但是，模型(4)中 ln *GDP* 的系数值低于模型(2)，说明与东部地区相比，中西部地区的经济基础与生产配套能力还相对落后，在促进加工贸易出口方面发挥的作用相对更低，该结论与刘容欣(2009)的观点一致，该文献指出中西部地区产业、产品的配套能力不强，阻碍了加工贸易向中西部地区的转移。

ln *STOCK* 的系数均显著为正，说明外商直接投资对各地区加工贸易出口均存在正向促进作用，但模型(4)回归结果中 ln *STOCK* 的系数值为0.491，与模型(2)相比更高。

---

① 根据中国各地区统计年鉴数据计算。

b. 不同贸易方式比较。

针对东部地区的回归结果中，模型(1)的 ln *LC* 变量不显著而模型(2)中该变量在 1%水平上显著，说明在东部地区，劳动力成本上升对一般贸易出口没有显著影响，但对加工贸易出口则将产生显著负面影响，这可能主要是由于加工贸易本身是“基于‘发挥廉价劳动力优势’……是十分容易转移的，存在很大的不稳定性”(张幼文，2007)，在劳动力成本上升的情况下，其所受影响必然更大；针对中西部地区的回归结果则显示：ln *LC* 的系数为负，但对两种方式出口的影响均不显著，这说明单位产出劳动力成本上升对中西部地区不同贸易出口均未产生显著影响。

分样本回归结果还显示，从影响系数看，劳动力成本是对一般贸易出口和加工贸易出口影响最小的变量，就东部地区而言，对一般贸易出口影响最大的因素是规模经济，对加工贸易出口影响最大的因素则是地区经济发展基础与配套能力；就中西部地区而言，对一般贸易和加工贸易出口影响最大的因素分别是人力资本与 FDI 规模。

7.2.3 小结

针对中国与周边六个主要发展中国家制造业劳动力成本的比较结果显示，自 2000 年以来，中国相对周边六国的制造业劳动力成本优势已逐渐丧失，截至 2010 年，中国仅相对越南一国尚具有一定优势，但中国劳动力成本的上升速度明显高于越南，未来中国相对越南的劳动力成本优势也将逐渐丧失。经验分析的结果表明：

其一，就整体样本而言，劳动力成本上升对中国不同贸易方式出口均存在负向作用，但对一般贸易出口影响不显著；从时期效应看，劳动力成本对中国一般贸易出口影响的时期效应不明显，2005 年后各年均不显著，对中国加工贸易出口的负面作用则存在显著的时期变化趋势，且其影响力自 2005 年后逐年增加。

其二，从不同贸易方式看，对加工贸易出口而言，中国总体及东部地区受劳动力成本上升的负面影响显著，而对中西部地区的影响则不显著；对一般贸易出口而言，劳动力成本上升的负面影响并不显著。

其三，劳动力成本对出口的影响表现出较大的地区差异。东部地区加工贸易出口受到的负面影响大于中西部地区。

其四，对两种贸易方式而言，劳动力成本在所有解释变量中对出口规模作用力均为最小。对一般贸易出口影响最大的因素，东部地区是经济规模，中西部地区则为人力资本；对加工贸易出口影响最大的因素，东部地区是生产配套能力，中西部地区为 FDI 规模，两者分别对一般贸易出口与加工贸易出口具有显著的正向促进作用。从生产配套能力对加工贸易出口的促进作用看，东部地区大于中西部地区。

7.3　要素稀缺性、收益的国际差异及对中国对外开放战略的启示

前文关于劳动力成本上升对中国引资与出口优势影响的考察结果显示：在各引资要素中，劳动力成本对吸引外资的作用力度相对较弱；对出口影响的实证结果也表明，劳动力成本上升对中国一般贸易出口没有明显作用，但对加工贸易则存在显著负面作用，且负面影响力逐年增加。这都表明了一个事实，即中国依赖廉价劳动力引进外资发展贸易的方式已经难以为继，随着劳动力成本的持续上升，该要素对吸引外资的作用正在逐步弱化，对出口的负面影响力却在逐步增强。尽管目前劳动力成本上升尚未阻碍外资流入中国，且中国尚能通过东部加工贸易产业向中西部转移的战略暂时延续现有出口优势，但是伴随中国劳动力成本的持续上升，这种仅仅依靠初级要素的引资与出口优势必将消失殆尽，难以为继。

更为重要的是，当前中国正处于经济发展与对外开放的关键时期，在过去的对外开放中，由于生产和出口在中国，使其在国际社会上备受无谓指责，也频繁遭受其他国家掀起的贸易摩擦，而实际上，巨大的出口和引资规模的表象背后却是中国在国际利益分配中长期处于不利地位的事实。调整对外开放战略，提升对外开放收益，对中国经济的健康发展，提升中国国际谈判地位具有深远意义。

本书的研究结论对中国对外开放战略调整存在以下政策启示。

7.3.1　塑造良好的制度环境，培育高级要素

本书研究结果表明：一国高级要素稀缺性越高，则直接投资中外国在该国获取

的相对收益就越高，本国要素获取的收益越低；高级要素稀缺性与贸易收益呈负相关关系，高级要素稀缺性越高，本国贸易收益越低。这就意味着，增加高级要素相对供给量，降低高级要素相对初级要素的稀缺性，将有效提升一国的开放收益。而要增加高级要素相对供给量，自主培育与国外引进是两条重要途径，后者尽管能够短时间内增加高级要素存量水平，但从中国对外投资的实践看，由于国外制度与法律的限制，核心技术等要素的所有权难以逆向向中国发生转移，因此，培育高级要素将是中国未来获取高级要素的主要途径，而建设适宜高级要素成长的制度环境对中国而言显得尤为关键。

世界银行的知识经济指数(KEI)综合了经济和制度环境、创新系统、教育与技能以及信息通信基础设施四个维度以刻画一国在知识经济中的整体竞争力，其分指标创新指数、EIR 和教育与技能指数的得分和排名有助于我们分析高级要素拥有量和高级要素培育环境。创新指数由专利权使用费和特许费收支状况、专利申请数以及学术期刊发表文献数三个指标综合而成，可见，该指数能一定程度反映出一国的高级要素禀赋状况；EIR 指数反映的是一国的经济和制度环境，一个好的经济和制度环境可以让资源更有效分配，促进并激励有效的创新以及现有知识的传播和使用；教育指数由平均入学率、中学入学率以及高等院校入学三个指标综合而成，反映出培育高技术人才的能力，“受教程度高和经过适当培训的人群能够创造、分享和使用知识”。

如表 7.11 显示，2012 年中国创新指数得分为 5.99，位列 54，一定程度反映出中国高级要素的拥有量有所上升①，但是从当年 EIR 指数的排名看却仅排在 97 位，远远低于创新指数排名，同时也低于总指数排名。从 EIR 指标值看，中国不仅低于排名靠前的发达国家，而且在中等和低收入国家中也落后于巴西、乌克兰和突尼斯。尤其值得注意的是，比较 2008 与 2012 年 EIR 指数排名可以发现，2012 年中国的 EIR 指数排名比 2008 年落后了 6 位(见图 7.3)，表明近年来中国的高级要素培育环境不仅没有改善，而且还有所恶化。从教育指数的排名看，2012 年中国以 3.93 分排在 95 位，相较于 2008 年有所上升，说明中国培育高技术人才的能力有所上升。

---

① 由于该指数包含了专利申请数，而中国非居民的专利申请数量比重较高，因此，该指数排名对中国而言可能有些高估。

表 7.11　2012 年全球主要国家 KEI 指数得分与排名

	KEI 排名	KEI 指数值	EIR 排名	EIR 指数	创新排名	创新指数	教育排名	教育指数	ICT 排名	ICT 指数
排名前十位的国家										
瑞　典	1	9.43	4	9.58	2	9.74	6	8.92	2	9.49
芬　兰	2	9.33	2	9.65	3	9.66	11	8.77	6	9.22
丹　麦	3	9.16	3	9.63	5	9.49	15	8.63	13	8.88
荷　兰	4	9.11	19	8.79	7	9.46	12	8.75	5	9.45
挪　威	5	9.11	8	9.47	17	9.01	3	9.43	17	8.53
新西兰	6	8.97	14	9.09	22	8.66	1	9.81	23	8.3
加拿大	7	8.92	7	9.52	10	9.32	16	8.61	24	8.23
德　国	8	8.9	13	9.1	12	9.11	23	8.2	8	9.17
澳大利亚	9	8.88	23	8.56	19	8.92	2	9.71	22	8.32
瑞　士	10	8.87	6	9.54	1	9.86	41	6.9	7	9.2
中等与低收入国家										
俄罗斯	55	5.78	117	2.23	40	6.93	44	6.79	44	7.16
乌克兰	56	5.73	93	3.95	59	5.76	21	8.26	77	4.96
巴　西	60	5.58	82	4.17	51	6.31	61	5.61	58	6.24
突尼斯	80	4.56	96	3.81	70	4.97	89	4.55	79	4.89
中　国	84	4.37	97	3.79	54	5.99	95	3.93	94	3.79
吉尔吉斯斯坦	95	3.82	128	1.58	105	3.12	69	5.32	71	5.27
印　度	110	3.06	99	3.57	76	4.5	111	2.26	122	1.9
缅　甸	145	0.96	145	0.17	145	1.3	118	1.88	145	0.48

资料来源：The world bank，"Knowledge Economy Index (KEI) 2012 Rankings，2012：2—9，http://web.worldbank.org/WBSITE/EXTERNAL/WBI/WBIPROGRAMS/KFDLP/EXTUNIKAM/0，menuPK：1414738～pagePK：64168427～piPK：64168435～theSitePK：1414721，00.html.

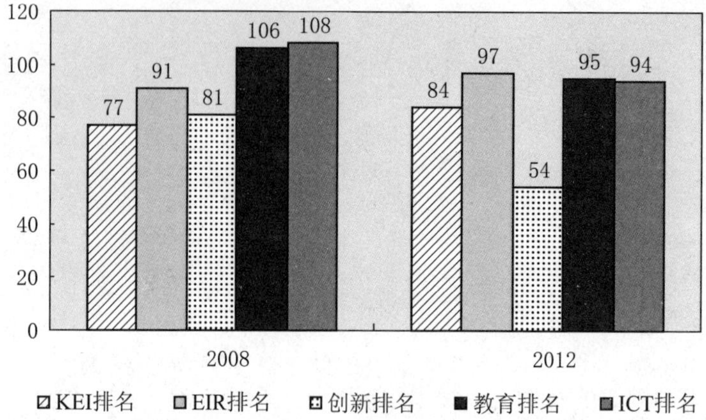

资料来源：The World Bank, "Knowledge Economy Index(KEI) 2012 Rankings", 2012: 9; The World Bank, "Measuring Knowledge in the World Economies.: 5—6", http://web.worldbank.org/WBSITE/EXTERNAL/WBI/WBIPROGRAMS/KFDLP/EXTUNIKAM/0, menuPK:1414738~pagePK:64168427~piPK:64168435~theSitePK:1414721, 00.html.

图 7.3　2008—2012 年中国 KEI 指数排名比较

以上分析充分表明，扩大开放收益、提升开放水平需要培育高级要素，而对于中国而言，改善制度环境则是培育高级要素的核心关键。

7.3.2　提高市场化水平，打造引资新优势

生产要素国际流动的规律说明经济要素与全球化经济要素是要素流动的决定因素，本章关于劳动力成本上升对中国引资与出口挑战的实证研究也发现，随着劳动力成本的持续上升，该要素对引进外资的作用也在逐步弱化，这说明中国依赖廉价劳动力引进外资已经难以为继，中国未来的引资优势不能仅仅依靠低端要素，必须充分发挥经济要素与全球化经济要素的作用，提升引进外资的综合优势。本章的实证研究还表明，在市场化水平要素方面，中国明显落后于周边主要发展中国家，且该要素对中国的引资影响不显著，但对周边国家引资却发挥了重要而显著的作用，显然，这是周边国家对中国引资形成挑战的最大的要素。本书中的市场化水平由商业自由度、金融自由度以及知识产权保护度共同构成，它所反映的正是一个国家的企业经营环境。中国市场化水平的落后折射出当前中国企业生存与发展环

境方面存在缺陷的现实。

世界银行的营商便利指数也反映了一国的企业经营环境，该指标值越高说明企业经营环境越恶劣，指标值越接近1，说明该国企业经营环境越良好。如图7.4所示，2013年中国的营商便利指数为96，远远偏离最佳营商便利指数1，指标值不仅高于发达国家，而且还高于马来西亚、智利、墨西哥以及斯里兰卡等发展中国家，反映出中国企业的生存发展环境有待改善。而当前对中国而言，要提高市场化水平，必须依赖于改革的进一步深化。

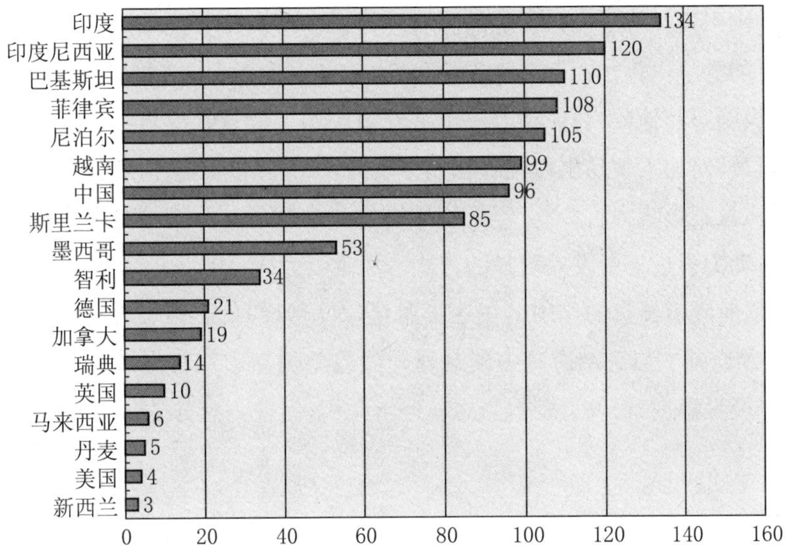

资料来源：世界银行WDI数据库。

图7.4　2013年部分国家营商便利指数

7.3.3　发挥进口、人力资本和规模经济效应，促进一般贸易发展

本章的分析表明，劳动力成本上升对中国加工贸易存在显著的负面作用，且负面影响力逐年增加，但对一般贸易出口没有明显作用。这反映出未来中国要摆脱劳动力成本上升的束缚，形成新的出口优势，必须积极培育技术、品牌和管理等高级要素，发展更高附加值的一般贸易出口。从本章研究结果看，规模经济、进口及

人力资本对一般贸易出口均具有显著的正向影响，且作用力远远大于劳动力成本，充分发挥这些因素的作用对中国贸易的转型升级将具有重要意义。①

7.4 本章小结

中国的贸易大国地位形成有赖于低廉的要素价格，本章针对当前劳动力成本上升对中国引资优势与出口优势的影响进行了经验分析，结果表明：中国单位产出劳动成本的竞争优势正在逐渐丧失，劳动力成本对中国引资的作用力低于市场规模、基础设施等其他要素；劳动力成本上升对中国一般贸易出口存在负向作用，但影响不显著，对加工贸易出口则存在显著负向作用，且该负面作用存在显著的时期变化趋势，且其影响力自 2005 年后逐年增加。这些经验分析的结果表明，中国依赖廉价劳动力引进外资发展贸易的方式已经难以为继。随着劳动力成本的持续上升，该要素对吸引外资的作用正在逐步弱化，对出口的负面影响力却在逐步增强。第 7.3 节结合前文研究结论对中国对外开放战略提出了培育高级要素，提高市场化水平以及发挥进口、人力资本与规模经济作用，促进一般贸易发展等启示。

① 现有许多研究也证明了规模经济、进口与人力资本对出口贸易的促进作用：新贸易理论已经指出了规模经济和差异化产品是国际贸易的起因；余淼杰(2010)利用进口渗透率指标代表贸易自由化探讨贸易自由化对中国企业生产率的影响，结果发现，贸易自由化能够提高出口企业的生产率；饶晓辉(2007)利用中国 1952—2004 年数据研究发现，人力资本对出口具有正向促进作用。

第8章
结论与启示

8.1 主要结论

本书从分析要素流动基本规律入手，在理论上论证了要素稀缺性决定生产要素和出口产品溢价能力，从而决定直接投资与贸易收益的国际差异，并构建跨国面板数据模型进行了相应的经验验证。主要结论如下：

其一，第2章的分析阐明，生产要素国际流动基本流向在于高流动性要素流向低流动性要素，经济要素和全球化经济要素是生产要素国际流动的决定因素，国家间要素相对稀缺性差异决定要素收益的国家间差异，这是要素跨国流动的根本动因。

其二，第3章关于要素稀缺性与直接投资收益差异的理论分析部分论证了高级要素与初级要素存在流动性与稀缺性差异，高级要素流动性强、稀缺性高，初级要素流动性弱、稀缺性低，前者分布于发达国家，而后者主要分布于发展中国家。要素稀缺性差异决定要素溢价能力和收益存在差异，高级要素溢价能力更强、收益更高，而初级要素溢价能力更弱、收益更低。由于要素流动没有改变要素的所有权，因此在直接投资中一国获取的收益大小取决于其投入要素在东道国（要素流入国）的稀缺性，该要素相对稀缺性越高，则该国获取的收益就越大，相对稀缺性越低，则该国获取的收益就越小；同为要素流入国或要素流出国，发达国家获取的要素收益份额高于发展中国家。

其三，要素稀缺性与直接投资收益差异的经验分析结果表明：要素流入国高级要素相对稀缺性增加1%的幅度，将引起要素流出国与流入国收益比值上升0.286%。个体变系数模型的回归结果也表明，除少数国家不显著之外，40个国家中绝大部分国家的高级要素稀缺性变量的偏回归系数均为正，这说明一国高级要素越稀缺，则要素流出国与该国收益比值就越大，二者存在正相关关系。实际投入的外国要素与东道国要素比的偏回归系数为正，说明外国相对东道国投入要素越多，其获得的收益与东道国收益比值也越大。此外，比较仅考虑资本要素与综合考虑资本、技术与人才要素后各国 $\ln(\varphi_F/\varphi_H)$ 系数，在加入技术与人才要素后部分国家的弹性系数明显上升（如新加坡、俄罗斯、日本、芬兰、爱尔兰以及捷克等国家），这说明技术与高端人才等生产要素对这些国家直接投资收益的增加具有十分明显的促进作用。时期变系数模型的结果还显示，1996—2011年间要素稀缺性变量 $\ln(\varphi_F/\varphi_H)$ 历年的偏回归系数均显著为正，且其系数值存在逐渐扩大的趋势，说明一国高级要素相对稀缺性对投资国与东道国收益差异的作用力在逐年上升。

其四，要素稀缺性与贸易收益差异的理论分析表明，要素稀缺性通过决定出口产品质量和厂商数目而影响出口产品价格。生产要素国际流动下，中间产品进口与外资出口并存是一国贸易的主要特点，一国高级要素稀缺程度越高，则其出口产品与进口中间品差价越小，出口中包含的外国收益部分越多，从而导致本国贸易收益较少；一国高级要素稀缺性越低，则该国出口产品与其进口中间品之间差价越大，出口中包含的外国要素收益部分也越少，而该国的贸易收益就越大。

其五，第6章构建跨国面板数据模型考察高级要素稀缺性与贸易收益差异的关系，结果表明，要素稀缺性与一国贸易收益之间存在显著负相关关系，高级要素稀缺性变量的偏回归系数显著为负，其系数值为−0.853，高级要素稀缺性增加1%将导致该国贸易收益下降0.853%；出口规模变量与贸易收益之间存在显著的正相关关系，出口规模扩大1%将引起贸易收益上升0.689%。此外，比较在贸易增加值中扣除外国要素收益前后的回归结果发现，要素稀缺性对扣除外国要素收益后的贸易增加值的偏回归系数绝对值更大，说明要素稀缺性对扣除外国要素收益后的贸易收益解释力度更大。

其六，第7章考察了劳动力成本上升对中国引资和出口的影响，结果表明：中国劳动力成本优势正在逐步丧失，该要素并非中国引资的主要影响因素，市场规模与基础设施是中国引资的主要因素，市场化水平要素在中国周边国家吸引外资中发挥了重要作用（影响系数仅次于市场规模），但在中国其作用却不显著；劳动力成本对加工贸易出口存在显著负向作用，对一般贸易影响则不显著，人力资本、进口以及规模经济对一般贸易出口存在显著的正向促进作用；中国在高级要素培育的制度环境、市场化水平以及一般贸易发展等方面存在缺陷，改善高级要素培育的制度环境、提高市场化水平以及促进一般贸易发展应成为中国未来对外开放战略调整的主要方向。

8.2　主要启示

本书研究结果表明，一国高级要素稀缺性越高，则直接投资中投资国在该国获取的相对收益就越高，该国出口的贸易收益就越低，反之，一国高级要素稀缺性越低，则投资国在该国获取的相对收益就越低，该国出口的贸易收益就越高。这就意味着，增加高级要素相对供给量，降低高级要素相对初级要素的稀缺性，将有效提升一国的开放收益。特别是第 4 章的经验分析还表明，与仅考虑资本要素相比，综合考虑资本、技术与高端人才因素后，流入国高级要素稀缺性对流出国与流入国的收益差异的正向影响力更大，这就说明技术、高端人才等高级要素对一国直接投资收益的提高具有极为重要的作用。而要增加高级要素相对供给量，自主培育与国外引进是两条重要途径，但后者尽管能够在短时间内增加高级要素存量水平，但从中国对外投资的实践看，由于国外制度与法律的限制，核心技术等要素的所有权难以逆向向中国发生转移，因此，培育高级要素将是中国未来获取高级要素的必要途径，而在这其中，建设适宜高级要素成长的制度环境是关键。

本书对生产要素国际流动的规律阐述说明了经济要素与全球化经济要素是要素流动的决定因素，关于劳动力成本上升对中国引资与出口挑战的实证研究也发现，随着劳动力成本的持续上升，该要素对引进外资的作用也在逐步弱化，这说明中国依赖廉价劳动力引进外资发展贸易的方式已经难以为继，中国未来的引资优势不能仅仅依靠低端要素，必须充分发挥经济要素与全球化经济要素的作用，提升引进外资的综合优势。第 7 章的实证研究还表明，在市场化水平要素方面，中国明显落后于周边主要发展中国家，且该要素对中国的引资影响不显著，但对周边国家引资却发挥了重要而显著的作用，显然，这是周边国家对中国引资形成挑战的最大的要素。未来中国要打造引资新优势，提高市场化水平是必然选择。在本书中，市场化水平由商业自由度、金融自由度以及知识产权保护度共同构成，它反映的正是一个国家的企业经营环境。中国市场化水平的落后折射出当前中国企业生存与发展环境方面存在缺陷的现实，而要提高该要素的水平，必须依赖于改革的进一步深化。

第 7 章的分析表明，劳动力成本上升对中国加工贸易存在显著负面作用，且负面影响力逐年增加，但对一般贸易出口没有明显作用，这反映出未来中国要摆脱劳动力成本上升的束缚，形成新的出口优势，必须积极培育技术、品牌和管理等高级要素，发展更高附加值的一般贸易出口。本书研究表明，规模经济、进口及人力资本对一般贸易出口均具有显著的正向影响，且作用力远远大于劳动力成本，充分发挥这些因素的作用对中国贸易的转型升级具有重要意义。

8.3 研究的不足之处

限于笔者的研究能力，本书尚有诸多不足之处，也是有待更进一步研究的方向：

第一，本书在分析直接投资收益时，没有加入环境污染成本的考察。

事实上，发达国家往往通过对发展中国家的直接投资转移其高污染、高消耗的落后产业，其结果必然造成发展中国家的环境污染问题，作为要素流入国的发展中国家，其国民收益也将受损。因此，在考察要素流入国的直接投资收益时，将环境污染作为成本从要素流入国的收益中扣除，才能更为客观地反映出要素流入国的国民收益。加入环境污染成本因素的考察，是未来进一步研究的方向之一。

第二，本书在构建数理模型分析要素稀缺性决定直接投资收益国际差异时，没有考虑到技术进步的偏向性。而技术进步的偏向性将对生产要素的投入数量产生影响，从而影响到要素收益。将技术进步的偏向性纳入数理模型考察要素稀缺性与收益国际差异的关系，是今后进一步研究的方向之二。

第三，本书从理论和实证两方面论证了要素稀缺性决定收益的国际差异，提出了建设良好制度环境培育高级要素、提高市场化水平以及促进一般贸易发展等政策启示，但是对具体的政策路径和措施没有进行更深入的探讨。针对如何培育高级要素、提高市场化水平和促进一般贸易发展进行相应的政策设计，是今后的研究方向之三。

附表 1　全球 40 个国家/地区高级要素稀缺性指数

名次	1996年		1997年		1998年		1999年		2000年		2001年		2002年		2003年	
	国家/地区	指数	国家/地区	指数	国家/地区	指数	国家/地区	指数	国家/地区	指数	国家/地区	指数	国家/地区	指数	国家/地区	指数
1	马来西亚	34.085	泰　国	24.508	马来西亚	28.378	马来西亚	—	墨西哥	24.934	墨西哥	24.967	墨西哥	20.437	墨西哥	19.860
2	墨西哥	23.943	墨西哥	22.741	墨西哥	23.841	墨西哥	24.104	马来西亚	19.034	马来西亚	21.995	菲律宾	19.314	菲律宾	19.135
3	泰　国	22.148	菲律宾	19.270	菲律宾	18.906	菲律宾	18.778	菲律宾	18.983	意大利	19.509	马来西亚	18.212	意大利	18.488
4	菲律宾	19.248	南　非	17.493	意大利	17.092	泰　国	18.251	智　利	18.844	菲律宾	18.822	泰　国	17.731	马来西亚	18.341
5	南　非	15.964	印　度	17.201	泰　国	16.249	意大利	18.023	意大利	18.639	智　利	16.635	智　利	17.070	智　利	16.500
6	土耳其	14.983	意大利	16.300	印　度	16.196	智　利	16.663	泰　国	16.731	印　度	15.710	意大利	16.983	印　度	15.298
7	印　度	14.920	智　利	15.852	土耳其	15.857	印　度	16.383	印　度	16.482	土耳其	15.239	印　度	15.509	印度尼西亚	14.967
8	智　利	14.862	土耳其	15.314	智　利	15.780	土耳其	15.634	土耳其	14.972	印度尼西亚	14.553	土耳其	14.868	南　非	14.121
9	印度尼西亚	12.552	印度尼西亚	13.137	南　非	15.202	印度尼西亚	13.584	印度尼西亚	14.210	泰　国	14.024	印度尼西亚	14.182	泰　国	13.905
10	意大利	11.197	马来西亚	11.500	印度尼西亚	13.745	南　非	13.455	南　非	13.050	南　非	13.580	南　非	13.042	土耳其	12.013
11	中国内地	9.580	中国香港	10.082	中国香港	12.967	中国香港	10.456	中国香港	11.541	巴　西	11.026	巴　西	10.690	巴　西	10.110
12	阿根廷	9.263	巴　西	9.762	中国内地	10.417	中国内地	9.983	巴　西	11.304	中国香港	8.916	阿根廷	8.513	阿根廷	8.195
13	希　腊	9.115	中国内地	9.263	巴　西	9.887	巴　西	9.557	中国内地	8.552	阿根廷	8.669	中国内地	7.858	中国内地	7.603
14	西班牙	9.105	希　腊	9.144	阿根廷	8.481	阿根廷	8.444	阿根廷	8.422	中国内地	8.258	中国香港	7.107	希　腊	6.901
15	巴　西	8.023	西班牙	8.686	西班牙	7.517	西班牙	7.559	希　腊	6.311	希　腊	7.273	希　腊	6.546	爱尔兰	5.246
16	中国香港	7.131	阿根廷	8.481	希　腊	7.231	希　腊	6.566	西班牙	5.591	西班牙	5.538	爱尔兰	5.444	中国香港	5.122
17	匈牙利	6.887	匈牙利	6.514	匈牙利	6.286	匈牙利	5.899	爱尔兰	5.518	爱尔兰	5.483	西班牙	5.375	匈牙利	5.047
18	爱尔兰	6.740	葡萄牙	6.205	葡萄牙	5.842	爱尔兰	5.810	捷　克	5.432	匈牙利	5.164	捷　克	5.195	捷　克	4.982

（续表）

名次	1996年		1997年		1998年		1999年		2000年		2001年		2002年		2003年	
	国家/地区	指数	国家/地区	指数	国家/地区	指数	国家/地区	指数	国家/地区	指数	国家/地区	指数	国家/地区	指数	国家/地区	指数
19	葡萄牙	6.645	爱尔兰	6.171	捷 克	5.761	葡萄牙	5.563	葡萄牙	5.309	捷 克	5.108	匈牙利	5.103	西班牙	4.757
20	捷 克	5.356	捷 克	5.637	爱尔兰	5.633	捷 克	5.452	匈牙利	5.207	葡萄牙	5.070	葡萄牙	4.754	葡萄牙	4.463
21	波 兰	4.506	波 兰	4.341	奥地利	5.094	波 兰	4.397	波 兰	4.540	波 兰	4.505	波 兰	4.497	波 兰	4.390
22	比利时	4.395	比利时	4.218	波 兰	4.356	荷 兰	3.737	卢森堡	3.790	荷 兰	3.450	荷 兰	3.679	荷 兰	3.748
23	荷 兰	4.371	荷 兰	4.052	比利时	3.999	新西兰	3.694	荷 兰	3.761	比利时	3.397	比利时	3.666	比利时	3.660
24	瑞 士	3.982	新西兰	3.802	荷 兰	3.999	韩 国	3.661	比利时	3.549	奥地利	3.263	奥地利	3.657	瑞 士	3.576
25	新西兰	3.778	法 国	3.526	韩 国	3.937	比利时	3.617	韩 国	3.445	新西兰	3.188	新西兰	3.101	卢森堡	3.327
26	新加坡	3.588	新加坡	3.515	新西兰	3.583	法 国	3.460	法 国	3.230	法 国	3.175	法 国	3.027	德 国	2.949
27	韩 国	3.510	韩 国	3.462	法 国	3.543	瑞 士	3.182	瑞 士	3.174	瑞 士	3.147	瑞 士	2.983	法 国	2.930
28	法 国	3.489	英 国	3.389	德 国	3.326	奥地利	3.170	奥地利	3.112	德 国	2.990	德 国	2.979	新西兰	2.725
29	奥地利	3.482	德 国	3.337	英 国	3.160	德 国	3.082	新西兰	3.111	英 国	2.810	卢森堡	2.773	奥地利	2.694
30	德 国	3.418	瑞 士	3.154	瑞 士	3.117	英 国	2.994	德 国	3.069	韩 国	2.732	韩 国	2.663	韩 国	2.537
31	英 国	3.354	奥地利	2.946	卢森堡	2.978	澳大利亚	2.843	英 国	2.985	卢森堡	2.670	英 国	2.577	澳大利亚	2.385
32	丹 麦	2.845	澳大利亚	2.760	新加坡	2.967	新加坡	2.724	丹 麦	2.836	丹 麦	2.627	澳大利亚	2.411	英 国	2.352
33	加拿大	2.782	丹 麦	2.740	加拿大	2.709	加拿大	2.643	澳大利亚	2.623	澳大利亚	2.525	加拿大	2.294	挪 威	2.330
34	澳大利亚	2.598	加拿大	2.735	澳大利亚	2.639	丹 麦	2.591	加拿大	2.425	挪 威	2.411	挪 威	2.130	加拿大	2.171
35	卢森堡	2.417	挪 威	2.615	丹 麦	2.328	挪 威	2.581	挪 威	2.112	加拿大	2.299	俄罗斯	2.049	俄罗斯	2.055
36	挪 威	2.227	卢森堡	2.481	挪 威	2.245	卢森堡	2.286	新加坡	2.038	新加坡	2.092	新加坡	1.979	丹 麦	1.974
37	俄罗斯	1.854	瑞 典	2.013	俄罗斯	2.094	俄罗斯	2.057	俄罗斯	2.012	俄罗斯	2.007	丹 麦	1.886	新加坡	1.816
38	日 本	1.847	俄罗斯	1.951	日 本	1.749	瑞 典	1.858	日 本	1.785	日 本	1.773	日 本	1.886	日 本	1.782
39	瑞 典	1.837	日 本	1.834	瑞 典	1.397	日 本	1.737	瑞 典	1.362	瑞 典	1.597	瑞 典	1.550	瑞 典	1.535
40	芬 兰	1.097	芬 兰	1.595	芬 兰	1.375	芬 兰	0.785	芬 兰	0.837	芬 兰	0.885	芬 兰	0.926	芬 兰	1.000

（续表）

名次	2004年		2005年		2006年		2007年		2008年		2009年		2010年		2011年	
	国家/地区	指数	国家/地区	指数	国家/地区	指数	国家/地区	指数	国家/地区	指数	国家/地区	指数	国家/地区	指数	国家/地区	指数
1	菲律宾	18.977	马来西亚	35.631	墨西哥	19.815	墨西哥	19.670	墨西哥	20.489	智　利	21.696	智　利	20.063	智　利	21.046
2	智　利	17.941	菲律宾	18.812	菲律宾	18.665	菲律宾	18.887	菲律宾	19.032	菲律宾	18.951	菲律宾	18.839	菲律宾	18.967
3	意大利	17.648	智　利	17.849	印度尼西亚	16.679	智　利	18.058	印度尼西亚	19.005	墨西哥	18.707	墨西哥	17.970	印度尼西亚	18.928
4	墨西哥	17.385	印度尼西亚	16.490	智　利	16.384	印度尼西亚	17.029	智　利	17.770	印度尼西亚	18.644	印度尼西亚	17.880	墨西哥	18.117
5	印度尼西亚	15.452	墨西哥	16.362	印　度	15.456	印　度	16.470	印　度	16.358	印　度	16.005	印　度	15.869	印　度	16.992
6	泰　国	15.265	印　度	15.823	马来西亚	15.334	泰　国	12.837	南　非	13.081	南　非	13.335	南　非	14.336	南　非	13.875
7	印　度	15.151	意大利	13.157	泰　国	13.555	南　非	12.830	泰　国	12.651	泰　国	12.635	泰　国	12.590	泰　国	12.421
8	南　非	12.571	泰　国	13.098	南　非	12.725	意大利	11.077	意大利	10.581	意大利	9.383	意大利	9.232	意大利	8.763
9	马来西亚	12.047	南　非	13.045	意大利	11.753	马来西亚	10.103	马来西亚	10.394	土耳其	8.387	巴　西	7.910	巴　西	7.204
10	土耳其	12.016	土耳其	10.940	土耳其	10.508	土耳其	9.460	土耳其	9.124	巴　西	8.243	土耳其	7.714	土耳其	7.078
11	巴　西	9.430	巴　西	8.915	巴　西	8.833	巴　西	8.714	巴　西	8.585	中国内地	6.628	中国内地	6.487	中国内地	6.163
12	阿根廷	7.696	阿根廷	7.288	阿根廷	6.829	阿根廷	6.391	阿根廷	6.109	马来西亚	6.237	阿根廷	5.568	阿根廷	5.387
13	中国内地	7.304	中国内地	6.434	中国内地	6.077	中国内地	5.463	希　腊	5.202	阿根廷	5.898	马来西亚	4.681	波　兰	4.304
14	希　腊	6.288	希　腊	5.352	希　腊	5.387	希　腊	5.217	中国内地	5.050	希　腊	5.019	波　兰	4.243	希　腊	4.293
15	匈牙利	5.215	匈牙利	4.919	爱尔兰	4.587	匈牙利	4.538	波　兰	4.369	波　兰	4.443	希　腊	4.224	马来西亚	4.194
16	捷　克	4.893	爱尔兰	4.667	匈牙利	4.456	爱尔兰	4.521	匈牙利	4.287	爱尔兰	4.047	爱尔兰	4.110	瑞　士	4.153
17	爱尔兰	4.807	葡萄牙	4.335	波　兰	4.419	波　兰	4.351	爱尔兰	3.778	匈牙利	3.915	瑞　士	3.945	爱尔兰	3.661
18	中国香港	4.611	波　兰	4.206	西班牙	3.825	瑞　士	3.799	瑞　士	3.628	瑞　士	3.787	匈牙利	3.646	西班牙	3.582
19	葡萄牙	4.412	西班牙	3.982	葡萄牙	3.636	西班牙	3.661	中国香港	3.522	荷　兰	3.667	西班牙	3.401	中国香港	3.351
20	西班牙	4.328	中国香港	3.521	卢森堡	3.528	卢森堡	3.396	西班牙	3.430	西班牙	3.389	中国香港	3.173	匈牙利	3.280
21	波　兰	4.262	瑞　士	3.413	中国香港	3.470	中国香港	3.230	卢森堡	3.429	中国香港	3.376	荷　兰	3.094	荷　兰	2.780

（续表）

名次	2004年		2005年		2006年		2007年		2008年		2009年		2010年		2011年	
	国家/地区	指数	国家/地区	指数	国家/地区	指数	国家/地区	指数	国家/地区	指数	国家/地区	指数	国家/地区	指数	国家/地区	指数
22	比利时	3.445	荷兰	3.411	比利时	3.212	荷兰	3.208	荷兰	3.279	卢森堡	3.061	捷克	2.859	捷克	2.740
23	奥地利	3.402	比利时	3.369	瑞士	3.201	葡萄牙	3.132	比利时	3.125	比利时	3.008	比利时	2.750	比利时	2.641
24	瑞士	3.396	捷克	3.261	捷克	3.025	比利时	3.095	捷克	2.735	捷克	2.873	卢森堡	2.712	法国	2.385
25	荷兰	3.311	奥地利	2.994	荷兰	3.005	捷克	2.886	法国	2.599	法国	2.522	新西兰	2.444	澳大利亚	2.320
26	卢森堡	3.195	德国	2.873	奥地利	2.902	法国	2.641	德国	2.514	澳大利亚	2.360	法国	2.423	新西兰	2.311
27	德国	2.920	法国	2.854	法国	2.768	德国	2.637	奥地利	2.344	德国	2.358	澳大利亚	2.415	卢森堡	2.257
28	法国	2.809	卢森堡	2.827	德国	2.766	奥地利	2.608	新西兰	2.244	奥地利	2.333	德国	2.261	俄罗斯	2.224
29	新西兰	2.549	新西兰	2.718	新西兰	2.263	新西兰	2.479	俄罗斯	2.200	新西兰	2.282	俄罗斯	2.246	德国	2.170
30	韩国	2.488	挪威	2.355	挪威	2.234	澳大利亚	2.307	澳大利亚	2.190	俄罗斯	2.242	奥地利	2.213	英国	2.166
31	挪威	2.366	澳大利亚	2.354	澳大利亚	2.186	俄罗斯	2.114	英国	2.120	英国	2.090	英国	2.102	奥地利	2.161
32	澳大利亚	2.246	韩国	2.162	俄罗斯	2.133	英国	2.087	葡萄牙	2.102	挪威	1.974	挪威	2.008	挪威	1.973
33	英国	2.237	俄罗斯	2.134	英国	2.036	挪威	2.077	挪威	1.994	加拿大	1.971	加拿大	1.919	加拿大	1.944
34	俄罗斯	2.086	英国	2.061	加拿大	1.998	加拿大	1.875	加拿大	1.833	葡萄牙	1.914	葡萄牙	1.816	日本	1.741
35	加拿大	2.076	加拿大	2.014	韩国	1.950	韩国	1.762	日本	1.766	日本	1.759	日本	1.746	瑞典	1.693
36	丹麦	1.874	丹麦	1.738	丹麦	1.718	瑞典	1.709	韩国	1.669	瑞典	1.703	瑞典	1.639	葡萄牙	1.666
37	日本	1.781	日本	1.693	日本	1.680	日本	1.679	瑞典	1.565	韩国	1.627	韩国	1.508	韩国	1.379
38	新加坡	1.741	新加坡	1.577	新加坡	1.526	丹麦	1.657	新加坡	1.432	新加坡	1.328	丹麦	1.306	丹麦	1.292
39	瑞典	1.527	瑞典	1.342	瑞典	1.342	新加坡	1.421	丹麦	1.364	丹麦	1.324	新加坡	1.301	新加坡	1.268
40	芬兰	1.027	芬兰	1.078	芬兰	1.062	芬兰	1.118	芬兰	1.072	芬兰	1.082	芬兰	1.074	芬兰	1.126

注：1999年马来西亚的指数为所有指数中的最小值，故经极差变换后等于0，无法取倒数，作为缺失值处理。
数据来源：作者根据世界银行相关数据利用因子分析方法综合并经过极差变换后取倒数计算得到。

附表2　仅考虑资本要素的 $\ln(\varphi_F/\varphi_H)$ 个体变系数模型回归结果

变　量	系　数	t 值	P 值	变　量	系　数	t 值	P 值
常数项	3.821 343	3.599 134	0.000 3	韩　国	0.364 26	4.033 08	0.000 1
$\ln(F/H)$	−0.006 71	−0.175 82	0.860 5	卢森堡	0.358 4	4.310 73	0
$\ln(\varphi_F/\varphi_H)$				马来西亚	0.359 92	3.627 09	0.000 3
阿根廷	0.327 17	3.205 5	0.001 4	墨西哥	0.407 07	4.176 11	0
澳大利亚	0.348 73	4.004 45	0.000 1	荷　兰	0.362 66	4.134 14	0
奥地利	0.383 29	4.481 31	0	新西兰	0.416 07	4.631 81	0
比利时	0.350 59	4.091 04	0	挪　威	0.321 13	3.828 29	0.000 1
巴　西	0.413 7	3.901 13	0.000 1	菲律宾	0.413 53	3.471 46	0.000 6
加拿大	0.357 02	4.044 78	0.000 1	波　兰	0.377 16	3.739 46	0.000 2
智　利	0.377 6	3.759 06	0.000 2	葡萄牙	0.350 78	3.860 64	0.000 1
中国内地	0.397 55	3.453 11	0.000 6	俄罗斯	0.351 6	3.399 94	0.000 7
捷　克	0.334 91	3.554 41	0.000 4	新加坡	0.284 93	3.235 44	0.001 3
丹　麦	0.456 92	5.318 16	0	南　非	0.482 26	4.635 86	0
芬　兰	0.398 19	4.582 85	0	西班牙	0.388 99	4.447 02	0
法　国	0.400 35	4.601 51	0	瑞　典	0.464 84	5.297 01	0
德　国	0.374 77	4.307 07	0	瑞　士	0.312 62	3.672 39	0.000 3
希　腊	0.330 99	3.680 4	0.000 3	泰　国	0.357 12	3.328 32	0.000 9
中国香港	0.328 85	3.697 06	0.000 2	土耳其	0.310 5	3.125 12	0.001 9
匈牙利	0.383 83	4.060 25	0.000 1	英　国	0.356 34	4.000 8	0.000 1
印　度	0.445 65	3.563 57	0.000 4				
印度尼西亚	0.366 6	3.135 07	0.001 8	Ad. R^2	0.768 657		
爱尔兰	0.262 56	3.076 19	0.002 2				
意大利	0.329 68	3.825 98	0.000 1	F 值	38.735 14		
日　本	0.324 77	3.791 94	0.000 2	样本数量	637		

附表3 仅考虑资本要素的 $\ln(\varphi_F/\varphi_H)$ 回归系数排名

排　序	国家/地区	弹性系数	排　序	国家/地区	弹性系数
1	南　非	0.482	21	马来西亚	0.360
2	瑞　典	0.465	22	卢森堡	0.358
3	丹　麦	0.457	23	泰　国	0.357
4	印　度	0.446	24	加拿大	0.357
5	新西兰	0.416	25	英　国	0.356
6	巴　西	0.414	26	俄罗斯	0.352
7	菲律宾	0.414	27	葡萄牙	0.351
8	墨西哥	0.407	28	比利时	0.351
9	法　国	0.400	29	澳大利亚	0.349
10	芬　兰	0.398	30	捷　克	0.335
11	中国内地	0.398	31	希　腊	0.331
12	西班牙	0.389	32	意大利	0.330
13	匈牙利	0.384	33	中国香港	0.329
14	奥地利	0.383	34	阿根廷	0.327
15	智　利	0.378	35	日　本	0.325
16	波　兰	0.377	36	挪　威	0.321
17	德　国	0.375	37	瑞　士	0.313
18	印度尼西亚	0.367	38	土耳其	0.311
19	韩　国	0.364	39	新加坡	0.285
20	荷　兰	0.363	40	爱尔兰	0.263

附表4 高级要素稀缺性指数对直接投资收益比的弹性系数排名

排 序	国家/地区	弹性系数	排 序	国家/地区	弹性系数
1	新加坡	1.429	17	加拿大	0.401
2	俄罗斯	1.357	18	瑞 士	0.387
3	日 本	0.966	19	印 度	0.361
4	芬 兰	0.884	20	菲律宾	0.355
5	爱尔兰	0.775	21	英 国	0.335
6	捷 克	0.735	22	马来西亚	0.327
7	阿根廷	0.584	23	中国香港	0.320
8	中国内地	0.555	24	希 腊	0.317
9	土耳其	0.543	25	匈牙利	0.284
10	波 兰	0.536	26	巴 西	0.267
11	挪 威	0.522	27	意大利	0.235
12	葡萄牙	0.470	28	比利时	0.232
13	印度尼西亚	0.453	29	智 利	0.177
14	韩 国	0.448	30	德 国	0.123
15	泰 国	0.426	31	墨西哥	0.115
16	澳大利亚	0.405	32	荷 兰	0.077

注：排名只涉及 $\ln(\varphi_F/\varphi_H)$ 变量弹性系数为正数的国家，其中芬兰、德国及荷兰 $\ln(\varphi_F/\varphi_H)$ 变量不显著。

附表 5　美国对外投资的 40 个国家/地区出口中包含的美国要素收益

单位：百万美元

国家/地区 \ 年份	1995	1996	1997	1998	1999	2000	2001	2002	2003	2004	2005	2006	2007	2008	2009	2010	2011
阿根廷	109.92	77.77	153.90	185.59	139.40	155.23	106.73	35.82	95.34	113.94	103.84	127.41	—	179.54	107.97	167.49	257.35
澳大利亚	184.65	239.60	246.75	211.41	288.54	290.03	252.52	225.60	225.15	275.90	254.97	384.90	393.50	298.81	216.45	264.36	260.51
奥地利	9.88	—	50.87	44.22	50.53	19.29	9.25	7.80	7.34	12.93	16.92	17.86	20.89	17.41	16.75	20.57	19.96
比利时	237.66	213.81	225.83	218.82	237.98	255.79	166.45	179.65	212.75	232.53	78.12	117.43	117.34	151.20	112.25	187.35	182.50
巴　西	680.97	663.26	845.77	558.61	420.67	520.31	432.95	269.93	239.08	300.61	218.71	322.90	436.22	558.34	473.52	472.77	525.68
加拿大	3 330.10	3 015.57	3 695.22	3 217.46	5 718.13	5 785.85	4 981.75	4 513.59	4 426.52	4 847.56	4 919.41	5 142.69	4 884.10	4 998.96	3 453.78	5 354.56	6 201.71
智　利	37.33	27.89	28.57	29.12	14.49	20.94	21.78	14.44	15.62	20.18	19.21	24.58	40.41	53.13	47.94	53.28	82.09
中国内地	115.09	102.79	199.38	163.35	252.32	268.60	210.14	207.88	224.90	279.44	310.18	334.67	277.33	353.72	440.82	643.29	568.20
捷　克	—	—	—	—	—	9.43	12.30	2.92	3.11	17.32	6.65	8.18	11.65	17.33	15.75	23.92	27.16
丹　麦	2.37	—	1.71	4.39	3.90	5.31	0.83	4.78	4.37	5.67	6.81	8.19	10.32	9.20	—	—	20.08
芬　兰	1.79	10.61	6.51	12.30	4.90	8.71	6.12	4.19	2.24	—	28.90	23.08	25.59	14.62	—	—	10.38
法　国	230.93	224.83	222.19	214.19	376.24	313.84	270.91	208.37	235.06	245.51	260.96	255.60	319.81	300.46	218.47	269.09	285.80
德　国	617.01	553.58	584.91	514.68	666.78	532.38	465.49	385.13	355.45	501.87	581.05	697.67	734.42	737.11	603.51	587.05	476.89
希　腊	—	0.68	0.62	1.64	1.75	2.88	1.09	0.37	0.70	1.13	0.59	—	—	—	86.83	91.56	88.61
中国香港	103.79	109.32	106.21	66.70	81.66	141.71	123.45	17.15	34.75	41.46	178.04	167.56	170.84	177.10	173.35	58.56	62.62
匈牙利	—	—	—	—	5.17	5.29	10.02	14.86	23.81	14.50	6.67	12.75	25.07	13.21	21.31	10.79	24.68
印　度	3.84	8.99	10.53	12.03	19.26	24.03	32.59	30.84	33.34	29.71	22.23	30.56	44.13	54.01	57.38	64.59	63.85

（续表）

国家/地区 \ 年份	1995	1996	1997	1998	1999	2000	2001	2002	2003	2004	2005	2006	2007	2008	2009	2010	2011
印度尼西亚	8.32	13.56	20.97	13.81	11.59	14.54	17.09	18.79	19.74	—	32.98	—	56.64	63.42	52.09	117.29	130.19
爱尔兰	213.48	200.22	299.22	311.22	441.69	334.05	304.36	495.73	427.36	452.79	384.65	601.71	803.89	466.10	566.07	1 262.17	2 094.98
意大利	77.68	86.95	116.04	86.64	281.27	240.16	168.87	144.97	298.63	308.03	211.82	267.15	305.29	235.03	96.09	100.46	119.07
日　本	517.45	639.32	486.01	334.81	646.50	915.11	943.99	599.94	621.89	762.80	419.47	425.65	459.30	383.94	511.64	693.57	610.96
韩　国	58.43	131.96	71.71	61.50	93.34	99.67	61.43	75.82	91.09	124.41	78.66	128.22	105.33	85.26	74.34	105.27	110.57
卢森堡	—	8.48	10.61	10.35	3.55	—	6.11	7.30	23.62	—	72.39	9.66	29.29	56.48	—	—	—
马来西亚	248.96	291.38	318.59	106.17	215.08	130.13	83.38	103.34	96.24	99.22	101.85	182.33	128.09	174.89	188.90	229.78	140.83
墨西哥	1 081.74	1 723.26	1 939.49	2 194.11	2 508.22	2 220.73	2 133.53	2 043.61	2 030.27	1 915.69	1 868.96	2 104.80	2 144.16	2 570.71	1 854.33	2 218.31	2 327.99
荷　兰	267.79	219.92	323.81	301.23	298.47	419.23	389.83	319.95	353.41	313.30	248.74	238.87	252.96	224.93	192.01	100.75	118.59
新西兰	5.61	8.47	15.88	3.58	—	7.92	4.71	3.53	5.61	7.88	9.07	10.72	16.89	22.89	5.49	6.40	6.10
挪　威	1.68	3.98	6.01	7.26	41.94	15.18	21.32	33.99	34.66	47.18	84.71	31.56	26.51	20.02	26.11	20.17	144.69
菲律宾	118.37	145.19	161.30	182.99	251.77	227.61	155.17	132.98	136.46	150.91	148.85	171.67	187.57	179.68	165.45	99.25	35.93
波　兰	—	—	—	—	2.95	16.17	25.00	22.57	24.06	25.89	28.92	32.91	36.14	34.50	19.61	34.63	30.64
葡萄牙	7.77	4.46	5.80	4.79	4.06	—	9.11	11.24	9.77	6.07	28.94	—	—	1.62	—	—	3.55
俄罗斯	—	—	—	—	−0.36	0.17	—	1.68	2.46	0.57	0.51	3.40	9.58	27.19	—	8.52	9.22
新加坡	287.89	409.09	440.74	322.05	446.70	709.12	412.95	417.77	521.30	497.31	414.61	601.05	721.72	561.68	483.08	554.62	906.75
南　非	12.73	10.91	10.82	7.06	7.13	—	7.54	15.97	15.14	27.53	16.82	24.41	—	13.55	—	43.30	41.15
西班牙	54.13	47.11	60.99	61.88	39.78	42.27	31.60	30.57	29.35	46.93	44.52	45.72	67.46	66.59	42.71	111.15	95.10
瑞　典	9.80	9.30	14.22	19.37	13.63	17.76	7.85	6.11	57.04	8.71	2.53	7.16	16.18	4.63	−6.38	8.74	6.62
瑞　士	85.46	66.23	56.44	61.39	65.62	215.57	74.47	73.64	99.79	149.32	242.41	321.46	500.28	442.15	541.85	478.86	427.35
泰　国	71.88	94.16	80.68	150.98	105.24	84.45	111.44	91.48	106.13	94.32	91.76	104.38	166.32	164.84	229.82	245.31	195.80
土耳其	29.24	—	—	—	—	37.04	34.11	—	6.57	10.33	19.20	—	33.53	41.49	54.11	—	—
英　国	858.68	871.87	612.82	645.17	1 319.71	1 307.19	888.13	826.13	845.17	986.38	1 037.12	999.64	1 024.51	1 129.60	862.65	998.47	1 122.91

资料来源：OECD 数据库。

附表 6　扣除外国要素前的出口中本国/地区贸易增加值比重

（%）

排名	1995 年		2000 年		2005 年		2008 年		2009 年	
1	日　本	92.84	日　本	89.35	俄罗斯	89.47	俄罗斯	90.74	巴　西	89.10
2	巴　西	89.07	巴　西	87.42	日　本	84.98	巴　西	86.15	阿根廷	84.88
3	阿根廷	88.74	阿根廷	87.05	巴　西	84.59	阿根廷	82.29	日　本	83.55
4	印　度	88.41	俄罗斯	85.28	阿根廷	83.51	印度尼西亚	79.04	印度尼西亚	82.02
5	中国内地	87.21	印　度	84.01	澳大利亚	81.51	日　本	78.90	澳大利亚	81.13
6	南　非	85.10	澳大利亚	81.31	新西兰	78.08	澳大利亚	77.49	新西兰	79.54
7	土耳其	84.89	土耳其	79.48	南　非	76.54	新西兰	76.03	意大利	77.07
8	澳大利亚	84.38	中国内地	79.41	印度尼西亚	76.44	意大利	74.23	英　国	74.75
9	智　利	81.52	南　非	—	印　度	74.43	英　国	72.49	土耳其	72.92
10	新西兰	81.25	新西兰	77.67	土耳其	73.66	丹　麦	71.00	西班牙	72.65
11	印度尼西亚	81.15	智　利	76.87	智　利	72.68	南　非	69.74	加拿大	71.41
12	德　国	79.47	英　国	75.88	德　国	71.61	德　国	68.77	印　度	70.47
13	法　国	78.17	丹　麦	75.78	挪　威	71.39	加拿大	68.71	智　利	69.64
14	英　国	74.85	印度尼西亚	75.74	英　国	71.28	挪　威	68.55	挪　威	69.54
15	意大利	74.70	德　国	73.20	法　国	70.24	土耳其	68.25	法　国	69.46
16	韩　国	73.88	波　兰	71.58	意大利	68.36	印　度	67.78	德　国	69.45
17	瑞　士	72.92	挪　威	71.02	葡萄牙	67.33	西班牙	67.27	希　腊	69.29
18	西班牙	71.87	法　国	70.65	加拿大	66.62	法　国	67.08	波　兰	68.75
19	加拿大	71.67	意大利	70.50	丹　麦	66.58	波　兰	65.74	瑞　士	65.05
20	芬　兰	70.48	希　腊	67.52	希　腊	66.44	智　利	65.34	中国内地	64.86
21	挪　威	70.20	葡萄牙	—	波　兰	64.62	中国内地	64.33	墨西哥	63.33
22	丹　麦	69.99	瑞　士	66.52	瑞　士	64.62	瑞　士	63.50	泰　国	60.97

（续表）

排名	1995年		2000年		2005年		2008年		2009年	
23	瑞　典	69.20	芬　兰	65.35	西班牙	62.74	墨西哥	61.91	奥地利	60.07
24	墨西哥	67.77	韩　国	64.96	墨西哥	62.37	瑞　典	58.41	比利时	58.15
25	奥地利	67.54	瑞　典	64.35	瑞　典	61.95	泰　国	57.62	爱尔兰	58.14
26	泰　国	65.16	西班牙	63.74	中国内地	61.18	芬　兰	56.61	韩　国	55.61
27	葡萄牙	64.35	加拿大	62.65	奥地利	60.94	奥地利	56.50	捷　克	54.72
28	爱尔兰	58.96	墨西哥	62.63	芬　兰	60.84	捷　克	55.21	马来西亚	54.62
29	荷　兰	58.08	奥地利	62.63	韩　国	59.38	葡萄牙	54.74	匈牙利	54.08
30	菲律宾	57.07	泰　国	60.65	泰　国	57.03	马来西亚	54.14	荷　兰	53.36
31	比利时	55.63	捷　克	55.11	荷　兰	55.93	韩　国	53.80	菲律宾	52.34
32	马来西亚	52.64	荷　兰	53.04	捷　克	54.56	荷　兰	52.90	中国香港	50.53
33	新加坡	44.51	比利时	51.45	马来西亚	51.48	比利时	52.45	新加坡	43.36
34	中国香港	42.70	马来西亚	50.90	比利时	50.11	中国香港	51.56	瑞　典	—
35	俄罗斯	—	卢森堡	—	中国香港	48.54	菲律宾	50.53	俄罗斯	—
36	波　兰	—	菲律宾	47.31	菲律宾	47.78	匈牙利	48.77	南　非	—
37	希　腊	—	匈牙利	47.22	爱尔兰	44.61	爱尔兰	48.07	丹　麦	—
38	匈牙利	—	中国香港	47.10	匈牙利	42.85	新加坡	39.58	芬　兰	—
39	捷　克	—	爱尔兰	43.44	卢森堡	42.07	卢森堡	33.41	葡萄牙	—
40	卢森堡	—	新加坡	42.16	新加坡	40.27	希　腊	—	卢森堡	—

注：为与附表7进行排名对比，故附表7中缺失的数据本表也作为缺失数据处理。

附表7　扣除外国要素后的出口中本国/地区贸易增加值比重

（%）

排名	1995年		2000年		2005年		2008年		2009年	
1	日　本	92.66	日　本	89.06	俄罗斯	89.46	俄罗斯	90.47	巴　西	86.62
2	印　度	88.30	俄罗斯	85.27	日　本	84.87	巴　西	83.91	阿根廷	83.60
3	中国内地	85.96	印　度	83.52	巴　西	83.30	阿根廷	80.47	日　本	83.41
4	阿根廷	85.30	阿根廷	83.04	阿根廷	81.69	日　本	78.83	印度尼西亚	81.61
5	南　非	83.32	巴　西	81.54	澳大利亚	79.51	印度尼西亚	78.63	澳大利亚	79.73
6	澳大利亚	81.90	澳大利亚	77.94	新西兰	77.63	澳大利亚	75.55	新西兰	79.29
7	土耳其	81.25	中国内地	77.92	印度尼西亚	76.06	新西兰	75.22	意大利	76.85
8	印度尼西亚	81.00	新西兰	77.02	南　非	75.46	意大利	73.83	英　国	74.08
9	新西兰	80.80	土耳其	76.24	印　度	74.24	英　国	71.80	西班牙	72.43
10	巴　西	80.23	丹　麦	75.58	土耳其	72.98	丹　麦	70.84	土耳其	71.55
11	德　国	78.70	印度尼西亚	75.54	智　利	72.00	南　非	69.15	印　度	70.18
12	智　利	78.47	智　利	75.48	德　国	71.20	德　国	68.42	挪　威	69.11
13	法　国	77.00	英　国	74.62	英　国	70.50	挪　威	68.28	德　国	69.08
14	意大利	74.38	德　国	72.54	挪　威	69.74	印　度	67.54	法　国	68.81
15	英　国	73.95	波　兰	70.84	法　国	69.43	土耳其	67.43	波　兰	68.53
16	韩　国	73.66	挪　威	70.54	意大利	67.83	西班牙	66.99	加拿大	68.52
17	瑞　士	72.61	意大利	69.56	丹　麦	66.41	法　国	66.39	智　利	68.41
18	西班牙	71.20	法　国	69.20	希　腊	66.37	加拿大	65.69	中国内地	64.37
19	芬　兰	70.35	希　腊	66.89	葡萄牙	65.02	波　兰	65.44	瑞　士	64.09
20	挪　威	70.15	瑞　士	65.71	波　兰	64.14	智　利	64.12	希　腊	60.31
21	丹　麦	69.91	芬　兰	64.80	瑞　士	64.04	中国内地	64.00	墨西哥	60.17

（续表）

排名	1995年		2000年		2005年		2008年		2009年	
22	瑞　典	69.10	韩　国	64.68	加拿大	63.49	瑞　士	62.83	奥地利	59.92
23	加拿大	68.09	瑞　典	64.19	西班牙	62.48	瑞　典	58.39	泰　国	59.68
24	奥地利	67.36	西班牙	63.32	瑞　典	61.93	墨西哥	58.33	比利时	57.18
25	泰　国	64.05	奥地利	62.30	奥地利	60.77	泰　国	56.82	爱尔兰	56.93
26	葡萄牙	63.36	泰　国	59.61	中国内地	60.64	奥地利	56.38	韩　国	55.50
27	墨西哥	62.56	加拿大	58.38	芬　兰	59.53	芬　兰	56.15	捷　克	54.29
28	爱尔兰	57.88	墨西哥	57.68	韩　国	59.25	捷　克	54.84	马来西亚	53.54
29	荷　兰	57.73	捷　克	54.23	墨西哥	58.96	葡萄牙	54.65	匈牙利	53.44
30	菲律宾	54.41	荷　兰	52.50	泰　国	56.32	韩　国	53.69	荷　兰	53.22
31	比利时	52.61	马来西亚	49.76	荷　兰	55.72	马来西亚	53.32	菲律宾	51.05
32	马来西亚	49.57	比利时	47.96	捷　克	54.31	荷　兰	52.77	新加坡	41.59
33	新加坡	42.07	匈牙利	46.78	马来西亚	50.84	比利时	51.46	中国香港	17.67
34	中国香港	36.92	菲律宾	45.21	比利时	49.41	菲律宾	49.41	丹　麦	—
35	捷　克	—	爱尔兰	42.40	菲律宾	46.58	匈牙利	48.48	芬　兰	—
36	希　腊	—	新加坡	37.16	爱尔兰	43.75	爱尔兰	47.16	卢森堡	—
37	匈牙利	—	中国香港	36.13	匈牙利	42.59	新加坡	37.87	葡萄牙	—
38	卢森堡	—	卢森堡	—	卢森堡	41.62	卢森堡	33.20	俄罗斯	—
39	波　兰	—	葡萄牙	—	新加坡	38.52	中国香港	26.53	南　非	—
40	俄罗斯	—	南　非	—	中国香港	29.93	希　腊	—	瑞　典	—

附表 8　1995—2010 年中国与周边主要国家各引资要素得分

国家	年份	劳动力成本	政府效率	基础设施	市场化水平	市场规模	全球化经济要素
中国	1995	0.15	51.07	−0.90	−0.46	937 370 520 000.00	−0.80
	1996	0.16	46.83	−0.83	−0.46	1 031 107 510 000.00	−0.93
	1997	0.14	51.81	−0.75	−0.46	1 127 000 570 000.00	−0.77
	1998	0.13	53.17	−0.66	−0.46	1 214 906 630 000.00	−0.71
	1999	0.13	52.75	−0.53	−0.46	1 307 239 510 000.00	−0.65
	2000	0.12	53.66	−0.31	−0.47	1 417 047 570 000.00	−0.58
	2001	0.12	59.84	0.25	−1.07	1 534 662 540 000.00	−1.27
	2002	0.13	55.12	0.48	−1.07	1 674 316 870 000.00	−1.00
	2003	0.14	57.07	0.78	−1.07	1 841 748 510 000.00	−0.52
	2004	0.15	59.02	1.06	−1.07	2 027 765 100 000.00	−0.29
	2005	0.16	53.17	1.29	−1.08	2 256 902 550 000.00	−0.02
	2006	0.17	57.07	1.21	−1.59	2 543 529 230 000.00	0.42
	2007	0.18	59.71	1.46	−1.73	2 904 710 450 000.00	0.42
	2008	0.21	59.22	1.61	−1.56	3 183 562 460 000.00	0.67
	2009	0.24	58.37	1.70	−1.49	3 476 450 440 000.00	0.92
	2010	0.24	57.89	1.75	−1.55	3 838 001 280 000.00	0.56
印度	1995	0.20	54.05	−0.72	−0.42	448 722 534 000.00	−0.57
	1996	0.18	53.66	−0.71	−0.42	482 598 945 000.00	−0.57
	1997	0.19	54.40	−0.68	−0.42	502 143 353 000.00	−0.58
	1998	0.16	54.15	−0.66	−0.42	533 197 980 000.00	−0.58
	1999	0.16	54.59	−0.63	−0.42	578 322 890 000.00	−1.16

（续表）

国家	年份	劳动力成本	政府效率	基础设施	市场化水平	市场规模	全球化经济要素
印度	2000	0.16	51.22	−0.58	−0.42	601 311 540 000.00	−1.23
	2001	0.15	51.71	−0.55	−0.42	631 041 750 000.00	−1.13
	2002	0.15	55.12	−0.50	−0.42	655 699 940 000.00	−0.45
	2003	0.14	55.12	−0.50	−0.42	707 788 670 000.00	−0.43
	2004	0.13	55.12	−0.47	−0.42	763 341 500 000.00	−0.42
	2005	0.13	54.15	−0.43	−0.42	834 216 920 000.00	0.02
	2006	0.13	56.80	−0.58	−0.65	911 498 480 000.00	−0.19
	2007	0.13	54.37	−0.53	−0.59	1 000 837 680 000.00	0.08
	2008	0.15	55.98	−0.52	−0.59	1 039 779 890 000.00	0.08
	2009	0.14	56.46	−0.62	−0.14	1 127 950 970 000.00	−0.29
	2010	0.15	54.98	−0.88	−0.92	1 246 909 040 000.00	0.38
印度尼西亚	1995	0.12	34.46	−1.05	0.18	219 164 852 000.00	−0.09
	1996	0.11	37.07	−1.02	0.18	235 915 166 000.00	1.08
	1997	0.09	40.57	−0.99	0.18	247 002 874 000.00	1.08
	1998	0.10	29.27	−0.97	0.18	214 579 479 000.00	1.08
	1999	0.10	37.81	−0.60	−0.42	216 277 090 000.00	1.08
	2000	0.09	44.88	−0.57	−0.42	226 918 056 000.00	0.97
	2001	0.12	38.05	−0.48	−1.05	235 185 750 000.00	0.25
	2002	0.09	37.56	−0.47	−1.05	245 767 864 000.00	0.33
	2003	0.11	44.39	−0.45	−1.05	257 516 487 000.00	0.36
	2004	0.08	38.54	−0.38	−1.05	270 471 807 000.00	−0.38
	2005	0.08	43.90	−0.26	−1.05	285 868 622 000.00	−0.11
	2006	0.08	46.12	−0.34	−1.41	301 594 116 000.00	−0.15
	2007	0.07	46.60	−0.32	−1.05	320 730 333 000.00	−0.16
	2008	0.06	46.89	0.06	−1.01	340 018 070 000.00	0.05
	2009	0.06	47.85	0.10	−1.12	355 757 097 000.00	0.10
	2010	0.09	46.45	0.51	−0.84	377 853 805 000.00	0.98

（续表）

国　家	年份	劳动力成本	政府效率	基础设施	市场化水平	市场规模	全球化经济要素
斯里兰卡	1995	0.21	43.56	−1.17	1.43	15 714 292 700.00	0.05
	1996	0.19	46.34	−1.15	1.43	16 311 435 300.00	0.15
	1997	0.16	44.34	−0.84	2.08	17 356 251 100.00	0.15
	1998	0.16	36.59	−0.77	2.08	18 171 715 600.00	0.15
	1999	0.16	45.05	−0.99	1.43	18 953 203 700.00	0.26
	2000	0.16	42.44	−0.59	0.83	20 090 396 700.00	0.31
	2001	0.14	45.43	−0.61	1.46	19 779 926 000.00	0.30
	2002	0.12	54.63	−0.55	0.83	20 564 131 800.00	0.32
	2003	0.17	49.76	−0.52	0.83	21 785 696 300.00	0.30
	2004	0.15	42.93	−0.50	0.83	22 971 940 900.00	0.30
	2005	0.15	45.37	−0.06	0.23	24 405 790 700.00	0.39
	2006	0.29	50.73	0.14	0.15	26 277 097 500.00	−0.43
	2007	0.21	51.94	0.30	0.49	28 063 320 100.00	−0.42
	2008	0.13	51.46	0.63	0.59	29 733 099 500.00	−0.45
	2009	0.10	50.72	0.77	0.37	30 785 341 400.00	−0.80
	2010	0.10	48.80	0.88	0.29	33 253 083 100.00	−1.12
菲律宾	1995	0.27	51.95	−1.02	0.18	69 125 128 000.00	−0.14
	1996	0.35	49.76	−1.03	0.81	73 166 103 000.00	−0.06
	1997	0.33	52.59	−0.73	1.46	76 960 031 000.00	0.03
	1998	0.28	57.07	−0.66	1.47	76 516 180 000.00	0.12
	1999	0.26	52.38	−0.89	0.81	78 874 354 000.00	0.11
	2000	0.24	50.24	−0.87	0.82	82 353 668 000.00	0.21
	2001	0.26	52.83	−0.80	0.18	84 736 975 000.00	0.27
	2002	0.25	53.66	−0.74	0.19	87 826 399 000.00	0.32
	2003	0.26	56.59	−0.73	0.19	92 191 695 000.00	0.41
	2004	0.27	48.78	−0.68	−0.45	98 366 358 000.00	0.40
	2005	0.26	56.10	−0.33	−1.04	103 065 969 000.00	−0.08
	2006	0.25	53.66	−0.68	−0.49	108 469 674 000.00	−0.07

（续表）

国 家	年份	劳动力成本	政府效率	基础设施	市场化水平	市场规模	全球化经济要素
菲律宾	2007	0.26	54.85	−0.66	−0.51	115 646 751 000.00	−0.07
	2008	0.23	56.80	−0.65	−0.53	120 449 278 000.00	0.14
	2009	0.24	54.07	−0.63	−0.69	121 832 440 000.00	0.50
	2010	0.24	55.50	−0.18	−0.70	131 131 007 000.00	1.16
马来西亚	1995	0.28	79.52	0.42	2.09	90 110 116 000.00	0.99
	1996	0.27	76.10	0.56	2.09	99 123 560 000.00	0.25
	1997	0.26	80.44	0.71	2.09	106 382 123 000.00	0.06
	1998	0.25	77.56	0.88	2.10	98 553 020 000.00	0.22
	1999	0.23	80.22	1.05	2.12	104 601 821 000.00	0.33
	2000	0.24	82.44	1.38	2.14	113 868 358 000.00	−0.47
	2001	0.28	80.79	1.66	0.26	114 457 821 000.00	−0.51
	2002	0.28	81.46	1.81	0.28	120 628 232 000.00	−0.50
	2003	0.26	84.88	1.84	0.29	127 610 798 000.00	−0.40
	2004	0.24	84.88	2.03	0.31	136 267 194 000.00	−0.40
	2005	0.25	83.90	2.20	0.32	143 533 146 000.00	−0.13
	2006	0.21	85.37	2.25	0.27	151 549 264 000.00	0.10
	2007	0.22	86.89	2.17	0.53	161 095 025 000.00	0.47
	2008	0.31	83.50	2.23	0.61	168 878 768 000.00	0.69
	2009	0.23	79.43	2.25	0.67	166 322 733 000.00	0.72
	2010	0.22	82.78	2.06	1.09	178 221 203 000.00	1.03

参考文献

Abraham, V. and S.K. Sasikumar, 2011, "Labor Cost and Export Behavior of Firms in Indian Textile and Clothing Industry", *Economics, Management, and Financial Markets*, 6, 258—282.

Acemoglu, D., 2002, "Directed Technical Change", *Review of Economic Studies*, 4, 781—809.

Acemoglu, D. and E. Helpman, 2007, "Contracts and Technology Adoption", *American Economic Review*, 3, 916—943.

Aiginger, K., 2001, "Measuring the Intensity of Quality Competition in Industries", *Austrian Economic Quarterly*, 2.

Aitken, B.J. and A.E. Harrison., 1999, "Do Domestic Firms Benefit From Direct Foreign Investment? —Evidence from Venezuela", *American Economic Review*, 3, 605—618.

Alchian, A. and W. Allen, 1964, *University Economics*, Beimont: Wads Worth Publishing Company.

Alfaro, L., A.Chanda, S.Kalemli-Ozcan and S.Sayek, 2004, "FDI and Economic Growth: The Role of Local Financial Markets", *Journal of International Economics*, 1, 89—112.

Ali, Shaukat and Wei Guo, 2005, "Determinants of FDI in China", *Journal of Global Business and Technology*, 2, 21—33.

Arrow, Kenneth J., 1962, "Economic Welfare and the Allocation of Resources for Inventions", *Social Science Electronic Publishing*, 1, 609—626.

Athukorala, Prema-chandra, 2010, "Production Networks and Trade

Patterns in East Asia: Regionalization or Globalization?", ADB Working Paper Series on Regional Economic Integration No.56.

Baltagi, B.H., P.Egger and M.Pfaffermayr, 2007, "Estimating Models of Complex FDI: Are There Third-country Effects?", *Journal of Econometrics*, 1, 260—281.

Bellver, Ana and Daniel Kaufmann, 2005, "Transparenting Transparency: Initial Empirics and Policy Applications", World Bank Policy Research Working Paper(Washington), http://www.worldbank.org/wbi/governance.

Bhagwati J.N., 1958, "Immiserizing Growth: A Geometrical Note", *Review of Economic Studies*, 3, 201—205.

Bhagwati, J.N. and E.Tironi, 1980, "Tariff Change, Foreign Capital and Immiserization", *Journal of Development Economics*, 7, 71—83.

Bhagwati, J.N. and R.A.Brecher, 1980, "National Welfare in an Open Economy in the Presence of Foreign-owned Factors of Production", *Journal of International Economics*, 1, 103—115.

Bhagwati, J.N., Richard A.Brecher, E.Dinopoulos and T.N.Srinivasan, 1987, "Quid Pro Quo Foreign Investment and Welfare", *Journal of Development Economics*, 27:127—138.

Blomstrom, M. and F.Sjoholm, 1999, "Technology Transfer and Spillovers: Does Local Participation with Multinationals Matter?", *European Economic Review*, 43: 915—923.

Bloom, Nicholas, C.Genakos, R.Sadun and J.V.Reene, 2012, "Management Practices across Firms and Countries", NBER Working Paper, No.17850.

Blomström, Magnus, 1991, "Host Country Benefits of Foreign Investment", NBER Working Paper Series, No.3615.

Borensztein, E. and J.W.Lee, 1995, "How Does Foreign Direct Investment Affect Economic Growth?", NBER Working Paper No.5057.

Bosworth, B.P. and S.M.Collins, 1999, "Capital Flows to Developing Economies: Implications for Saving and Investment", Brookings Papers on Economic

Activity No.1, Brookings Institution, 143—169.

Brecher, R.A. and J.N.Bhagwati, 1981, "Foreign Ownership and the Theory of Trade and Welfare", *Journal of Political Economy*, 3, 497—511.

Buckley, P. J. and M. Casson, 1976, *A Long-run Theory of the Multinational Enterprise*, Palgrave Macmillan UK.

Buckley, P.J. and M.Casson, 1993, "Theory of International Operations", in Buckley, P.J. and P.Ghauri(eds.), *The Internationalization of the Firm: A Reader*, London: Academic Press Ltd., 45—50.

Caves, Richard E., 1971, "International Corporations: The Industrial Economics of Foreign Investment", *Economica*, 38, 1—27.

Chakraborty, C. and P.Basu, 2002, "Foreign Direct Investment and Growth in India: A Cointegration Approach", *Applied Economics*, 34, 1061—1073.

Cheng, L. K. and Y. K. Kwan, 1999, "Foreign Capital Stock and Its Determinants", in Wu, Y. (ed.), *Foreign Direct Investment and Economic Growth in China*, Great Britain: MPG Books.

Cheng, L.K. and Y.K.Kwan, 2000, "What are the Determinants of the Location of Foreign Direct Investment? The Chinese Experience", *Journal of International Economics*, 2, 379—400.

Coase, R., 1937, "The Nature of the Firm", *Economica*, 4,386—405.

Coughlin, C.C. and E.Segev, 2000, "Foreign Direct Investment in China: a Spatial Econometric Study", *World Economy*, 1, 1—23.

Cowling, K. and M.Waterson, 1976, "Price-Cost Margins and Market Structure", *Economica*, 43, 267—274.

Craigwell, Roland, 2006, *Foreign Direct Investment and Employment in the English and Dutch- Speaking Caribbean*, Port of Spain: ILO Subregional Office for the Caribbean.

Cruz, M., 2008, "*Can Free Trade Guarantee Gains from Trade?*", Research paper/UNU-WIDER.

Deardorff, A. V., 2005, "A Trade Theorist's Take on Skilled-labor Outsourcing", *International Review of Economics & Finance*, 3, 259—271.

Dees, S., 1998, "Foreign Direct Investment in China: Determinants and Effects", *Economies of Planning*, 31, 175—194.

Chen, Derek H.C. and Carl J.Dahlman, 2005, "The Knowledge Economy, the KAM Methodology and World Bank Operations", Washington DC: The World Bank.

Diamond, Peter A. and James A. Mirrlees, 1971, "Optimal Taxation and Public Production Ⅰ: Production Efficiency", *American Economic Review*, 1, 8—27.

Dunning, J. H., 1979, "Explaining Changing Pattern of International Production: in Defence of Eclectic Theory", *Oxford Bulletin of Economics and Statistics*, 4, 269—296.

Dunning, J.H., 1980, *Toward an Eclectic Theory of International Production: Some Empirical Tests*, Palgrave Macmillan UK.

Dunning, J.H. and S.M.Lundan, 1998, "The Geographical Sources of Competitiveness of Multinational Enterprises: An Econometric Analysis", *International Business Review*, 2, 115—133.

Dunning, J.H., 1998, "Location and Multinational Enterprise: A Neglected Factor", *Journal of International Business Studies*, 29, 45—66.

Dunning, J. H. and S. M. Lundan, 2008, "Theories of Foreign Direct Investment", in Dunning, J. H. and Sarianna M. Lundan (org.), *Multinational Enterprises and the Global Economy*, Cheltenham: Edward Elgar Publishing Limited, 79—115.

Edwards, L. and Stephen S.Golub, 2004, "South Africa's International Cost Competitiveness and Exports in Manufacturing", *World Development*, 8, 1323—1339.

Emmanuel, A., 1969, *L'échange inégal: essai sur les antagonismes dans les rapports économiques internationaux*, F.Maspero.

Encarnation, Dennis, 1992, *Rivals beyond Trade: American versus Japan in Global Competition*, Ithaca, N.Y.: Cornell University Press.

Erns, C., 2005, "The FDI—employment Link in a Globalizing World: The Case of Argentina, Brazil and Mexico", ILO Employment Strategy Department Report.

Hong, E. and Laixiang Sun, 2010, "Foreign Direct Investment and Full Factor Productivity in China 2010", China Growth Centre(CGC) Discussion Paper Series No.6, university of Oxford.

Faras, R. and K. Ghali, 2009, "Foreign Direct Investment and Economic Growth: The Case of the Gcc Countries", *International Research Journal of Finance and Economics*, 29, 134—145.

Feenstra, Robert C., 1998, "Integration of Trade and Disintegration of Production in the Global Economy", *Journal of Economic Perspectives*, 4, 31—50.

Feenstra, R.C. and G.H.Hanson, 2001, "Intermediaries in Entrepôt Trade: Hong Kong Re-exports of Chinese Goods", NBER working paper No.8088.

Feinberg, Susan E. and Sumit K.Majumdar, 2001, "Technology Spillovers from Foreign Direct Investment in the Indian Pharmaceutical Industry", *Journal of International Business Studies*, 3, 421—437.

Findlay, R., 1980, "The Terms of Trade and Equilibrium Growth in the World Economy", *The American Economic Review*, 3, 291—299.

Foster, L., J. Haltiwanger and C. Syverson, 2008, "Real-location, Firm Turnover and Efficiency: Selection Productivity or Profitability?", *American Economic Review*, 1, 394—425.

Fujita, M. and J.F.Thisse, 2002, "Does Geographical Agglomeration Foster Economic Growth? and Who Gains and Loses from It?", *Japanese Economic Review*, 2, 121—145.

Gao, Ting, 2003, "Multinational Activity and Country Characteristics in OECD Countries", *Applied Economics Letters*, 4, 255—258.

Go, G., D.Kamerschen and C.Delorme, 1999, "Market Structure and Price-Cost Margins in Philippine Manufacturing Industries", *Applied Economics*, 7,

857—864.

Goldberg, Linda S. and Michael W. Klein, 1998, "Foreign Direct Investment, Trade and Real Exchange Rate Linkages in Developing Countries" in: Glick, Reuven(ed.), *Managing Capital Flows and Exchange Rates: Lessons from the Pacific Basin*, Cambridge University Press.

Gomory, R.E. and W.J.Baumol, 2000, *Global Trade and Conflicting National Interest*, Cambridge, Mass: MrrPerss.

Green, R.T. and W.H.Cunningham, 1975, "The Determinants of U.S. Foreign Investment: An Empirical Examination", *Management International Review*, 2/3, 113—120.

Gereffi, G., 1999, "International Trade and Industrial Upgrading in the Apparel Commodity Chain", *Journal of international economics*, 1, 37—70.

Grossman, G. and Elhanan Helpman, 1990, "Comparative Advantage and Long Run Growth", *American Economic Review*, 4, 796—815.

Grossman, G. and Elhanan Helpman, 1991, *Innovation and Growth in the Global Economy*, Cambridge: The MIT Press.

Grossman, G.M., E.Helpman and A.Szeidl, 2006, "Optimal Integration Strategies for the Multinational Firm", *Journal of International Economy*, 70, 216—238.

Grossman, S.J and O.D.Hart, 1986, "The Costs and Benefits of ownership: A Theory of Vertical and Lateral Integration", *Journal of Political Economy*, 4, 691—719.

Gubbi, S., P.Aulakh, S.Ray, M.Sarkar and R.Chittoor, 2010, "Do International Acquisitions by Emerging-economy Firms Create Shareholder Value? the Case of Indian Firms", *Journal of International Business Studies*, 41, 397—418.

Hall, R.E. and C.I.Jones, 1999, "Why Do Some Countries Produce So Much More Output Per Worker than Others", *Quarterly Journal of Economics*, 1, 83—116.

Hallak, J. C. and J. Sivadasan, 2009, "Firms' Exporting Behavior Under Quality Constraints", NBER working paper No.14928.

Hanson, Gordon H., 2012, "The Rise of Middle Kingdoms: Emerging Economies in Global Trade", *Journal of Economic Perspectives*, 2, 41—46.

Helpman, E., 1984, "A Simple Theory of International Trade with Multinational Corporations", *Journal of Political Economy*, 92, 451—472.

Helpman, E. and P. R. Krugman, 1985, *Market Structure and Foreign Trade: Increasing Returns, Imperfect Competition, and the International Economy*, MIT press.

Henderson, J., 2005, "Global Production Networks, Competition, Regulation and Poverty Reduction: Policy Implications", paper for the Centre on Regulation and Competition, University Manchester.

Hicks, D. and D. Hegde, 2005, "The Maturation of Global Corporate R & D: Theory and Evidence", Georgia Institute of Technology working paper No.3.

Horn, H., P.C.Mavroidis and A.Sapir, 2010, "Beyond the WTO? an Anatomy of EU and US Preferential Trade Agreements", *The World Economy*, 11, 1565—1588.

Horst, T., 1972, "American Exports and Foreign Direct Investments", Harvard Institute of Economic Research, Discussion Paper No.362.

Hummels, D.L., J.Ishii and K.M.Yi, 2001, "The Nature and Growth of Vertical Specialization in World Trade", *Journal of International Economics*, 1, 75—96.

Hymer, S.H., 1976, *The International Operations of National Firms: A Study of Direct Foreign Investment*, Cambridge, MA: MIT press.

Ietto-Gillies, G., 2005, "Dunning's Eclectic Framework", in Ietto-Gillies, G., *Transnatinal Corporations and International Production*, Edward Elgar Publishing, 112—121.

International Monetary Fund, 1993, *Balance of Payments Manual*, Washington, D.C.: International Monetary Fund, 5th ed.

International Monetary Fund, 2009, *Balance of Payments and International Investment Position Manual*, Washington, D. C.: International Monetary Fund, 6th ed.

Johnson, R.C. and G.Noguera, 2012, "Accounting for Intermediates: Production Sharing and Trade in Value Added", *Journal of International Economics*, 2, 224—236.

Jones, Ronald W., 1967, "International Capital Movements and the Theory of Tariffs and Trade", *Quaterly Journal of Economics*, 1, 1—38.

Jones, Ronald W. and S.Marjit, 2009, "Competitive Trade Models and Real World Features", *Economic Theory*, 1, 163—174.

Kemp, M.C., 1966, "The Gain from International Trade and Investment: A Neo-Heckscher-Ohlin Approach", *American Economic Review*, 4, 788—809.

Kemp, M. C., 1962, "Foreign Investment and the National Advantage", *Economic Record*, 38, 56—62.

Khalilzadeh-Shirazi, J., 1974, "Market Structure and Price-Cost Margins in United Kingdom Manufacturing Industries", *Review of Economics & Statistics*, 1, 67—76.

Kindleberger, C.P., 1969, "American Business abroad", *The International Executive*, 2, 11—12.

Knickerbocker, F. T., 1973, "Oligopolistic Reaction and Multinational Enterprise", *The International Executive*, 2, 7—9.

Kojima, Kiyoshi, 1978, *Japanese Direct Foreign Investment: A Japanese Model of Multinational Business Operations*, London: Croom Helm.

Konings, J., 2001, "The Effects of Foreign Direct Investment on Domestic Firms: Evidence from Firm-level Panel Data in Emerging Economies", *Economics of Transition*, 3, 619—633.

Koopman, R., W.Powers, Z.Wang, and Shang-Jin Wei., 2008, "How Much Of Chinese Exports is Really Made in China? Assessing Domestic Value-Added

When Processing Trade is Pervasive", NBER Working Paper No.14109.

Koopman, R., Zhi Wang and Shang-Jin Wei, 2012, "Tracing Value-added and Double Counting in Gross Export", NBER Working Paper No.18579.

Krugman P., 1979a, "A Model of Innovation, Technology Transfer, and the World Distribution of Income", *Journal of political economy*, 2, 253—266.

Krugman, P., 1979b, "Increasing Returns, Monopolistic Competition, and International Trade", *Journal of International Economics*, 9, 469—479.

Krugman, P., 1980, "Scale Economies, Product Differentiation, and the Pattern of Trade", *American Economic Review*, 5, 950—959.

Krugman, P., 1981, "Intra-industry Specialization and the Gains from Trade", *Journal of Political Economy*, 5, 959—73.

Krugman P., 1991, "History and Industry Location: The Case of the Manufacturing Belt", *American Economic Review*, 81, 80—83.

Krugman, P. and A. J. Venables, 1995, "Globalization and the Inequality of Nations", *Quarterly Journal of Economics*, 4, 857—880.

Kugler, M., 2006, "Spillover from Foreign Direct Investment: Within or Between Industries?", *Journal of Development Economics*, 80, 444 —474.

Kugler, M. and E. Verhoogen, 2012, "Prices, Plant Size, and Product Quality", *Review of Economic Studies*, 1, 307—339.

Kumar, N., 1998, *Globalization, Foreign Direct Investment and Technology Transfers: Impacts on and Prospects for Developing Countries*, London and NewYork: Routlege for United Nations University, Institute for New Technologies.

Kuznets, A., 1967, "Quantitative aspects of the Economic Growth of Nations: X-Levels and Structure of Foreign Trade: Long-term Trends", *Economic Development and Cultural Change*, 2, 7—8.

Lall, S., 1978, "Transnationals, Domestic Enterprises and Industrial Structure in LDCs: A Survey", *Oxford Economic Papers*, 30, 217—248.

Lawrence, Robert Z., 1993, "Japan's Low Levels of inward Acquisitions:

The Role of Inhibitions in Acquisitions", in Froot, Kenneth A.(ed.), *Foreign Direct Investment*, Chicago: University of Chicago Press, 85—107.

Leamer, E., 1984, *Sources of International Comparative Advantage: Theory and Evidence*, Cambridge, MA: MIT press.

Lee, Doowon and Hyeon-Seung Hu, 2011, "FDI of EU and USA and Employment Effects in Korea", *Korean Journal of Economics*, 1, 179—199.

Lee, S., et al., 2011, "Empirical Analysis of Employment and Foreign Direct Investment in Malaysia: An ARDL Bounds Testing Approach to Cointegration", *Advances in Management and Applied Economics*, 3, 77—91.

Lewis, W. A., 1954, "Economic Development with Unlimited Supplies of Labour", *Manchester School of Economic & Social Studies*, 2, 139—191.

Lewis, W. A., 1969, *Aspects of Tropical Trade 1883—1965*, Almqvist & Wiksell(distr.)

Lewis, W. A., 1980, "The Slowing down of the Engine of Growth", *American Economic Review*, 555—564.

Loko, B. and A.M.Diouf, 2009, "Middle East and Central Asia Department Revisiting the Determinants of Productivity Growth: What's New?", IMF Working Paper.

Macdougall, G.D.A., 1960, "The Benefits and Costs of Private Investment from abroad: A Theoretical Approach", *Economic Record*, 36:13—35.

Markusen, James R.and L. E.O.Svensson, 1985, "Trade in Goods and Factors with International Differences in Technology", *International Economic Review*, 1, 175—192.

Markusen, James R., 1983, "Factor Movements and Commodity Trade as Complements", *Journal of International Economics*, 13, 341—356.

Markusen, James R., 1984, "Multinationals, Multi-plant Economies, and the Gains from Trade", *Journal of International Economics*, 3—4, 205—226.

Markusen, James R., 1997, "Costly Pollution Abatement, Competitiveness and Plant Location Decisions", *Resource and Energy Economics*, 4, 299—320.

Mill, John Stuart, 1848, *Principles of Political Economy with Some of their Applications to Social Philosophy*, London: John W.Parker.

Marshall, Alfred, 1890, *Principles of Economics*, *I*(*First ed.*), London: Macmillan.

Markusen, James R., 2001, "Contracts, Intellectual Property Rights, and Multinational Investment in Developing Countries", *Journal of International Economics*, 1, 189—204.

Markusen, James R., 2004, *Multinatinal Firms and the Theory of International Trade*, Cambridge: MIT Press.

Markusen, A. "Two Frontiers for Regional Science: Regional Policy and Interdisciplinary Reach", *Papers in regional science*, 2002, 2, 279—290.

Markusen, James R. and Anthony J. Venables, 1998, "Multinatinal Firms and the New Trade Theory", *Journal of International Economics*, 46, 183—203.

Mason, Mark, 1992, "American Multinationals and Japan: The Political Economy of Japanese Capital Controls", *Journal of Japanese Studies*, 19.

Maurer, A. and C. Degain, 2012, "Globalization and Trade Flows: What You See Is Not What You Get!", *Journal of International Commerce, Economics and Policy*, 3, 1—27.

Mckinnon, R. I., 1973, *Money and Capital in Economic Development*, Washington DC: The Brookings institution.

Melitz, M.J., 2003, "The Impact of Trade on Intra-industry Reallocations and Aggregate Industry Productivity", *Econometrica*, 6, 1695—1725.

Mortensen, D., 1982, "Property Rights and Efficiency of Mating, Racing, and Related Games", *American Economic Review*, 5, 968—979.

Mpanju, A.K., 2012, "The Impact of Foreign Direct Investment on Employment Creation in Tanzania", *International Journal of Business Economics & Management Research*, 1, 126—139.

Nelson, R. and S. Winter, 1982, *An Evolutionary Theory of Economic*

Change, Cambridge, MA: Harvard University Press.

Norman, V.D. and Anthony J.Venables, 1995, "International Trade, Factor Mobility, and Trade Costs", *The Economic Journal*, 105, 1488—1504.

OECD, 2002, *Foreign Direct Investment for Development: Maximizing Benefits, Minimizing Costs*, Paris :OECD publishing.

OECD-WTO, "Trade in Value-added: Concepts, Methodologies and Challenges", http://www/oecd.org/sti/industryandglobalization/49894138.pdf.

Owen, C.H., 2004, "Determinants of Foreign Direct Investment in China: A Sectoral Analysis", 16th Annual Conference of the Association for Chinese Economics Studies.

Ozturk, Ilhan, 2007, "Foreign Direct Investment-growth Nexus: a Review of the Recent Literature", *International Journal of Applied Econometrics and Quantitative Studies*, 2, 79—98.

Pissarides, C.A., 1979, "Job Matchings with State Employment Agencies and Random Search", *Economic Journal*, 89, 818—833.

Prebisch, Raúl, 1959, "Commercial Policy in the Underdeveloped Countries", *American Economic Review*, 2, 251—273.

Raham, Vinoj and S.K.Sasikumar, 2011, "Labor Cost and Export Behavior of Firms in Indian Textile and Clothing Industry", *Economics, Management, and Financial Markets*, 1, 258—282.

Ravikumar, B. and E. Michael Waugh, 2009, "On the Cross-country Distribution of Welfare Gains from Trade", citeseerx.psu.edu.

Razin, A., A.Mody and E.Sadka, 2002, "The Role of Information in Driving FDI: Theory and Evidence", NBER Working Paper No.9255.

Romer, P.M., 1986, "Increasing Returns and Long Run Growth", *Journal of Political Economy*, 94, 1002—1037.

Rugman A. M., 1981, "Research and Development by Multinational and Domestic Firms in Canada", *Canadian Public Policy*, 4, 604—616.

Samuelson, P.A., 2004, "Where Ricardo and Mill Rebut and Confirm Arguments of Mainstream Economists Supporting Globalization", *Journal of Economic Perspectives*, 3, 135—146.

Santos, Theotonio Dos., 1970, "The Structure of Dependence", *American Economic Review*, 2, 231—236.

Sarkar, P. and H.W.Singer, 1991, "Manufactured Exports of Developing Countries and Their Terms of Trade Since 1965", *World Development*, 4, 333—340.

Shatz, H. and A.J.Venables, 2000, "The Geography of International Investment", World Bank Policy Research Working Paper No.2338.

Singer, H. W., 1950, "The Distribution of Gains Between Investing and Borrowing Countries", *American Economic Review*, 2, 473—485.

Singer, H.W., 1999, "Beyond terms of Trade-convergence and Divergence", *Journal of International Development*, 6, 911—916.

Singer H.W. and J.A.Ansari, 1992, *Rich and Poor Countries: Consequences of International Economic Disorder*, Routledge.

Spencer, Barbara J. and James A. Brander, 1983, "International R&D Rivalry and Industrial Strategy", *Review of Economic Studies*, 4, 707—722.

Sun, Q., W.Tong and Q.Yu, 2002, "Determinants of Foreign Direct Investment across China", *Journal of International Money and Finance*, 21, 79—113.

Sun, H., 1998, *Foreign Investment and Economic Development in China: 1979—1996*, Brookfield, USA: Ash-gate.

Sun, Xiaolun, 2002, "Foreign Direct Investment and Economic Development: What Do the States Need To Do?", *Fias*, 1, 1—22.

Svensson, L.E.O., 1984, "Factor Trade and Goods Trade", *Journal of International Economics*, 16:365—378.

Tiwari A.K. and M.Mutascu, 2011, "Economic Growth and FDI in Asia: A Panel-Data Approach", *Economic Analysis & Policy*, 2, 173—187.

UNCTAD, 2000, *Capital Flows and Growth in Africa*, New York and Geneva: United Nations.

UNCTAD, 1994, *World Investment Report 1994*, New York and Geneva: United Nations.

UNCTAD, 1998, *World Investment Report 1998*, New York and Geneva: United Nations.

UNCTAD, 2001, *World Investment Report 2001*, New York and Geneva: United Nations.

UNCTAD, 2008, *World Investment Report 2008*, New York and Geneva: United Nations.

UNCTAD, 2011, *World Investment Report 2011*, New York and Geneva: United Nations.

UNCTAD, 2012, *World Investment Report 2012*, New York and Geneva: United Nations.

UNCTAD, 2013, *World Investment Report 2013*, New York and Geneva: United Nations.

Verhoogen, E., 2008, "Trade, Quality Upgrading, and Wage Inequality in the Mexican Manufacturing Sector", *Quarterly Journal of Economics*, 2, 489—530.

Wang, J.-Y. and M.Blomstrom, 1992, "Foreign Investment and Technology Transfer, a Simple Model", *European Economic Review*, 1, 137—155.

Wei, Y., X.Liu, D.Parker and K.Vaidya, 1999, "The Regional Distribution of Foreign Direct Investment in China", *Regional Studies*, 9, 857—867.

Wei, Shang-Jin, 1996, "Foreign Direct Investment in China: Sources and Consequences", In Ito, Takatoshi and Anne O.Krueger. (eds.), *Financial Deregulation and Integration in East Asia*, Chicago: University of Chicago Press.

Wei, Shang-Jin, 2000, "Why Does China Attract So Little Foreign Direct Investment", In Ito, Takatoshi and Anne O. Krueger (eds.), *The Role of Foreign Direct Investment in East Asian Economic Development*, University of Chicago Press, NBER-EASE, 9:239—265.

Wijeweera, A., R. Villano, and B. Dollery, 2010, "Economic Growth and

FDI Inflows: A Stochastic Frontier Analysis", *Journal of Developing Areas*, 43, 143—158.

Wong, Kar-yiu, 1995, *International Trade in Goods and Factor Mobility*, The MIT Press.

Wooldridge, J. M., 2002, "Inverse Probability Weighted M-estimators for Sample Selection, Attrition and Stratification", *Portuguese Economic Journal*, 1:117—139.

World Bank, 2012, "Knowledge Economy Index (KEI) 2012 Rankings", http://web.worldbank.org/WBSITE/EXTERNAL/WBI/WBIPROGRAMS/KFDLP/EXTUNIKAM/0, menuPK: 1414738 ~ pagePK: 64168427 ~ piPK: 64168435 ~ theSitePK:1414721, 00.html.

WTO, 2011, *Trade Patterns and Global Value Chains in East Asia: From Trade in Goods to Trade in Tasks*, Geneva: WTO.

WTO, 2008, *World Trade Report: Trade in a Globalizing World*, Geneva: WTO.

WTO, 2011, *World Trade Report: The WTO and Preferential Trade Agreements: From Co-existence to Coherence*, Geneva: WTO.

WTO, 2013, *World Trade Report: Factors Shaping the Future of World Trade*, Geneva: WTO.

Yates, P., 1959, *Lamartine*, *Forty Years of Foreign Trade*, London: Allen & Unwin.

Yeaple, Stephen, 2003, "The Complex Integration Strategies of Multinational Firms and Cross-Country Dependencies in the Structure of Foreign Direct Investment", *Journal of International Economics*, 60:293—314.

Young, Alwyn, 2000, "Gold into Base Metals: Productivity Growth in the People's Republic of China during the Reform Period", NBER working paper No.7856.

埃米尔·阿明:《世界规模的积累:不平等理论批评》,杨明柱、杨光、李宝源译,社会科学文献出版社 2008 年版。

安格斯·麦迪森:《世界经济千年史》,伍晓鹰等译,北京大学出版社 2003 年版。

阿瑟·刘易斯:《二元经济论》,经济学院出版社 1989 年版。

曹明福、李树民:《全球价值链分工的利益来源:比较优势、规模优势和价格倾斜优势》,《中国工业经济》2006 年第 10 期。

陈继勇、刘威:《产品内分工视角下美中贸易失衡中的利益分配》,《财经问题研究》2008 年第 11 期。

彼得·德鲁克:《九十年代的管理》,上海译文出版社 1999 年版。

伯尔蒂尔·俄林:《地区间贸易和国际贸易》,王继祖等译,首都经济贸易大学出版社 2001 年版。

陈超、姚利民:《制造业单位劳动成本的国际比较及其对出口与福利的影响》,《世界经济研究》2007 年第 6 期。

陈继勇、刘威:《产品内分工视角下美中贸易失衡中的利益分配》,《财经问题研究》2008 年第 11 期。

陈健、徐康宁:《跨国公司研发全球化:动因、地域分布及其影响因素分析》,《经济学季刊》2009 年第 3 期。

陈平、欧燕:《我国劳动力成本上升对 FDI 地区——来自工业企业数据和 FDI 空间效应的证据》,《中山大学学报》(社会科学版)2011 年第 2 期。

陈其斐、楚明钦:《扩大内需、工资上涨与对外出口——来自中国 228 个城市的面板数据》,《经济理论与经济管理》2013 年第 11 期。

彼罗·斯拉法主编:《李嘉图著作与通信集第 1 卷:政治经济学及赋税原理》,商务印书馆 2009 年版。

戴维·赫尔德:《全球大变革》,杨雪冬等译,社会科学文献出版社 2001 年版。

丹尼·罗德里克主编:《探索经济繁荣——经济增长的描述性分析》,张宇译,中信出版社 2009 年版。

丁平:《"中国制造"的成本优势真的丧失了吗》,《经济学家》2013 年第 5 期。

F.H.欣斯利:《新编剑桥世界近代史第十一卷》,中国社会科学院世界历史研究所组译,中国社会科学出版社 1987 年版。

葛顺奇:《激励措施及其对吸引外资的影响》,《国际经济评论》2006 年第 5 期。

G.M.格罗斯曼、E.赫尔普曼:《全球经济中的创新与增长》,中国人民大学出版社 2003 年版。

海闻、P.林德特、王新奎:《国际贸易》,上海人民出版社 2003 年版。

贺灿飞、梁进社:《中国外商直接投资的区域分异及其变化》,《地理学报》1999 年第 2 期。

贺聪、尤瑞章、莫万贵:《制造业劳动力成本国际比较研究》,《金融研究》2009 年第 7 期。

黄满盈:《中国价格贸易条件波动性研究》,《世界经济》2008 年第 12 期。

黄肖琦、柴敏:《新经济地理学视角下的 FDI 区位选择》,《管理世界》2006 年第 10 期。

季铸:《世界经济导论》,人民出版社 2003 年版。

江小涓:《我国出口商品结构的决定因素与变化趋势》,《经济研究》2007 年第 5 期。

江小娟:《我国对外投资的战略意义与政策建议》,《中国外汇管理》2000 年第 11 期。

杰里米·里夫金:《第三次工业革命》,张体伟、孙豫宁译,中信出版社 2012 年版。

黎峰:《全球生产网络下的贸易收益及核算——基于中国的实证》,《国际贸易问题》2014 年第 6 期。

黎国林、江华:《我国加工贸易区位分布及其优化的研究》,《国际贸易问题》2008 年第 4 期。

李国学:《资产专用性投资和全球生产网络的收益分配》,《世界经济》2009 年第 8 期。

李晓钟、张小蒂:《我国得自外商直接投资的比较利益分析》,《国际贸易问题》2006 年第 11 期。

李真:《经济全球化条件下我国贸易利益影响因素分析——基于技术进步和国际制度视角的考察》,《马克思主义研究》2009 年第 12 期。

联合国贸易与发展会议:《世界投资报告 2008》,纽约和日内瓦,2008 年。

廖利兵、陈建国、曹标:《中国吸引 FDI 的因素变化研究》,《国际贸易问题》

2013年第12期。

林玲、段世德:《经济全球化背景下的中美贸易利益分配研究》,《世界经济与政治论坛》2008年第4期。

林毅夫、平新乔、杨大勇:《可口可乐罐装系统对中国经济的影响》,北京大学中国经济研究中心讨论稿 No.C2000-001,2000年。

刘红光、王云平、季璐:《中国区域间产业转移特征、机理与模式研究》,《经济地理》2014年第1期。

刘厚俊、王丹利:《劳动力成本上升对中国国际竞争比较优势的影响》,《世界经济研究》2011年第3期。

刘荣欣:《加工贸易向中西部的梯度转移》,《开放导报》2009年第5期。

刘志彪、张杰:《我国本土制造业企业出口决定因素的实证分析》,《经济研究》2009年第8期。

刘志忠、杨海余、王耀中:《中国出口高速增长之源——基于拉尼斯—费模型的研究》,《经济评论》2007年第1期。

鲁明泓:《外国直接投资区域分布与中国投资环境评估》,《经济研究》1997年第12期。

罗伯特·芬斯特拉、魏尚进主编:《全球贸易中的中国角色》,鞠建东、余淼杰主译,北京大学出版社2013年版。

罗长远、张军:《经济发展中的劳动收入占比:基于中国产业数据的实证研究》,《中国社会科学》2009年第4期。

马克思:《资本论第1卷》,《马克思恩格斯全集第23卷》,人民出版社1972年版。

马飒:《生产要素国际流动:规律、动因与影响》,《世界经济研究》2014年第1期。

马歇尔:《经济学原理》,朱志泰译,商务印书馆1981年版。

迈克尔·波特:《国家竞争优势》,李明轩、邱如美译,华夏出版社2002年版。

曼昆:《经济学原理》(上册),梁小民译,北京:生活·读书·新知三联书店&北京大学出版社1999年版。

平狄克、鲁宾费尔德:《微观经济学》,张军、罗汉、尹翔硕、谢识宇译,中国人民大学出版社 1997 年版。

钱学锋、熊平:《中国出口增长的二元边际及其因素决定》,《经济研究》2010 年第 1 期。

欧阳秋珍、陈昭:《国际贸易,技术溢出和利益分配失衡》,《世界经济研究》2011 年第 9 期。

皮凯蒂:《21 世纪资本论》,巴曙松等译,北京:中信出版社 2014 年版。

R.科斯:《社会成本问题》,载陈昕主编:《财产权利与制度变迁——产权学派与新制度学派译文集》,上海三联书店 & 上海人民出版社 1994 年版。

饶晓辉:《人力资本、出口贸易与我国经济增长的动态关系》,《国际贸易问题》2007 年第 3 期。

萨缪尔森、诺德豪斯:《经济学(第 16 版)》,萧琛等译,华夏出版社 1999 年版。

施炳展、王有鑫、李坤望:《中国出口产品品质测度及其决定因素》,《世界经济》2013 年第 9 期。

石奇:《基于要素供给条件变化的产业发展成本研究——以"外资代工模式"的长三角制造业为例》,《中国工业经济》2010 年第 8 期。

斯塔夫里阿诺斯:《全球通史:1500 年以前的世界》,上海社会科学院出版社 1988 年版。

宋玉华、朱思敏:《垂直专业化的贸易利益分配机制研究》,《世界经济研究》2008 年第 3 期。

田魏、余淼杰:《企业出口强度与进口中间品贸易自由化:来自中国企业的实证研究》,《管理世界》2013 年第 1 期。

托马斯 · 皮凯蒂:《21 世纪资本论》,巴曙松等译,北京:中信出版社 2014 年版。

王苍峰、王恬:《对中美贸易条件恶化的经验研究》,《世界经济研究》2009 年第 8 期。

王怀民:《加工贸易、劳动力成本与农民工就业——兼论新劳动法和次贷危机对我国加工贸易出口的影响》,《世界经济研究》2009 年第 1 期。

王岚、盛斌:《全球价值链分工背景下的中美增加值贸易与双边贸易利益》,《财经研究》2014 年第 9 期。

王丽丽、赵勇:《技术进步、资本形成与劳动力就业——FDI影响中国经济增长的渠道分析》,《当代财经》2009年第8期。

王向阳等:《FDI影响我国经济增长的实证研究》,《数理统计与管理》2011年第4期。

王燕武、李文溥、李晓静:《基于单位劳动力成本的中国制造业国际竞争力研究》,《统计研究》2011年第10期。

威廉·配第:《赋税论》,商务印书馆1963版。

威廉·汤普逊:《最能促进人类幸福的财富分配原理的研究》,何慕李译,北京:商务印书馆1986年版。

魏浩、郭也:《中国制造业单位劳动力成本及其国际比较研究》,《统计研究》2013年第8期。

魏后凯、贺灿飞、王新:《外商在华直接投资动因与区位因素分析》,《经济研究》2001年第2期。

文东伟、冼国明:《中国制造业的垂直专业化与出口增长》,《经济学(季刊)》2010年第2期。

吴福象、刘志彪:《中国贸易量增长之谜的微观经济分析:1978—2007》,《中国社会科学》2009年第1期。

谢建国:《外商直接投资对中国的技术溢出——一个基于中国省区面板数据的研究》,《经济学》季刊2006年第5卷4期。

徐建斌、尹翔硕:《贸易条件恶化与比较优势战略的有效性》,《世界经济》2002年第1期。

徐美娜、沈玉良:《产品内分工、中美顺差与贸易利益——一个笔记本电脑企业的微观视角》,《世界经济研究》2011年第4期。

徐强:《中国收入水平影响出口增长的分区比较研究——跨越"中等收入陷阱"贸易策略研判》,《国际经贸探索》2013年第10期。

许罗丹、谭卫红:《外商直接投资集聚效应在我国的实证分析》,《管理世界》2003年第7期。

亚当·斯密:《国富论》,北京:商务印书馆1974年版。

杨海生、聂海峰、徐现祥:《我国FDI区位选择中的"第三方效应"——基于空间面板数据的实证研究》,《数量经济技术经济研究》2010 年第 4 期。

杨汝岱:《中国工业制成品出口增长的影响因素——基于 1994—2005 年分行业面板数据的经验分析》,《世界经济》2008 年第 8 期。

伊藤元重:《国际经济学导论》,张季风、叶琳译,社会科学文献出版社 2011 年版。

余淼杰:《中国的贸易自由化与制造业企业生产率》,《经济研究》2010 年第 12 期。

约翰·穆勒:《政治经济学原理》,北京:商务印书馆 1991 年版。

曾利飞:《南北贸易模式与中国贸易条件决定模型实证研究》,《国际贸易问题》2009 年第 5 期。

曾峥、张璐璐:《全球生产网络体系下中美贸易利益分配的界定——基于中国制造业贸易附加值的研究》,《世界经济研究》2008 年第 1 期。

詹姆斯·R.马库森:《跨国公司与国际贸易理论》,上海财经大学出版社 2005 年版。

张欢:《府际关系对 FDI 的需求约束》,《统计研究》2005 年第 12 期。

章江益、张二震:《贸易投资一体化条件下贸易利益分配问题新探》,《世界经济研究》2003 年第 9 期。

张纪:《产品内国际分工中的收益分配——基于笔记本电脑商品链的分析》,《中国工业经济》2006 年第 7 期。

张建华、欧阳轶雯:《外商直接投资、技术外溢与经济增长——对广东数据的实证分析》,《经济学》季刊 2003 年第 3 期。

张杰、郑文平、陈志远、王雨剑:《进口是否引致了出口:中国出口奇迹的微观解读》,《世界经济》2014 年第 6 期。

张五常:《中国的经济制度》,北京:中信出版社 2009 年版。

张先锋、张二震:《我国贸易条件与贸易利益关系的再探讨》,《国际贸易问题》2006 年第 8 期。

张小蒂、王焕祥:《国际投资与跨国公司》,杭州:浙江大学出版社 2004 年版。

张小蒂、朱勤:《论全球价值链中我国企业创新与市场势力构建的良性互动》,《中国工业经济》2007 年第 5 期。

张咏华:《中国制造业增加值出口与中美贸易失衡》,《财经研究》2013 年第 2 期。

张幼文、梁军:《要素集聚与中国在世界经济中的地位》,《学术月刊》2007 年第 3 期。

张幼文:《全球化经济的要素分布与收入分配》,《世界经济与政治》2002b 年第 10 期。

张幼文:《全球化经济学:逻辑起点、理论主题与实践意义》,《探索与争鸣》2013 年第 11 期。

张幼文:《从廉价劳动力优势到稀缺要素优势——论"新开放观"的基础》,《南开学报(哲学社会科学版)》2005 年第 6 期。

张幼文:《当地国家优势:要素培育与全球规划》,上海:上海远东出版社 2003 年版。

张幼文:《开放战略调整的核心问题——"新开放观"的战略主张》,《世界经济研究》2007 年第 3 期。

张幼文等:《要素流动——全球化经济学原理》,北京:人民出版社 2013 年版。

张幼文:《知识经济的生产要素及其国际分布》,《中国工业经济》2002a 年第 8 期。

张宇燕主编:《全球化与中国发展》,社会科学文献出版社 2007 年版。

赵蓓文:《贸易投资一体化条件下国际分工的利益分配——以中美贸易不平衡问题为例》,《国际贸易》2008 年第 8 期。

赵奇伟、张诚:《FDI 溢出效应与区域经济增长:基于东道国要素市场发展的理论视角及中国经验》,《世界经济研究》2007 年第 7 期。

钟昌标:《影响中国电子行业出口决定因素的经验分析》,《经济研究》2007 年第 9 期。

周建锋:《世界市场形成、劳动力集聚与国际贫富差距扩大——基于新经济地理学与马克思国际价值理论比较的视角》,《当代经济研究》2013 年第 7 期。

周琢、陈钧浩:《外资企业生产出口过程中的贸易增加值构成研究》,《世界经济研究》2013 年第 5 期。

后　记

本书是在我的博士论文基础上修改而成的。本人自进入上海社科院世界经济研究所攻读博士学位伊始，便有幸在张幼文老师指导下参与了世界经济研究所的世界经济学学科建设工作，从事世界经济学基础理论的相关研究。随着研究的不断深入，我深刻感受到要素流动理论的重要意义。在张老师建议下，我的博士论文选择以全球化经济学的理论为基础研究中国的对外开放战略，并且结合自身兴趣，最终形成了“要素稀缺性与收益的国际差异”这一选题。

论文是在我的导师张幼文研究员的悉心指导下完成的。张老师学识渊博，但为人亲切随和。他一次次的悉心指导，不仅让我的写作思路日渐清晰，更给予我极大的精神鼓励，我只唯恐自己不够努力，辜负了老师的殷切期望！每次在张老师身边聆听教诲，我总能深深感受到中国知识分子特有的深厚的家国情怀，渴望中国强大崛起的强烈愿望。我想正因为如此，张老师才会在身患眼疾，在双目几近失明的情况下依然治学不辍，也正是这样一种精神一直感染和影响着我，让我在学术探索之路上更多了一份责任。

衷心感谢世界经济学科建设项目的资助，感谢世界经济研究所的所有老师给予我的指导、启发和帮助。权衡研究员、金芳研究员、赵蓓文研究员以及李安方研究员对我的博士论文提出了许多中肯的修改意见，让我深受启迪。上述老师和伍贻康研究员、黄仁伟研究员、徐明棋研究员、傅钧文研究员、周宇研究员以及黄烨菁研究员所传授的课程，让我在知识积累和科研训练等方面均受益匪浅。感谢上海社会科学院朱平芳研究员和华东政法大学徐大丰老师，他们对经济学深入浅出的讲解大大提高了我的专业素养。

上海社会科学院的求学生活让我有幸结识了许多志同道合的同学和朋友，“闻多素心人，乐与数晨夕”，正是因为有了他们，我原本孤独的求学之路如今回想起来却是满满的幸福和温暖!

论文能得以顺利完成,离不开家人的理解和支持。自本科开始,我就远离父母在外求学和工作,但是他们心怀大爱,自始至终给予我极大的鼓励和支持。博士论文的写作感受正如乘坐过山车,上午还在为一点进步而感到兴奋不已,到了下午可能就因某个环节遭遇挫折止步不前而失落。感谢爱人在我受挫失落时给予我足够的勇气和信心,让我能够顺利完成论文。最后,要特别感谢我的儿子,他乐观开朗,我永远记得他给我的鼓励:“妈妈! 加油!”

我的耳畔再一次响起了《鸿雁》这首歌,在写作博士论文的无数个日日夜夜,它为我消除了外界的喧闹,让我的内心保持沉静:

“鸿雁　天空上
对对排成行
鸿雁　向苍天
天空有多遥远
酒喝干　再斟满
今夜不醉不还”
不论未来的天空有多遥远,把酒喝干,我将继续前行……

马　飒

2016年5月于南通

图书在版编目(CIP)数据

要素稀缺性与收益的国际差异/马飒著.—上海：
格致出版社：上海人民出版社，2016.9
(要素流动与中国发展)
ISBN 978-7-5432-2633-3

Ⅰ.①要… Ⅱ.①马… Ⅲ.①国际贸易-研究-中国
Ⅳ.①F752

中国版本图书馆 CIP 数据核字(2016)第 196362 号

责任编辑 彭 琳
装帧设计 储 平

要素流动与中国发展论丛

要素稀缺性与收益的国际差异

马 飒 著

出 版 世纪出版股份有限公司 格致出版社
世纪出版集团 上海人民出版社
(200001 上海福建中路 193 号 www.ewen.co)
格致出版
编辑部热线 021-63914988
市场部热线 021-63914081
www.hibooks.cn

发 行 上海世纪出版股份有限公司发行中心

印 刷 苏州望电印刷有限公司
开 本 720×1000 1/16
印 张 13.75
插 页 2
字 数 230,000
版 次 2016 年 9 月第 1 版
印 次 2016 年 9 月第 1 次印刷

ISBN 978-7-5432-2633-3/F·935 定价：45.00 元